동아시아와 한일교류

동아시아와 한일교류

최장집 | 하마시타 다케시 공편

2008

아연출판부

한일공동연구총서 20

동아시아와 한일교류

제1판 제1쇄 발행 2008년 7월 7일

지은이 최장집 · 하마시타 다케시 외
펴낸이 최장집
펴낸곳 아연출판부
편집 · 교정 박후란 · 송지현
표지디자인 송재희

등 록 2000년 5월 24일 제6-376호
주 소 (136-701) 서울 성북구 안암동 5가 고려대학교 아세아문제연구소
전 화 02-3290-1601
팩 스 02-923-4661

ISBN 978-89-90769-26-8 94910
978-89-951522-2-5(세트)

이 도서의 국립중앙도서관 출판시도서목록(CIP)은 e-CIP 홈페이지(http://www.nl.go.kr/cip.php)에서 이용하실 수 있습니다(CIP제어번호: CIP2008002046).

책값은 뒤표지에 표시되어 있습니다.
잘못된 책은 바꿔드립니다.

차 례

한일공동연구 3기 총서 간행에 즈음하여

한일공동연구 포럼 제3차 연구는 2002년부터 3년간 진행되었다. 이 기간 동안, 일본과 한국은 월드컵을 공동 개최했고, 영화, 음악, 텔레비전 방송을 중심으로 대중문화 교류가 큰 폭으로 확대되었다. 특히 〈겨울연가〉로 대표되는 한국 텔레비전 드라마가 일본 대중의 마음을 사로잡았다는 사실도 지적해둘 만하다. 이는 일본인이 한국 문화에 '동경'과 비슷한 감정을 갖게 된 것이기에 메이지유신(明治維新) 이래 역사적인 사건이라고 할 수 있다. '한류'는 분명히 한국에 대한 일본인의 의식을 긍정적으로 변화시켰으며, 이는 각종 여론 조사 결과가 명확히 드러난다.

그러나 이러한 사회 현상은 갑자기 발생한 것이 아니다. 한국은 먼저 경제 발전을, 이어 민주화를 이루었다. 민주주의와 시장 경제를 토대로 한 한국의 평화적인 번영이 일본인에게 '체제 공유'라는 인식을 갖게 한 것이다. 무의식적인 것이었을지도 모르지만, 이러한 인식이 없었다면 성공적인 월드컵의 공동 개최도, '한류'도 가능하지 않았을 것이다. '체제 공유'가 '의식의 공유'를 촉진하고, 일본인과 한국인의 가치관을 가깝게 한 것이다. 조금 과장해서 말하자면, 그것은 동아시아 시민의식의 맹아라고 할 수 있을지도 모른다.

안타깝게도, 국교 정상화 40주년이 되던 해에 한일 관계는 다시 한번 악화되었다. 한국과 일본의 우정을 돈독하게 하는 해였음에도 불구하고, '역사 마찰'이 표면화되었기 때문이다. 특히 양국의 정치 지도자 간의 마찰은 심각했다. 두 나라 사이에서 전개된 감정적인 '민족주의자 게임'은, 우리가 이미 '전후 화해'를 위한 가장 적절한 기회를 놓쳤음을 보여 주고 있는지도 모른다. 그러나 1세대 전에 일본인과 한국인이 보다 심각한 '체제 마찰'에 직면했던 것을 생각하면, 한일 관계의 장래는 결코 어둡지 않다. 다양한 차원에서 '공통의 미래'를 위해 대화를 촉진하고, 양국 간 화해를 위해 계속 노력해야 한다.

되돌아보면 한일공동연구 포럼은 전후 50년의 '무라야마 담화'를 계기로 시작되어, 오부치 수상과 김대중 대통령의 한일 '파트너십' 공동 선언으로 격려되고 진전되었다. 따라서 이는 '학문 공동체'의 형성을 위한 양국 간 화해 작업의 일환이었다고 할 수 있다. 그것이 얼마나 성공했는지는 독자의 판단에 맡기는 수밖에 없다. 그렇지만 앞으로 제3차 공동 연구의 성과로 한국과 일본의 의사소통이 원활하게 되어, '역사 마찰'을 포함한 각 분야에서 양국 간 마찰 완화에 기여하기를 기대하고 있다. 또한 이러한 우리의 노력이 미래의 비약을 위한 토대가 되기를 바라고 있다.

마지막으로, 제3차 연구를 지원해 준 일한문화교류기금과, 공동 작업을 하고 있는 고려대학교 아세아문제연구소의 관계자 여러분에게도 깊은 감사를 드린다.

2005년 12월

한일공동연구포럼 제3기 한국 측 의장 최장집(崔章集)

일본 측 의장 오코노기 마사오(小此木政夫)

한일공동연구 총서 간행에 즈음하여

제2차 세계대전 후 50년이 지난 1995년 여름, 우리 두 사람은 한국과 일본의 차세대를 담당할 연구자들을 중심으로 대규모의 공동연구를 구상하기 시작했다. 일본 국회의 '건국 50년 결의'를 둘러싸고 한일 간에 마찰이 일 때 등장한 무라야마 도미이치(村山富市) 일본 총리의 '전후 50년 담화'는 한일 간의 상호이해를 위한 토대를 마련해 주었다.

"우리나라는 멀지 않은 과거의 한 시기에 국책의 잘못으로 전쟁에의 길을 내디딤으로써, 국민을 위기에 빠뜨리고, 식민지의 지배와 침략으로 많은 나라들, 특히 아시아 제국의 사람들에게 막대한 손해와 고통을 끼쳤습니다. 나는 장차 잘못이 없도록 하기 위해서 의심할 여지가 없는 이 역사적 사실을 겸허하게 수용하여, 이에 다시 한번 통절한 반성의 뜻을 표하고 진심으로 용서를 비는 마음을 표명하고자 합니다. 또한 이 역사가 제공한 내외의 모든 희생자들에게 깊은 애도의 뜻을 표합니다."

그 후 3년이 지난 1998년 10월 김대중 대통령의 방일시 한일 양국이 발표한 '한일공동선언'의 역사관련 부분은 이 무라야마 담화의 내용을 양국 정부가 문서로 확인한 것이었다.

이러한 역사 인식을 출발점으로 하여 우리 두 사람은 한일 양국의 연구자들과 협의하여 '한일공동연구포럼'을 결성하고, 일한문화교류기금의 협력과 지원을 받게 되었다. "과거를 직시하고, 미래를 구축한다"라는 기본 인식하에 역사 Ⅰ, 역사 Ⅱ, 정치, 경제, 정치경제, 문화, 북한 등 7개의 연구팀이 결성되어 1996년 4월부터 공동연구가 시작되었다.

여기 간행을 시작하는 『한일공동연구총서』는 제1기 연구(1996~98)의 성과이다. 그러나 어떤 의도를 가지고 있고, 어떤 형태의 연구라 할지라도, 그것이 학술적 연구 성과인 이상, 고매한 이상을 내걸면 그만큼 그것에 걸맞는 높은 수준의 연구가 요구될 것이다. 또한 공동연구인 경우에는 그것의 전체적인 완성도를 염두에 두지 않을 수 없다. 이러한 점에 관한 비판과 충고를 겸허하게 수용하면서 우리는 앞으로도 공동연구를 계속 할 각오를 하고 있다. 우리는 한일공동연구포럼이 한일 양국의 학술적 교류의 역사에 새로운 전기가 되기를 바라며 한일 학자들의 지적 역량을 세계에 알리는 계기가 되기를 기대한다.

일한문화교류기금에 깊이 감사하며, 한일 양국의 뜻 있는 여러분의 이해와 지원을 바라마지 않는 바이다.

2000년 3월

한일공동연구포럼 제1기 한국 측 의장 최상용(崔相龍)

일본 측 의장 오코노기 마사오(小此木政夫)

일러두기

1. 본 총서는 재단법인 일한문화교류기금의 연구 지원으로 간행되었습니다.
2. 일본어, 중국어 인명과 지명의 표기는 국립국어원의 〈외래어 표기법〉을 따랐습니다. 그러나 관행적으로 굳어진 경우에는 이를 따르고, 필요한 경우 괄호 안에 원어를 병기했습니다.

제 1 부

동아시아의 중첩되는 의미지평

1. 동아시아 평화공동체 : 냉전 후기시대 한일 관계의 "의미지평"
최장집

2. 동아시아 대중문화 네트워크와 한일 문화교류
시라이시 사야

3. 한일 문화교류와 동아시아 문화네트워크 구축
김성국

동아시아 평화공동체

냉전 후기시대 한일 관계의 "의미지평"

최장집

Ⅰ. 들어가는 말: 동아시아 평화공동체를 위하여

이 글은 오늘의 한일 관계를 진단하고, 한일 관계를 더욱 높은 수준으로 발전시키기 위해서 무엇이 필요한지를 검토해 보려는 것이다. 이에 대한 필자의 대답은 한일 간의 새로운 유대를 중심축으로 하는 동아시아 평화공동체를 건설해야 한다는 것이다. 어떻게 가능할 것인가? 제도와 정책의 차원에서 이 문제를 구체화하기에 오늘의 한일 관계가 충분히 성숙되어 있다고 말하기는 어렵다. 우리는 그 이전에, 한일 관계를 규정하는 여러 복합적 차원의 구조 위에서 공동의 이해 기반을 공유하는 것을 과제로 삼아야 할 것이다. 대면하고 있는 문제에 대한 공동의 인식과 이해를 심화하는 과정 없이 한일 간의 교류와 관계가 탈냉전시대의 여러 변화와 요구에 맞게 새롭게 발전하기는 어려울 것이기 때문이다.

일찍이 한일 관계는 '가깝고도 먼 나라'로 특징지어져 왔다. 이 모순적인 말은 지난날의 한일 관계가 결코 순탄하지 않았음을 상징적으로 말해 준다. '가깝다'는 것은 지리적으로 인접해 있고, 동아시아의 유교 문화권 내에서 상당한 문화적 공통점을 갖는다는 의미이다. 그러나 이러한 지리적·역사적·문화적 조건 외에도 1960년대 한일 국교정상화 이후 현재에 이르기까지 일본과 한국의 경제는, 한국이 일본에 크게 의존하는 구조로 밀접하게 통합되어 왔다. 한일 간 관계의 밀접함은 경제 교역과 같은 관계의 수준에서만이 아니다. 한국은 경제의 기업구조, 고용구조, 노사관계 등 제도의 수준에서 식민지시대의 유산과 60년대 산업화 시기 일본으로부터의 영향으로 인해 일본과 비슷한 구조적 특성을 가지고 있다. 그러나 '먼 나라'라는 특성 또한 그동안의 현실이기도 했다. 위에서 말한 가까움에도 불구하고 두 나라의 국민들이 상대에 대해 갖는 인식이나 심리적 거리감은 두 나라 관계를 가깝게 유지하는 데 커다란 장애 요인이었다.

지난 반세기에 이르는 냉전시기에 동아시아의 국제정치 질서는, 한편으로 미국이 지휘하는 워싱턴-도쿄-서울을 축으로 하는 자유주의적-자본주의적 진영과, 다른 한편으로 구소련이 지휘하는 모스크바-베이징-평양을 축으로 하는 공산주의 진영으로 양분되어 진영 간 적대관계를 유지해 왔다. 한일 양국은 국제관계의 구조나 군사전략적 수준에서 동일진영 내에서 맹방관계를 형성하고 있었다. 하지만 그것은 어디까지나 구조적 수준에서만 그렇게 말할 수 있다. 1960년대 국교정상화 이후 현재에 이르기까지 한일 양국은 군사전략적 수준에서 안보와 평화를 중심으로 한 동맹관계를 발전시키는 것은 고사하고, 양국이 이 문제에 대한 공동 관심사를 진지하게 논의한 적도 없었다. 한일 양국이 각각 미-일, 미-한 간의 쌍무적(bilateral) 관계를 통해서만 국제관계와 안보에 접근하는 동안, 이들 양국은 어디까지나 미국을 통해 간접적으로 관계를 맺었을 뿐 직접적으로 관계를 맺지 않았다. 냉전시기 동안 한일 관계는 한 수준에서는 극히 가깝고, 다른 수준에서는 극히 먼 극단적인 비대칭적 관계로 특징지어지며, 이는 분명 정상적인 근린(隣國)관계라고 말할 수 없는 것이다. 즉, 냉전시기 한일 관계는 관계들 수준 간의 극단적인 비대칭성과 불균등성, 그리고 이로 인한 전체적 관계의 비정상성을 특징으로 한다고 말할 수 있다.

오늘날 "보통 국가"라는 말은 일본사회에서 최대의 정치적 화두이다. 그동안 전후 일본의 국가는 특별한 국가였다는 뜻이고, 이제 일본은 이 특별한 국가를 유지했던 역사적 단계, 또는 시기를 지나 다른 나라와 마찬가지로 보통 국가가 되는 단계로 변화해야 한다고 주장하고 있다. 이는 패전의 결과이기도 했던 헌법 9조로 상징되는, 이른바 '평화 헌법'을 개정해 다른 나라와 같이 자국의 안보를 보장하는 군사력 유지를 합법적으로 가능하게 만드는 것을 핵심으로 한다. 영어로 'normal state'라는 말은, 보통 국가로 표현되지만 정상 국가라는 말도 된다. 즉, 일본은 비정상적 국가에서 정상적인 국가로 전환한다는 뜻이다. 이것이 일본 국내 정치의 문제임은 말할 것도 없다. 그러나 국제관계에서 한 나라의 국내 정치와 그 변화는 그 나라만의 관심사일 수는 없다. 더욱이 일본과 같이 지역 내 중심적인 국가인 경우 국내 정치의 변화가 갖는 의미는 동아시아 국제 질서와 한일 관계에서 결정적으로 중요하다. 냉전시기 전후 질서가 부과했던 일본의 '특별한 국가' 또는 '비정상적 국가'의 성격은 한일 관계의 비정상성과 밀접한 관계를 갖는다. 전후 일본의 국가가 보통 국가일 수 있었다면 오늘의 한일 관계는 분명 극도의 비대칭성으로 특징지어지는 그러한 관계는 아니었을 것이다. 세계적 수준에서 냉전이 해체된 현재 시점에서, 일본이 보통 국가로 전환하려는 시도는 필연적이고도 정당한 것으로 보인다. 그러나 냉전 후에 일본 국내의 정치 구조가 보통 국가로 변하는 것이 한일 관계를 보통관계로 변화시킬 수 있을 것인지, 나아가 한일 관계를 발전시킬 수 있을지는 여전히 불확실한 문제이다.

필자는 일본의 보통 국가로의 변화가 한일 관계에서도 보통관계로의 발전을 가져오는 계기로 작용하기를 강렬하게 열망한다. 그리고 필자는 일본의 국가 성격의 변화가 한일 관계의 정상관계 발전과 긍정적으로 연결될 수 있는 방법은 동아시아 평화공동체의 형성이라고 생각한다. 최근에 "가깝고도 먼 나라"라는 한일 간의 이미지는 뚜렷하게 변하고 있다는 인식이 한국과 일본사회 모두에서 퍼지고 있는 듯하다. 이 변화는 특히 상대국에 대한 그동안의 부정적 인식이 변하고 있음을 토대로 한 것으로, 양국 간 대중문화 교류의 확산에 힘입은 바가 크다. 이와 더불어 한국에서는 문화교류의 증진과 확산이 한일 관계 전반을 변화시키고 있다는 인식이 확대되고 있는 것으로 보인다. 이러한 인식은 자연스럽게 문화교류의 확산이나 자유무역지대 설치와 경제교류를 중심으로 한 경제적 수준에서의 지역 통합과 같이 비정치적 영역에서 한일 관계가 강화되고 활성화되면, 안보와 평화를 공동 관심사로 하는 정치적·국제정치적 수준에서의 관계 증진도 가져올 수 있다는 논리로 발전할 수 있다. 그것은 국제정치의 지역 통합 이론 가운데 기능주의적 이론과 같이, 한 영역에서의 관계 증진이 어떤 '넘쳐흐르는 효과'(spill-over effects)를 통해 다른 영역으로 확산된다는 논리, 즉 문화적 또는 경제적 영역처럼 비정치적 영역에서의 관계 증진이 정치적 영역에서의 관계 증진을 가져올 수 있다는 설명 방법과 유사하다. 하지만 필자는 한일 관계를 이해하고 양국 관계 증진을 도모하는 데 비정치적 영역의 확산 논리에 동의하지 않는다. 이 글에서는 오히려 정치적 영역에서의 관계 증진의 중요성을 강조하고자 한다. 이 영역에서 관계의 발전이 일어나지 않을 경우 정치 영역 자체의 발전이 어려움은 물론, 다른 영역에서의 발전도 일정한 수준을 넘어서지 못할 것이라고 믿기 때문이다.

II. 비정치적 영역에서의 교류 급증

1. 경제교류

오늘날 동아시아, 동북아시아 또는 동남아시아 등 그 지역의 범위가 어

〈표 1〉 한국의 대일 교역(단위: 백만 달러)

연도	전체 수출량	대일 수출량	비율(%)	전체 수입량	대일 수입량	비율(%)	대일 무역 적자
1955	18.0	7.3	40.6	341.4	19.1	5.62	−11.8
1960	32.8	20.2	61.6	343.5	70.4	20.5	−50.2
1965	175.1	44.0	25.1	450.0	166.6	37.0	−122.7
1970	835.2	234.3	28.1	1,984.0	809.3	40.8	−575.0
1975	5,081.0	1,292.9	25.4	7,274.4	2,433.6	33.5	−1,140.7
1980	17,504.9	3,039.4	17.4	22,291.7	5,857.8	26.3	−2,818.4
1985	30,283.1	4,543.4	15.0	31,135.7	7,560.4	24.3	−3,017.0
1990	65,015.7	12,637.9	19.4	69,843.7	18,573.9	26.6	−5,936.0
1995	125,058.0	17,048.9	13.6	135,118.9	32,606.4	24.1	−15,557.5
2000	172,265.5	20,466.0	11.9	160,481.0	31,827.9	19.8	−11,361.9
2001	150,439.1	16,505.8	11.0	141,097.8	26,633.4	18.9	−10,127.6
2002	162,470.5	15,143.2	9.3	152,126.2	29,856.2	19.6	−14,713.0
2003	193,817.4	17,276.1	8.9	178,826.7	36,313.1	20.3	−19,037.0

자료: 『한국경제연감』, 각 년도.

떠하든, 아시아 지역에서 경제통합은 지역 통합 담론의 중심을 이룬다. 지역 내 급속한 경제 교역의 증대를 떠받칠 자유무역협정(FTA)을 통한 자유무역지대의 설치에 대한 관심은 이러한 경제적 지역 통합 담론을 주도하고 있다. 이러한 경제적 지역 통합의 확대는 다른 지역에서처럼 세계화에 대한 지역적인 대응이라고 볼 수 있다. 더욱이 아시아에 불어 닥친 금융위기와 IMF 관리 체제는 동아시아가 경제적 이해관계를 공유하게 된 최초의 중대한 사건이었고, 이로 인해 아시아 공동 통화의 설치가 중대 사안으로 떠오르게 되었다.

그러나 무역을 중심으로 한일 간 경제 관계를 되돌아 볼 때, 그 관계의 밀접함은 세계화나 IMF 위기의 산물이 아님을 분명히 알 수 있다. 한일 간 경제 관계의 밀접함은 해방 이후 오늘에 이르기까지 하나의 상수(常數)라 할 수 있다. 교역의 총량적 지표에 의거해 말한다면, 한일 간 경제 관계는 한국의 경제발전 함수로 요약할 수 있다. 이는 일본에 대한 한국의 일방적

의존을 보여 준다. 비록 여전히 불균형 정도가 크지만, 한국이 경제발전을 이루면서 양국 간 관계는 일정한 균형적 교역 관계를 만들어 가는 과정이라고 볼 수 있다. 교역의 불균형과 일본과의 기술 격차를 반영하는 대일본 의존은 전 시기를 통하여 나타나는 대일 무역수지 적자로 표현되는데, 이는 〈표 1〉을 통해 확인할 수 있다.

교역에서 대일 수출이 차지하는 비중은 분명 한국의 경제발전을 그대로 반영하는 지표라고 해도 과언이 아니다. 전후 복구가 시작된 1950년대 대일 수출량이 가장 컸고, 1960, 70년대 개발 경제의 후반기에 접어들어 수출의 일방적 대일의존이 완화되는 추세를 보여 주고 있다. 그리고 권위주의적 산업화의 효과가 나타나는 80년대로 접어들어 현재까지 경제성장으로 인한 시장 및 무역 다변화의 효과로 대일 수출은 현저하게 감소하는 추세를 보인다. 대일수입은 이와는 현저하게 다른 패턴을 보여 준다. 교역에서 일본으로부터의 수입이 차지하는 비중은 다른 시기에 비해 35~40%를 오르내리는 1960, 70년대에 가장 높다. 그리고 80년대 이래 현재에 이르는 기간 동안 20%대 미만으로 서서히 떨어지고 있다. 요컨대 한국의 경제발전 과정에서 노동을 제외한 생산요소의 투입은 대체로 일본으로부터 왔다고 할 수 있다.

이와 함께 한일 간 경제 교역을 한중 무역 규모의 변화를 통해 보는 것도 중요하다. 냉전의 해체가 본격화된 1987년은 한중 경제 교역의 원년으로 기록된다. 그때부터 중국과 교역은 기하급수적으로 증가해, 10년 만에 대일본 수출과 비슷한 교역량을 갖게 되었으며, 2000년대 초에 이르러서는 일본을 훨씬 앞서나가는 가파른 상승세를 보였다(한국경제연감 각 년도). 그러나 수입 측면에서는 비록 중국으로부터의 수입이 수출과 비등하게 빠른 증가율을 보였다고는 하나, 일본과 대비해서 볼 때 여전히 커다란 격차를 보이고 있다. 이 시기 한국 기업의 중국 진출, 특히 한국 중소기업의 중국 진출은 특징적인 것으로, 중국은 한국의 중요한 아웃소싱 지역으로서 상품수출 지역이 되었음을 의미한다. 무역수지 면에서의 특징, 즉 한일 간의 경제

〈표 2〉 한국과 일본의 인적교류(단위: 천 명)

연도	1978	1980	1985	1990	1995	2000	2001	2002	2003
한국 → 일본	96	109	204	740	874	1,064	1,339	1,441	1,559
일본 → 한국	667	468	639	1,460	1,667	2,472	2,361	2,307	1,791

자료: 주한 일본대사관 홈페이지(www.kr.emb-japan.go.jp/rel/r_2002/r_20030607_01.htm).

교역은 무역수지가 만성적 적자로 한중 교역은 한국 흑자로 나타나는데, 그것은 경제발전과 기술 수준에서의 3국의 발전 정도를 그대로 반영하고 있다. 그러나 한-중-일 간의 교역이 어떠한 내용으로 나타나든 이 지역의 경제적 상호의존성이 증가하고 있다는 사실은 두 말할 필요가 없다. 이 시기 지역 내 경제 교역 패턴의 급속한 변화를 반영하며 환(環)황해경제권, 두만강 유역과 러시아 연해주를 연결하는 나홋카-나진-청진을 구획하는 경제권 등, 새로운 경제권의 형성을 둘러싼 여러 형태의 정책 제안들이 제시되었다.

2. 인적·문화적 교류

최근에 한일 양국 간의 인적·문화적 교류는 꾸준히 확대되어 왔으며, 양국 정부는 이를 강화하기 위해 상당한 힘을 쏟고 있다. 인적 교류는 1980년대 후반이 커다란 전환점이었다. 1988년 이전까지 양국 간 인적 왕래는 연간 30만 명 전후였다. 1987년 해외여행 규제조치 완화를 시행한 시점부터 증가세가 뚜렷해지면서, 1989년 완전자유화조치 이후 100만 명을 넘는 증가를 보였다.

〈표 2〉가 보여 주듯 이후 인적 교류는 급속히 증가해 1995년 한국에서 일본으로, 일본에서 한국으로 이동한 수가 각각 87만여 명, 166만여 명이던

것이, 한일 월드컵을 공동으로 개최한 2002년에는 한국에서 일본으로 144만, 일본에서 한국으로 230만으로 빠른 속도로 증가했다. 한일 간 유학생 교류는 양국 간 인적 문화적 교류의 증가를 잘 반영한다. 2000년 5월을 기준으로 볼 때, 일본의 한국 유학생과 한국의 일본 유학생의 수는 각각 1만 2,800여명과 2,050여 명이다. 그 결과 일본에서 한국어는 매우 인기 있는 외국어 중 하나가 되었으며, 한국 대학에서 일본어는 이제 영어 이외의 중국어와 더불어 젊은 학생들이 가장 선호하는 외국어가 되었다. 한국에서 일본어의 확산은 매우 중요한 사회적·문화적 의미를 갖는다. 해방 이후부터 1990년대에 이르는 긴 시기 동안 정규교육을 받은 세대들은 일본과의 문화적 단절 상태였던 데 비해, 이제 일본 문화에 익숙한 새로운 세대들이 한국 사회의 중요한 집단으로 출현하고 있음을 말하는 것이기 때문이다. 유학 이외의 청소년 교류도 활발하게 이루어지고 있는데, 정부 차원의 교류 사업 참가자만 해도 1,000명이 넘고, 지자체나 민간단체가 주최하는 교류 사업이나 수학여행까지 합하면 매년 수만 명의 청소년이 교류하고 있다. 한일 지방자치단체 간의 교류도 한국의 70여 개의 도시가 일본 측과 자매결연을 맺고 있으며, 이는 중국 다음으로 미국과 비슷한 수준이다. 한편 일본의 자치체가 자매도시 제휴를 하고 있는 해외 도시 중에는 미국, 중국, 오스트레일리아에 이어 한국이 네 번째로 많다(이숙종 편 2002, 104-106).

한일 간 대중문화 교류의 증대, 특히 일본 대중문화의 유입은 상대적으로 뒤늦게 왔다. 그동안 일본 문화 유입을 금지해 온 한국 정부 정책의 결과였다. 1990년대 말부터 한일 간 대중문화의 급속한 교류 증대는 한국의 김대중 정부 시기인 1998년 10월부터 2000년 6월 사이 일본 문화에 대한 단계적 개방 조치의 산물이다. 그로부터 일본의 영화, 비디오, 애니메이션, 만화, 대중가요 및 공연, 음반이 봇물처럼 한국으로 유입되었으며 한국의 그것들도 일본으로 들어갔다. 그 가운데서도 한국의 한 텔레비전 드라마 〈겨울연가〉(일본 제목은 '겨울소나타')가 불러일으킨, 일본에서의 이른바 '욘사마 열풍'은 문자 그대로 열풍임에 분명하다. 그것은 한일 관계에서 상대에 대한 호감도를 증가시키는 사회심리적 관계의 개선이라는 문제 영역을 넘어, 현대사회에서 나타날 수 있는 하나의 사회적 현상으로도 탐구의 대상이 된다는 점에서 큰 의미를 갖는 것으로 보인다. 특히 2002년 월드컵 공동 개최 이후 일본을 여행하는 한국인은 도쿄, 오사카, 후쿠오카 등 대도시는 물론 여러 관광 명소의 전철역이나 거리의 안내판, 박물관 등에서 쉽게 한국어 안내문을 발견할 수 있고, 한국인들이 커다란 어려움을 갖지 않고 일본의 어느 곳이라도 여행할 수 있게 되었다. 물론 일본인들은 중국인과 더불어 한국을 가장 많이 방문하는 여행자들이며, 이들이 서울을 비롯한 다른 도시를 여행하는 데 언어 문제로 커다란 불편을 갖지는 않을 것이다. 최근 들어 일본에 체류하는 유학생을 포함한 한국인들은, 한국인에 대한 일본인들의 태도가 과거와는 사뭇 달라졌음을 느낀다고 말한다. 한일 양국의 심리적 거리는 불과 수년 전과 비교하더라도 매우 가까워졌다고 말할 수 있다.

3. 한일 양국의 상대에 대한 인식

한일 양국이 상대에 대해 갖는 호감도가 어떻게 변했는지에 대해서 2002년 한일 월드컵 공동 개최를 사이에 두고 2000년의 동아일보 조사와 2004년 말 한국의 MBC, 일본의 후지TV가 실시한 공동조사의 결과를 살펴보자. 2000년 조사를 보면, 양국 국민이 상대에 대해 갖는 심리적 거리감이 3년 전에 비해 많이 좁혀진 것으로 나타났다. 한국인이 일본에 대해 '싫다'고 응답한 것은 42%로 1997년 조사의 65%에 비해 23%나 줄어든 것이다. '좋다'는 응답은 같은 시기 8%에서 17%로 늘어났다. 한편, 일본인의 한국에 대한 호감도는 8%에서 20%로 높아져 양국 국민의 서로에 대한 감정이 개선된 것으로 나타났다. 한일 관계에 대해 잘 돼 가고 있다는 반응도 양국에서 공통적으로 늘어났다. 한국인의 39%가 '잘 돼가고 있다'고 응답한 반면 훨씬 많은 60%가 '그렇지 않다'는 부정적 반응을 보였다. 다만 잘돼가고 있다는 응답이 1997년 16%에서 이번에는 39%로 늘었으며, 일본에서도 잘돼가고 있다는 응답이 33%에서 58%로 증가했다. 2004년 말 조사는 4년 전의 조사 결과와 큰 차이가 없다. 한국의 경우 일본을 얼마나 좋아하느냐는 질문에 대해 호감 15.2%, 비호감 39.3%로 대답해 비호감이 호감보다 훨씬 많았다. 일본을 비롯해 미국, 러시아, 중국, 북한 다섯 나라를 비교한 가운데서도 일본에 대한 호감도가 가장 낮게 나타남으로써 반일감정은 여전한 것으로 나타났다. 이에 비해 일본의 경우는 한국에 호감을 갖는다는 응답이 44.7%로 절반에 가까웠고, 싫다는 응답이 11.4%에 그쳤다. 5개국과 비교해도 호감도는 미국 다음으로 높았고, 혐오도는 가장 낮았다. 양국 국민들의 '한류 붐'에 대한 태도는 응답자 80% 이상의 압도적 다수가 그것이 두 나라 관계 개선에 도움이 될 것이라고 응답했다.

하지만 여론조사를 통해 양국 간 상호 인식을 측정하는 문제는 부정확하고 모호할 수 있다. 더욱이 시간차를 두고 행해지는 태도조사는 훨씬 더 정확하지 않을 수 있다. 여론조사는 경제교류에서와 같이 냉철한 손익계산이나 안정적인 이해에 기초를 둔 인식의 형성보다는 매우 가변적인 이미지 변화를 측정하는 면이 크기 때문에 불안정하고 부정확하다는 사실을 강조할 필요가 있다. 더욱이 '과거사 문제'를 둘러싼 상대국의 특정 정책이나 일본 보수인사들의 한국을 자극하는 발언 등은 정서적·감정적 대응을 가져오기 쉽다는 점을 고려할 때 더욱 그러하다. 조사가 연령, 교육 배경, 직업 등의 차이를 갖는 집단 가운데서 누구를 대상으로 질문했는가도 큰 차이를 만들 수 있지만, 조사가 수행된 시점은 이러한 조사 대상의 구성 자체보다 더 중요하다. 예컨대, 한일 간 과거사 문제와 관련된 이슈들, 일본의 교과서 문제라든가 한국에서는 '망언'으로 받아들여지는 일본의 지도적 보수인사들의 발언, 또는 최근 1965년 한일국교수교 40년 만에 공개된 당시 한일정부 간 비밀협약문서 내용 등이 한국인들의 감정을 자극할 때의 반응은 그렇지 않을 때에 비해 현저하게 부정적일 수 있다. 그러므로 일본인들의 한국에 대한 태도가 안정적이고 더 호의적인 것에 반해 한국인들의 일본에 대한 태도는 매우 불안정하고, 휘발성이 높으며, (최근에는 현저히 완화되고 있다 하더라도) 전체적으로 부정적이다. 2000년과 2004년 다른 두 기관이 실시한 여론조사는, 한편으로는 2002년의 한일 월드컵 공동 개최라는 중요한 이벤트가 긍정적 효과를 가졌다고 볼 수 있을 만큼 전체적으로 한일 양국 간 상호 인식이 긍정적으로 상호 작용하면서 크게 향상되고 있다는 사실을 보여 준다. 그러나 다른 한편으로 월드컵 공동 개최와 같은 중요한 이벤트에도 불구하고, 그리고 양국 사회의 여러 수준과 측면에서의 급속한 교류 확대에도 불구하고, 양국 간 상호 인식의 긍정적 변화는 특히 한국인의 측면에서 볼 때 이렇다할 변화를 발견하기 어렵다. 한일 간 사회심리적 거리감이 가까워지고 있다는 사실도 중요하지만, 그보다 더 그 가까움이 쉽게 진전되고 있지 못하다는 사실은 다시 한번 놀라움으로 다가온다.

4. 교류 영역 간 효과의 불균등성

우리는 앞에서 양국 간의 경제 관계, 인적·문화적 교류, 그리고 사회적 심리적 거리감이라는 세 수준 내지는 세 영역에서 한일 관계가 가까워지고 있고 또 그렇게 될 수 있음을 보여 주는 지표를 살펴보았다. 이 관계 영역에서 주목하게 되는 특징은 한 관계의 증진이 다른 영역에 곧바로 긍정적으로 작용하지 않음으로써 발생하는 비대칭성, 비상응성이라는 현상이다. 경제 관계의 밀접함, 인적·문화적 교류의 급증에 비해 사회심리적 인식은, 특히 한국인들의 대일본관의 측면에서는 전반적으로 개선되고 있기는 하지만, 앞의 발전들에 상응할만한 긍정적 전환이 뚜렷하게 일어나지 않고 있는 것이다. 2000년 동아일보 여론조사에서 식민지배를 포함한 과거 역사문제가 "해결되지 않았다"고 보는 국민이 89%에 달할 만큼 한일 관계를 가로막는 장벽은 여전했다. 사실 따지고 보면 경제 관계의 밀접함이 사회심리적 거리감을 줄이는 것은 그만두고라도, 인적·문화적 교류의 확대를 가져왔던 것도 아니다. 마치 각 수준은 어떤 차단막으로 가로막혀 독자적인 관계 구조를 갖고 있는 것처럼 보이기도 한다. 인적·문화적 교류의 증진은 경제적 관계보다 정치적 관계의 변화가 직접적인 원인이라 할 수 있다. 한국경제의 대일본의존성이 압도적인 중심을 이루는 한일 경제 관계는 마치 폐쇄 회로에 막혀있는 듯 그 자체 영역 내에 한정되어 다른 사회적 영역으로 확산되지 않았다. 1960년대 이후 권위주의 산업화 시기 식민지배에 대한 청구권 보상을 내용으로 하는 일본의 자본 제공, 일본과의 경제교류를 통한 경제발전의 노하우 및 기술 습득, 식민지배의 제도적 문화적 유산으로서 기업구조와 생산체제, 노사관계 등 한국이 일본에 빚진 것은 실로 크다. 그럼에도 불구하고 한일 간 인적·문화적 교류가 열리고 이 영역에서의 교류가 급속히 진전된 것은 권위주의체제하에서가 아니라 민주화 이후에서야 가능했다.

권위주의 시기 한일 경제 관계의 강화를 통해 한국이 얻었던 수혜적 내용들이 정치 영역으로 확대될 수 없었던 것은, 국내 정치에서 민주적 정당성을 갖지 못했던 권위주의 정부가 사회에 깊이 광범위하게 뿌리내리고 있는 반일감정을 자극하거나 이를 부정적으로 불러일으켜 사회와의 대립을 초래할 가능성을 우려했기 때문이다. 따라서 국내 정치 체제가 얼마나 국민적 정당성을 갖는가하는 사실은 중요하다. 이런 점에서 민주주의는 그 어떤 요소보다도 한일 관계의 증진을 도모할 수 있는 핵심적 요건이 된다. 이것은 한일협정 문서가 일부 공개되면서 한일협정의 내용과 방법이 드러나 한일 관계 정상화가 또 다시 주요한 정치 쟁점으로 부상한 사건에서도 나타났다(『경향신문』 2005/01/17). 한일협정 문서가 공개되면서 권위주의 박정희 정부에 의해 추진되었던 한일 관계 정상화의 내용에 대한 정당성의 문제가 전면적으로 제기된 것이다. 이는 한일 관계의 진전이 단순히 국제관계의 형식적, 공식적 협약만으로 가능한 것이 아니라, 협약의 대표로서의 정부의 민주적 정당성과 시민사회에서의 광범위한 민주적 동의라는 조건이 충족될 때 비로소 가능하다는 것을 말해 준다. 정부 간 외교(비밀)협약이 식민지시기에 발생한 개인적 위해(危害)에 대한 청구권 제기를 봉쇄했다고 하지만, 이를 통해 비정부적 수준에서의 문제가 해결된 것은 별로 없기 때문이다. 결정 과정의 사회화와 사회적 동의로 뒷받침되지 않은 한일 정부 간 정치적 결정과 이를 통한 비정치적 영역에서의 교류는 전면적으로 사회화되는 결과를 창출하기 어려운 것이다. 한일 관계를 확대하고, 이를 증진할 수 있는 정부의 여러 조치들, 예컨대 한일 간 청소년 교류 확대(1989), 양국 간 '평화우호 계획'과 그 일환으로 한일 양국의 역사 연구, 관계사 연구를 지원하는 각종 사업 추진(1995), 청소년 교류 확대 및 일본의 대중문화 개방(1998) 등이 모두 민주화 이후에나 가능할 수 있었던 것도 그러한 이유에서이다.

그러나 민주화에도 불구하고 영역 간의 불균등성은 여전히 지속되고 있다. 그 이유는 정치적 영역에서의 문제가 아직까지 해결되지 않고 있기 때문이며, 이는 냉전구조와 밀접한 관련을 갖는다. 필자가 동아시아 공동체 형성에 관한 논의의 중심을 비정치적 영역이 아니라 정치적 영역에 두는 것도 이러한 이유에서이다.

III. 냉전의 구조와 냉전 후기 평화의 구조

냉전의 구조는 한일 관계가 증진하는 데 중요한 장애 요인으로 작용해 왔다. 동아시아 냉전의 구조는 각각 미국과 구소련을 정점으로 하는 위계 구조를 가지면서 워싱턴-도쿄-서울을 한편으로 하고, 모스크바-베이징-평양을 다른 한편으로 하는 대립 구조를 특징으로 했다. 진영 간 대립을 중심으로 한 냉전의 구조적 배치에 있어, 일본과 한국은 미국이 주도하는 자유주의-자본주의적 질서 속에서 동아시아 반공의 보루라는 역할을 수행한 동맹국의 관계를 갖는다. 그러나 동아시아의 냉전질서는 일차적으로 공산주의라는 적대 진영에 대응하는 것을 목적으로 한 것이고, 이 구조 내의 구성 국가들은 "미국이 부여한 각각의 '역할 분담'에 안주할 수 있는 안정된 정치체제가 필요했으며, 이 필요는 일본에서는 자민당 장기 집권, 주변국에서는 반공군사독재라는 형태로 나타났다. 그리고 이에 대한 반대급부로서 미국이 일본을 포함한 주변국에 원조나 시장을 제공하여 안정적인 경제성장을 보장하는 일종의 '냉전형 발전'이 정착되었다"(권혁태 2004, 250). 하지만 뒤집어 보면 그것은 한편으로 한반도의 분단과 민족 문제를 미해결의 과제로 남겨두고, 다른 한편으로 일본의 자민당 지배로 상징되는 구질서를 온존시켜, 이를 기반으로 정치안정 및 경제발전이 가능했던 구조라고 할 수 있다. 동아시아 냉전구조에서 일본은 동아시아 반공의 보루로서 수행하는 역할의 중요성 때문에 전전(戰前) 한반도의 식민지배와 중국 침략을 포함하는 아시아에서 일본의 제국주의적 팽창이 가져온 폐해에 대해 사죄하지 않고도 동아시아 전후 질서를 건설할 수 있었다. 이러한 관점에서 볼 때 냉전은 케임브리지대학의 정치철학자 존 던이 말하듯, 일본의 '구조적 죄'(structural guilt)를 중요한 구성 요소로 갖는 국제 질서라고 할 수 있을 것이다(Dunn 2003, 185). 만약 탈냉전이 이 지역을 적대적 관계로 양분했던 구조의 해체를 의미하고, 그것이 창출한 국내적 질서의 변화를 가능케 하는 것이라고 한다면, 일본의 과거사에 대한 해명과 더불어 한일 관계는 개선되고, 한반도의 남북한 간 화해 협력과 평화 공존을 통한 민족 문제가 해결점을 찾게 되며, 중국과 일본 간의 적대적 관계가 해소됨과 아울러 동아시아 전체의 평화와 호혜 협력 관계가 창출되는 새로운 냉전 이후의 국제정치 질서를 기대할 수 있었을 것이다. 미국의 부시 2기 정부가 출범한 2005년 모두(冒頭) 오늘의 시점에서 그것은 현실이 아니라 다만 희망적 가상에 불과한 것임은 분명하다. '폭정의 전초기지'(outposts of tyranny)라는 가상의 적을 설정함과 더불어, 힘을 사용해서라도 '자유의 확산'을 실현하겠다는 공격적이고 적대적인 레토릭을 천명하는 미국 부시 정부의 정책 방향은 지금 "미국이 냉전 초기로 시계를 거꾸로 돌리고 있다는 느낌을 갖는다"라고 한 사카모토 요시카즈(坂本義和)의 언명 속에서 잘 집약된다(International Herald Tribune 2005/01/22-23). 그러나 그것이 더욱 위협적인 정책으로 느껴지는 것은 그 정책이 실현될 하나의 장으로서 북한 문제를 안고 있는 한반도와 그것이 놓여있는 동아시아가, 유럽과는 달리 냉전적 적대관계의 기본 틀을 온존시키고 있는 상황 때문이다.

2차 대전 종전과 더불어 시작된 냉전은 남북한 분쟁으로부터 본격화되었다. 그것은 한반도가 위치한 동아시아 지역에만 국한된 것이 아니라 세계적 수준에서 냉전질서를 공고히 했던 역사적이고 세계적인 분쟁이었다. 다시 한번 북핵 위기로 상징되는 오늘날 북한 문제는 냉전 이후의 세계질서가 어떻게 형성되고 어떤 방향으로 전개될 것인지에 대한 역사적 전환점에서 중대 이슈로 등장했다. 과거 냉전시기 세계분쟁과 전쟁의 진앙지였던 한반도가 탈냉전시기에 들어와 다시 동아시아 평화를 파괴하는 진원지가 될 것인지, 아니면 평화질서를 구축하는 평화의 발원지가 될 것인지의 갈림길에 선 것이다. 즉, 냉전시기 때와 같이 한반도는 탈냉전 시기를 여는 현재에도 결정적인 중요성을 갖는다. 한반도가 다시 분쟁이냐 평화냐 하는 결절점에 서게 되었다는 것은 이를 뒷받침하고 있는 동아시아의 구질서가 여전히 근본적으로 해체되지 않고 있음을 말하는 것이다. 세계 냉전의 두 축 중의 하나였던 유럽에서는 베를린장벽의 붕괴로 상징되듯, 독일이 통일되고 구동구 사회주의 국가들을 포괄하는 광역의 유럽연합이 탄생하면서 냉전시기와는 완전히 다른 새로운 질서가 형성되었다. 그러나 동아시아의 독일 문제라 할 한반도 문제는 북한 문제로 상징되듯 미해결의 이슈로 상존하고 있다. 이것이 의미하는 바는 동아시아 지역을 양분했던 위계적 동맹관계의 구조가 상당 정도 유지되고 있으며, 냉전구조보다 훨씬 완화된 형태와 내용을 갖는다 하더라도 냉전시기의 군사정치적 경쟁과 나아가서는 적대적 관계 구조를 재생시킬 수 있는 커다란 잠재성을 안고 있음을 말한다.

동일한 냉전구조라 하더라도 유럽에서의 냉전과 동아시아에서의 냉전은 상당한 차이를 갖는다.[1)] 중요한 차이점을 지적하면, 유럽 냉전의 특징은 ① 집단안보체제: NATO를 통해 미국이 참여하는 유럽 방어를 위한 안보공동체의 발전, ② 유럽석탄철강공동체(European Coal and Steel Community)와 이를 바탕으로 EEC와 같은 유럽경제통합의 발전, ③ 평화 공존을 현실로 인정한 유럽안보협력회의(the Conference of Security and Cooperation in Europe: CSCE)와 헬싱키협약(Helsinki Accords, 1975)으로 표현되듯, 평화 공존의 수용과 인권 문제를 동서분할선과 이데올로기적 경계를 가로질러 유럽 공동의 의제로 설정한 것, ④ 유럽의 국가 간 관계에 있어 독일의 역할과 위상의 질적 변화 그리고 그로 인한 프랑스-독일 파트너십의 구축이다.

이에 비해 아시아 냉전의 특징은 ① 미국과 동아시아, 동남아 국가들 간의 쌍무적 안보조약, ② 유럽에 상응하는 경제통합의 부재, ③ 이데올로기를 넘어 적대 진영을 포괄하는 보편적 이슈로서 인권 문제를 다룰 수 있는 공동 인식의 부재, ④ 미일동맹관계를 중심축으로 하는 아시아 대공방위망의 공고화 등이다. 똑같이 미국이 주도하더라도 동아시아와 유럽에서의 냉전구조는 매우 상이하다. 아시아는 미국을 맹주로 하는 1:1 동맹관계가 중심이 됨으로써 다자적, 집단적 관계가 발전하지 못했고, 경제, 안보 분야에서 특정 형태의 통합도 발전하지 못했다. 유럽과 달리 동아시아는 공산국가들과의 관계에서 제로섬적 적대관계와, 미일안보동맹과 일본의 경제 발전을 통해 아시아를 통치하는 방식을 특징으로 했다. 독일은 민족주의와 유럽에서의 정치, 군사패권적 지위를 포기하고, 경제적 개방을 통해 자신의

1) 전후 냉전시기를 포함하는 국제관계에 대한 종합적인 연구서는 최근 출간된 Young & Kent(2004)가 있으며, 구소련의 해제된 비밀문서를 중심으로 냉전사를 정리한 책으로는 下斗米伸夫(2004)가 있다.

역할을 재정립했으며, 이를 통해 유럽의 평화질서 창출에서 중심적 역할을 수행했다. 이와 비교할 때 일본은 전전(戰前)과 같은 동아시아에서의 패권적 지위를 포기했다 하더라도, 여전히 세계 제2의 경제 강국의 지위를 갖는 동안 국내적으로는 전전의 보수적 기득 구조가 상당 정도 온존되었다. 그로 인해 탈냉전시기 일본이 민족주의적 정조(情調)와 더불어 헌법 개정을 통해 군사력의 합법화와 재무장을 시도하려 할 때, 한국이나 중국과 같은 인접 국가들이 갖는 일본 패권주의 부활에 대한 두려움을 완전히 불식시키지 못하고 있다.

한편, 탈냉전과 병행하여 중국의 개혁개방에 의한 경제성장은 동아시아에서 국가 간 힘의 관계를 변화시킬 수 있는 핵심적 요소로 등장했다. 동아시아는 한편으로 경제적 힘과 국내 정치의 보수화를 바탕으로 군사력의 소유와 증강을 합법화하려는 일본과, 급속한 경제성장을 바탕으로 미국에 상대할 수 있는 군사대국으로서의 잠재력을 갖는 중국이라는 두 강국이 동일한 지역에서 대면하게 된 것이다. 미국은 점증하는 다극체제라는 조건에서 지난날 영국이 유럽 대륙에 대해 균형자로서 행위한 것과 같이 절제된 행위자가 되려고 할 수도 있을 것이다. 아니면 현재와 같이 여전히 장기간 유일 초강대국으로서 압도적 힘의 우위를 바탕으로 일본과 중국의 양대 강국 사이에서 '분리통치 전략'(divide et impera)을 활용하면서 패권적 지위를 유지하려 할 수도 있다. 현실적으로는 후자의 가능성이 매우 크다. 또한 이 지역에서 미국의 역할이 어떠하든 일본과 중국이 긴장, 갈등관계를 띨 가능성은 그렇지 않을 가능성보다 분명히 더 크다. 중일 관계의 갈등은 이미 19세기 동아시아의 근대화시기 일본의 중국 침략과 한국의 식민지 경영으로 나타난 바 있고, 냉전시기에도 한반도를 사이에 두고 한국전쟁을 통해 평화지향적이기보다는 적대관계를 가진 바 있다. 미국과 일본의 동맹관계를 기본 축으로 하는 한, 미국-중국 관계와 일본-중국 관계는 높은 불안정 요소를 갖는다. 이는 9·11테러 이전 부시 1기 정부 초반에 있었던 중국에 의한 미국 정찰기 격추사건에서 볼 수 있으며, 그보다 훨씬 중요하게 NMD, TMD 미사일방어망 구축은 중국을 미일동맹이 주도하는 동아시아의 잠재적 적국으로 간주하는 전략이었다. 부시 2기 정부가 출범한 현재 시점에서도 미국의 대 이라크전쟁과 대 테러전쟁으로 인해 세계평화는 극도로 불안정한 형편이다. 현재 동아시아에서의 국제관계, 즉 미국과 일본, 미국과 중국 관계가 그 어느 때보다도 높은 우호적 관계를 유지하고 있다고 하더라도, 동아시아 국제관계가 미국과 동아시아 개별 국가 간 쌍무적 관계를 특징으로 하고 있는 한 이 지역의 국제관계가 장기간 안정적으로 유지된다는 보장은 없다.

더욱이 이렇게 불안정한 구조는 미국, 중국, 일본 모두의 국내 정치적·국내 경제적 구조와 결합하면서 평화질서를 구축하는 데 부정적으로 작용할 수 있다. 네오콘이 주도하는 미국 대외정책의 목표, 비전, 독트린은 탈냉전시기에 일방주의를 수단으로 패권적 유일 초강대국을 지향하고 있다 (Reus-Smit 2004). 이러한 미국의 선택이 탈냉전시기, 세계화라는 환경에서 더욱 강조되고 있는 평화와 통합과 협력이라는 이 시대의 지배적인 가치와 얼마나 잘 조화될 수 있을지는 커다란 의문이다. 현재의 시점에서 되돌아볼 때, 유럽의 냉전체제가 해체되면서 뒤따라온 1990년대는 분명히 유포리아를 불러일으킨 시기였다. 네오콘의 철학적 기초를 제공하고 있는 프란시스 후쿠야마(Francis Fukuyama)의 "역사의 종언" "마지막 인간" 등의 개념은 세계를 양분시켰던 갈등과 대립의 시대가 끝나고, 미국을 정점으로 한 자유주의적 자본주의의 승리와 더불어 그것이 가져오는 번영과 평화의 도래를 자축했던 이 시기의 정조를 대변하는 말이기도 했다. 한반도에서 2000년 김대중 정부 때의 분단 이후 최초의 남북한 정상회담은 동아시아에서도 긴 냉전의 해체가 목전에 당도한 듯한 상징적 사건이기도 했다. 그러나 이후 이러한 사태들이 역전되면서 탈냉전기가 반드시 평화에 의해 지배되지 않는다는 사실을 확인하게 된다. 한편으로는 세계화가 가져오는 경제통합과 경제

권역의 확대를 통한 전통적 국가구조와 시장구조의 급속한 변화, 다른 한편으로는 그에 상응하는 평화의 증대가 아니라 테러나 작은 전쟁을 중심으로 한 폭력의 세계적 분산과 일상화, 핵 확산의 가능성 그리고 그에 따라 평화에 대한 위협이 더 증대되는 사태가 복합적으로 결합되는 불안정한 시대의 도래가 예견되고 있는 것이다.

동아시아에서의 대립과 갈등의 구조가 탈냉전, 세계화와 더불어 현저하게 변했다 하더라도 한반도가 분쟁의 진앙지가 되는 한 이 대립 구조는 다른 형태로 재생될 수밖에 없는 위험을 갖는다. 이 점을 고려한다면 동아시아라는 개념으로 이 지역을 지칭하는 것은 특별한 의미를 갖는다. 냉전시기 동아시아라는 말은 이 지역이 양분되어 있었다는 점에서 성립할 수 없는 말이었다. 동아시아라는 말 자체가 이 지역의 공동 관심사와 이해관계, 공동의 목표, 그리고 공동의 이상을 표현하기 때문에 이 말은 냉전시기의 대립 구조를 완전히 허물어 버린다는 의미에서만 사용가능한 말이다. 즉, 그것은 이 지역을 분할했던 냉전시기의 대립 구조에 대한 안티테제로서 의미를 갖는다는 것이다. 동아시아 공동체는 곧 동아시아의 평화공동체를 의미하는 것이고, 이 지역의 평화를 안정적으로 관리하는 체제를 지칭하는 것이다. 동아시아라는 말은 동남아시아라는 말과 비교할 때 그 의미가 더욱 뚜렷해진다. 동남아라는 말은 중국이 사회주의화하기 이전에는 존재하지 않았고, 그것은 1949년에 고안되어 50년에 미국에서 통용되기 시작했다. 이때 동남아는 중국 봉쇄와 일본 경제 복구라는 미국의 두 가지 전략적 목표를 달성하기 위한 개념적 장치였다(Shiraishi 2001). 반면에 동아시아라는 말은 두 가지 특별한 의미를 갖는다. 하나는 냉전으로 분할된 지역임을 부정하고, 어떤 것을 공유하는 지역이 되었다는 의미를 갖는다. 다른 하나는 세계의 패권 국가일뿐만 아니라 이 지역의 패권 국가로서 미국이 그 필요에 따라 외부로부터 부여한 명칭이 아니라, 이 지역 국가들 스스로가 갖는 내적 요구와 필요의 산물이라는 것이다. 동아시아라는 지역의 범주를 호명해

냄으로써 우리는 무엇에 대항하는 안보가 아니라 스스로의 평화를 만들기 위한 공동체를 상상할 수 있게 된 것이다.

필자의 생각으로 동아시아의 평화공동체를 논의하는 데 북한 문제는 그 가장 중심에 위치한다. 북한 문제는 무엇보다도 냉전 후기시기 냉전적 대립 구조를 재생산하는 조건을 만들고 이를 통해 동아시아의 평화를 위협하기 때문이다. 그리고 이러한 국제관계의 조건은 정치적 수준에서 한일 관계의 증진을 지속적으로 저해하는 장애 요인으로 작용하기 때문이다. 그러므로 우리는 북한 문제를 동아시아 평화와 한일 관계의 증진이라는 관점에서 살펴볼 필요가 있다.

북핵 위기로 집약되는 북한 문제는 1980년대 말 구소련의 해체로 인해 그 위성국가였던 북한이 핵우산을 포함한 군사적 보호, 석유공급원을 상실하게 되면서 발생한 국제정치적·경제적 곤경으로 직면하게 된 북한체제의 존립 문제에 그 연원을 둔다. 미국의 북한 고립화정책하에서 생존이 보장되지 않는 북한으로서는 국제원자력기구(IAEA)와 같은 서구 지배의 원자력통제기구에 계속 참여할 이유가 없어졌다. 큰 틀에서 냉전 해체 이후 현재의 부시 2기 정부에 이르기까지 미국 정부, 특히 펜타곤이 주도하는 대북정책은 경제 봉쇄와 고립화정책을 통한 북한 압박으로 요약할 수 있다. 북한에 대한 군사적 압박과 경제적, 국제정치적 고립화정책은 북한이 핵을 무기로 협상하는 생존 전략을 선택하도록 강요했고, 핵보유의 시도는 더욱 강력한 압박과 고립화정책을 불러 왔으며, 이에 대응하여 북한은 더욱 더 벼랑끝 외교를 선택하게 되는 악순환이 전개되어 왔다. 현 북한 정권의 지도부는, 그것이 외부적으로 볼 때 얼마나 비합리적이고 무모한 것인지의 문제를 떠나, 핵의 개발이 그들의 생존을 위한 외교적 수단이자, 유일한 협상 무기가 될 수 있다고 믿는 것으로 보인다. 그리하여 결과적으로 국제적 고립화와 압박이라는 조건하에서 체제 존립과 핵보유 사이의 거리를 더욱 좁히는 선택을 한편으로 하고, 부시 정부에 의해 주도되는 핵확산 및 핵무기-기술유출방지와 '악의 축' 대한 체제 전환이라는 대외정책을 중심으로 한 강경 정책의 기조를 다른 한편으로 하는 양자 사이에는 타협점이 축소되는 과정을 거쳐 왔다.

클린턴 정부 때 미국의 포용정책은 김대중 정부의 "햇볕정책"과 2000년의 남북정상회담으로 결실을 맺은 바 있었다. 앞선 클린턴 정부와 달리 부시 정부는 북한 김정일 정부를 사담 후세인 이라크 정부와 같이 "악의 축", 또는 부시 2기 정부 출범시의 새로운 레토릭으로서 세계적 수준에서의 "자유의 확산"의 장애물인 "폭정의 전초기지"로 규정하고, 북핵 위험을 사전에 제거할 선제공격과 정권 교체의 가능성을 배제하지 않는 공격적 정책으로 북한을 압박했고, 또 하고 있다. 대북강경 정책을 추진해 온 부시 정부의 등장과 더불어, 그동안 "햇볕정책"하에서 진행된 남북한 데탕트의 공고화는 반전되었고, 대북포용정책의 틀 내에서 남북한이 평화 공존을 구축할 수 있는 여지는 크게 축소되었다. 두루 알다시피 지금 북핵 문제는 미국, 중국, 일본, 러시아, 남북한 간의 6자 회담이라는 다자주의적 틀로 이양되었다.

부시 정부의 정책결정자들이 즐겨 사용하는 레토릭, 그것이 해상 봉쇄든, 핵 시설에 대한 선제 공격이든, 또는 정권 교체든 미국에 의한 무력 사용의 위협이 현실화되는 것은 가능한가? 만약 그러한 정책이 실현된다면 그것은 한반도의 평화는 말할 것도 없고 동아시아 지역 전체의 평화에 있어 재난적 결과로 나타날 것임은 명약관화하다. 강경 정책의 현실화, 즉 무력 사용을 통한 북한 문제 해결은 한반도에서 제2의 전쟁을 의미하며, 많건 적건 한반도에서 대량 인명 살상을 수반하게 될 것이다. 중국의 관점에서 그것은 자신들이 개입한 바 있는 한국전쟁과 다르지 않은 상황이다. 일본의 관점에서 볼 때 그것은 자국의 안보에 치명적 타격이 될 분쟁에 대해 일본의 어깨를 넘어 동해에서 미국의 일방적 무력 사용을 허용할 것인가의 문제가 된다. 요컨대 미국에 의한 강경 정책의 선택은 이 지역 전체의 국제관계에서 파국적 또는 충격적 결과를 가져올 수밖에 없다. 그것은 과연 이성적 대안인가? 필자의 답은 부정적이다. 그러므로 북핵 문제에 대한 평화적 해결은 관련 당사국들 모두에게 하나의 절대 명제가 아닐 수 없다.

그러나 미국 또한 냉전 초기 한국전쟁 당시와는 달리 동아시아에서 스스로의 헤게모니를 상실하는 자해적 선택을 하지 않을 것이라고 가정할 때, 현실적으로는 무력 사용이 아니라, 현 북한 정권의 붕괴 내지는 변화를 가져올 '정권 교체' 또는 '체제 변화'를 기획하고 추구할 가능성이 더 크다.[2)] 그것은 정책의 목표가 현 북한 지도부의 해체를 목표로 하지 않는다 하더라도, 그 정책의 결과가 북한체제의 붕괴를 가져온다면 그것도 상관하지 않겠다는 것을 의미한다. 여기에서 정책의 목표와 정책의 결과 사이의 관계는 모호하다. 대북 강경 정책이 어떠한 말로 표현되든, 그 정책의 수행은 크든 작든 북한체제에 대한 깊숙한 압박을 수반하게 된다. 이러한 압박정책은 북한 지도부로 하여금 핵을 포기하기 더욱 어렵게 강요하는 것이기도 하다. 자체 생존 능력이 한계점에 이른 북한을 미국이 계속 밀어붙인다면, 북한은 정권 또는 체제가 붕괴될 수도 있다. 사실상 현 정권의 붕괴와 체제의 붕괴의 차이도 분명하지 않다. 그러나 그 차이가 어떠하든 이 정책 방향이 가져올 의도하지 않은 부정적 결과와 그것이 수반하는 폭발성은 실로 클 것이다.

이 글의 주제가 북한이 어떻게 핵을 포기토록 하는가 하는 전략적인 문제를 다루는 것이 아니기 때문에, 우리는 어떻게 북한 문제를 평화적으로 해결할 수 있는 동아시아 평화 공존의 틀을 형성할 것인가에 초점을 맞추도록 한다. 사실상 이 문제는 북핵 문제, 그 자체를 해결하는 것보다 더 크고 어려운 문제라고 할 수 있을 것이다. 힘을 통한 문제 해결은 동아시아의 평화를 위협하고, 이 지역 국가들이 현실 정치(Realpolitik)를 추구하며, 그 과정에서 군사주의적 힘의 팽창을 도모하고자하는 각축으로 몰아넣을 가능성

2) 최근 부시행정부의 대통령 안보보좌관으로 임명된 해들리(Stephen Hadley)의 발언이다. 그는 북한의 김정일 체제를 붕괴시키는 것을 겨냥한 '정권 교체'(regime change)가 아니라, "체제 변화"(regime transformation)라는 완화된 표현을 쓰고 있다(『경향신문』 2004/12/09).

을 크게 높인다. 반대로 평화지향적 해결은 북핵 문제를 두 번째 이슈인 동아시아에서의 평화 공존의 틀을 형성하는 문제와 연계시키는 것을 중심 내용으로 한다. 각국의 안보와 안정적 시장경제를 통한 공영은 이러한 평화적 공동의 틀에 기반해 실현될 수 있다. 힘의 우위를 위한 각축은 이 지역에서 민족주의와 군사주의가 발흥할 수 있는 더 없이 좋은 조건을 제공한다. 우리는 구한말에서 근대에 이르는 시기 그리고 냉전시기를 통해 이러한 동아시아의 국제관계가 얼마나 쉽게 위험한 상황으로 급변하고, 전쟁과 제국주의적 팽창으로 인해 희생되었는지를 직접 경험할 수 있었다. 그러한 상황이 다시 발생할 경우 한반도는 이 지역의 어떤 나라보다도 큰 희생양이 될 것이다.

평화지향적 관점에서 북핵 문제를 해결하기 위해서는 두 가지 차원에서 접근이 필요하다. 첫째는, 한반도 내에서 남북한 간 평화 공존의 틀을 형성하는 노력이다. 이를 위해서는 무엇보다 남한의 대북정책이 중요하다. 여기에서 강조될 것은 남한의 최우선적 대북정책의 목표가 남북한 통일이어서는 안 된다는 점이다. 오히려 정책의 최우선 목표는 남북한 간 평화와 공영의 질서를 관리하는 체제를 구축하는 데 있어야 한다. 통일이 정책 목표가 된다는 것은 극히 위험하다. 상대에 대한 우위를 점하고자 하는 열정, 이데올로기, 이념이 동원되고, 적나라한 이해관계가 짧은 기간 내에 분출하면서 반세기 이상 만들어진 체제와 사회구조, 이념과 문화의 차이들이 심각한 갈등과 충돌을 불러일으킬 것임이 분명하기 때문이다. 이는 사실에서(de facto)뿐만 아니라, 국제법적(de jure)으로도 두 개의 국가(비록 남북한 관계가 특수한 관계라는 것을 전제한다 하더라도)가 한반도 내에 존재하고, 이들 간에 평화적 공존의 관계가 형성되지 않으면 안 된다는 것을 말한다. 그것은 한반도 내에 서로 다른 체제를 가지며, 또한 정치군사적 힘의 차이와 경제발전의 차이를 갖는 두 개의 국가가 존재한다는 것을 전제로 한다. 그리고 이러한 전제를 바탕으로 공존과 평화의 틀을 제도화하는 것을 의미한다. 이 평화

공존의 과정은 공존과 평화의 규범들을 습득하고 이를 제도화하는 단계적이고 긴 과정을 포함한다. 평화 공존의 과정에서 북한체제가 변하고, 통일이 실현될 수 있을지도 모른다. 그러나 그것은 다만 그러한 과정의 결과일 뿐, 목표가 될 수는 없다. 이 접근은 과거 독일 동방정책(Ostpolitik)의 기획자 에곤 바르(Egon Bahr)가 "화해를 통한 변화"(change through rapprochement)라고 말했던 의미와 같은 것이다. 그동안 남북한 모두에서는 이해할만한 이유로 통일정책, 통일 방안을 말해 왔고, 이를 중심으로 통일 담론이 형성된 바 있었다. 그러나 남북한 간의 상호인정, 평화 공존, 화해 협력을 어떻게, 어떤 내용으로 만들 것인지에 대한 논의는 없었다. 통일 문제에 관한 담론이나 내용은 극도의 이데올로기적 공격성을 띤 것이거나, 현실을 말하기보다는 관념이거나 레토릭이었을 뿐이다. 연방제 논의, 1단계~2단계 통일 방안, 동서독 모델 등 통일을 둘러싼 시나리오와 논의들은 상대적으로 풍부했다. 그러나 최근에는 북핵 위기의 등장과 더불어 이러한 통일에 관한 논의들조차 사라졌다. 그 자리에는 남한에 의한 위계적 흡수 통합을 의미하는 북한 붕괴, 정권 교체와 같은 공격적 담론과 대북인식이 자리잡았다. 물론 여기서 북한과의 평화 공존, 화해 협력을 말한다고 해서 현재와 같은 북한체제를 긍정한다는 것은 아니다. 그것은 국제관계에서 북한의 안전이 보장되고, 북한이 경제적으로 자생력을 가지며, 국내 정치적으로 단일 권력 중심의 전일적 체제가 아니라 복수의 정당들이 존립 가능할 수 있는 좀 더 유연한 체제로 발전하는 것까지를 논의의 대상으로 열어 놓는다.

둘째는, 북핵 문제를 해결할 수 있는 동아시아 평화공동체를 형성하는 문제이다. 6자 회담은 북핵 문제를 풀기 위한 문제 해결적 방편이지만, 이를 동아시아의 공동 안보와 평화질서를 구축할 수 있는 동아시아 평화공동체 형성의 출발점으로 삼을 수 있다. 북한이 핵무기 없이도 존립할 수 있다는 인식을 가능케 하고, 이를 위한 국제적 보장과 제도화의 틀을 만들 수 있다면, 그것 자체가 이 지역의 안전과 평화라는 공동의 이익과 목표에 봉사할 수 있기 때문이다. 6자 회담의 틀은 이해당사국들이 지금까지 북한을 독립적인 국가에서 배제했던 고립화 전략을 중단하는 것과 아울러 존립을 인정하고, 동시에 북한은 핵을 포기하는 교환이 핵심이 될 수 있다. 그것은 미국, 일본과 같이 북한에 대해 적대적이었던 국가들이 평화조약과 국교정상화를 포함하는 수교를 맺는 것과 함께, 북한이 동아시아 국제정치 질서에서 다른 나라들과 같이 하나의 정상적인 행위자가 되는 내용을 포함한다.[3)]

한일 관계 증진을 동아시아에서 냉전적 대립 구조를 극복하고 동아시아 평화공동체를 창출할 수 있는 고디안 결절점(Gordian knot)이라고 말하는 것은, 그것이 동아시아 국가 간 평화를 위한 집합적 결정 구조를 제도화 할 수 있는 조건을 형성하는 데 필수적 요소이기 때문이다. 그 조건이란 자국의 안전과 평화라는 가장 중요한 문제에 대해 공동의 관심 영역을 확대하고, 국가 간 상호 신뢰를 구축하는 것을 말한다. 이 문제는 한일 관계의 증진을 가능케 하는 것이기 때문에 특히 중요하다. 이 말은 한일 양국이 형성하는 대북관계를 둘러싼 국제관계가 국내 정치의 다이나믹스 속으로 국내화되면서 그것이 한일 관계를 퇴행적으로 또는 발전적으로 만들 수 있는 요인으로 작용한다는 의미이다. 한국과 일본에 초점을 맞추어 볼 때, 한국과 일본은 냉전반공주의를 지배적인 이데올로기로 공유하고, 북한에 대해 적대적인 관계로 설정된다는 면에서 동일한 반공질서 내에 위치한다. 그러나 동시에 남한과 북한은 이데올로기적으로 적대적이라 하더라도 민족 문제를 공유하는 두 개의 체제로서 그 이슈와 관련해 친화성을 가질 수 있다. 일본의 식민지 과거사 책임 문제는 남한과 북한이 동일한 정치적 효과와 민족 감정을 매개로 한 정서적 울림을 갖는 이슈이다. 일본이 북한 문제를 평화적으로 해결하려는 의지와 정책을 보여 줄 때 그것은 두 가지 함의를 갖는

3) 최근 이와 유사한 내용을 담은 흥미 있는 칼럼으로는 Fukuyama(2004)가 있다. 그러나 그는 북한을 지역 내의 정상적인 행위자로 고려하지 않고, 관리의 대상으로 생각한다는 점에서 필자의 관점과 다르다.

다. 하나는, 일본이 냉전시기의 적대관계의 틀을 벗어나 냉전 후 시기의 새로운 동아시아 질서 구축에 기여한다는 점이고, 다른 하나는 한반도 민족문제 해결에 크게 기여함으로써 일본이 식민지배와 2차 대전을 통하여 상당한 책임을 갖는 이슈에 대해 그 책임을 보상하는 행위라는 점이다. 반대로 일본의 대북 강경 정책은 일본 정치의 보수파를 만족시키고 진보파의 입지를 극도로 축소시키며, 한국에서는 소수의 극단적인 반북반공주의적인 보수파를 만족시킬 수 있을지 모르나, 민주화된 한국 시민사회의 다수 대중을 결코 만족시킬 수는 없을 것이다.

IV. 동아시아 공동체 또는 지역 통합 담론과 그 특징들

그렇다면 동아시아 지역에서 공동의 안보, 국가 간 (및 영토 내)분쟁 및 갈등을 논의하고, 평화와 공동 안전을 가능케 하는 집합적 결정을 위한 제도화는 지금껏 왜 지지부진했는가? 공동 안보와 평화가 위협되고 안정적이지 못할 때 세계화와 더불어 이 지역에서 급속히 진행되고 있는 경제교류 및 통합 역시 커다란 장애에 부딪칠 것임은 말할 것도 없다. 동아시아는 왜 유럽의 EU가 보여 주는 통합 방향과는 다른 경로를 보이고 있는가? 이 문제에 대한 해답은 매우 단순하고 분명한 것으로 보인다. 동아시아에만 국한시켜 보더라도 일본, 중국, 한국 등은 영토와 인구의 크기, 경제발전 정도에서 매우 비대칭적이다. 동남아시아로 확대해 볼 때 비대칭적 차이는 더욱 커진다. 이 구조적 비대칭성은 유럽과 비교할 때 더욱 두드러진다.

이와 관련하여 동아시아 공동체 형성을 둘러싼 기존 담론의 내용들을 살펴볼 필요가 있다. 무엇을 위한 공동체인지의 내용 중 압도적으로 많은 논의의 대상이 되는 것은 경제 교역, 경제협력을 중심으로 한 경제적 통합의 문제이다. 아시아를 경제 이익을 공유하는 하나의 지역적 공동체로 이해하기 시작한 전환점은 무엇보다도 1997년 후반 아시아의 금융위기라 할 수 있다. 위기에 처한 지역이 공동으로 금융위기에 대응코자 한 아시아통화기금의 구상과 금융협력,[4] 엔 블록화, 환율협조체제의 구축 등이 이러한 경제공동체 형성의 필요성을 제기하기 시작했다. 그와 동시에 여러 형태의 자유무역지대안이 제기되었고, 지역협력기구로서 기존의 동남아시아 경제협력기구에 덧붙여 한국, 일본, 중국 등 3개국이 포함되는 아세안+3과 같은 경제협력 및 시장통합기구의 형성 문제가 구체화되었다. 이 경제협력기구는 일본과 중국 각각의 경제적 이해관계 때문에 중요한 관심사로 부각되기도 했다. 그리고 다른 한편으로 세계 제2의 경제 대국인 일본과 경제 강국으로 부상하는 중국 사이에 위치한 한국 역시 아시아의 무역과 물류 중심 국가, 경제 교역 네트워크, 클러스터의 중심 등 지역적 중심성을 내세우면서 지역경제통합에 커다란 관심을 갖게 되었다. 한국에서 노무현 정부의 수립과 더불어 제기되고 있는 동북아 담론들은 그것이 '동북아 중심 국가'로 표현되든, '동북아시대론'으로 표현되든 지역 내 경제 교역의 급증에 따라 중국과 일본에 대비되는 한국의 역할을 규정하고자 하는 정책적 필요에 따라 제기된 것이다(이일영 2003; 이수훈 2004).[5] 이러한 정책적 담론이나 논의의 특징은 전통적인 한미동맹관계를 재정의하는 것을 포함하여, 냉전 후기 동아시아 질서에서 한국의 역할에 대한 비전을 제시함이 없이 대체로 경제적 영역에만 한정하여 문제를 보고 있다는 사실이다. 일단의 경제학자들이 IMF 금융위기 이후 경제협력·지역협력의 필요성을 말하는 것도 이러한 논의와 맥을 같이 한다(전창환 2002; 김용복 2002; 谷口誠 2004). 여기에 덧붙여 사회문화적 교류 또한 통합의 조건을 형성하는 중요한 영역으로 주목되고 있다. 이처럼

4) 동아시아 금융 협력은 미야자와 플랜과 같은 구체적인 시안으로 등장하기도 했다.
5) 하지만 한국에서 남북경협을 통한 동북아 경제협력을 강조하는 것은 직접 북한 문제를 대면하고 있는 상황에서 우선적으로 제기될 수 있는 문제이기도 하다(김연철 2003).

비정치적 문제가 통합의 논의를 주도하고 있다.

지역 안보 측면에서 보더라도 기존의 미일동맹, 한미동맹을 중심으로 냉전시기의 틀을 유지하는 가운데 지역 안보 문제를 논의하는 것이 압도적으로 많은 반면, 냉전 후기의 평화와 안보를 위한 지역공동체 형성에 관한 논의는 별반 관심사가 되지 못하고 있다. 그것은 잠재적으로 분쟁 가능성이 높은 중국-대만 관계, 중국 내 다인종 소수민족의 통합 문제, 중국과 인접 주변 국가들과의 안정적인 대외관계와 이를 통한 지역의 평화와 공동 안보에 더 많은 관심을 갖는 중국에서의 논의와도 큰 대조적이다(Wang 2004).

이와 달리 한국과 일본의 지식인 사이에서 동아시아 평화를 위한 시발점으로 북한 문제와 한반도 평화 문제를 중심에 두고 동아시아 지역 통합에 접근하는 논의들은 이 논문의 주제와 관련하여 커다란 의미를 갖는다. 동아시아의 평화공동체 형성이라는 관점에서 한반도가 중심적 위치를 갖게 되는 것은, 그 지정학적 위치와 과거 역사는 논외로 하더라도, 근대화 시기와 냉전 시기를 거쳐 한반도가 동아시아 분쟁의 진앙지였다는 사실 때문이다. 그것은 동아시아에서 평화를 추구하는 논의들과 "동북아 공동의 집" "동아시아의 발견" "동북아시대론" 등과 같은 담론들이 한반도를 그 중심으로 설정하고 있는 이유이기도 하다.

이와 관련하여 흥미로운 것은 각각의 논의들이 서로 다른 내용과 맥락에서 제시되고 있음에도 불구하고 한국, 일본, 중국 사이의 동아시아 공동체 형성의 장애 요인으로 민족주의를 상정하고, 민족주의에 대해 비판적 담론을 형성하고 있다는 사실이다. 작게는 남북한 통일 내지는 화해 협력 관계의 형성, 넓게는 동아시아에서 어떤 형태의 지역 통합이 지체되는 원인은 일차적으로 민족주의의 책임이라는 것이다. 이러한 논리를 대변하는 "탈민족주의" 담론이 정치 이념으로서 민족주의를 해체하는 것에 초점을 둔다면, "동아시아 정체성" 또는 "동아시아 커뮤니티"에 대한 강조는 국민국가의 경계와 정체성을 넘어 광역의 동아시아 정체성을 형성하는 문제에 큰 관심을 보인다. 이 점에서 각 국가에서 국민국가라는 좁은 경계에 갇힌 역사가 아니라, 공간적으로 더 넓고 시간적으로 좀 더 미래지향적인 동아시아에 대한 역사 인식은 동아시아 공동체 형성에 필수적인 요소처럼 강조되고 있다.[6)]

이 방향의 논의에서 가장 개척적인 주장은 일찍이 사카모토 요시카즈(1999)에 의해 '아시아 초국적 시민사회'는 테제로 제시된 바 있었고, 강상중(2002)과 와다 하루키(2003)는 '동북아 공동의 집'라는 개념화를 통해 이를 발전시켰다고 할 수 있다. 이들의 논의에서 동아시아의 평화를 안정적으로 구현함에 일본의 역할은 무엇보다 결정적이다. 이들은 일본이 한반도 분단의 비용을 일정하게 감당하고, 냉전시기를 통해 구축된 양자주의적 미일동맹을 벗어나 다자주의적 안전보장체제를 구축하는 데 중심적인 역할을 할 것을 요구한다. 이러한 조건이 충족될 때 동아시아 지역에서의 일본의 정치적 역할 확대는 정당화될 수 있고, 그것은 또한 바람직하다는 주장으로, 이는 분명 일본의 대외정책의 대전환을 의미하는 것이다. 동아시아 평화를 실현하는 데 리더십을 발휘한다는 것은 일본이 동아시아 냉전구조 해체를 위해 그중심적 받침대인 미일동맹의 변화를 도모해야 함을 의미한다. 이러한 변화는 일본이 과거사를 극복하는 과정을 포함하지 않고는 불가능할 것이다. 그것이 가능하다면 일본은 중국과 한국을 포함한 동아시아 인접 국가들로부터 신뢰를 회복하고, 리더십을 인정받게 될 것이다. 강상중과 와다 하루키 모두 냉전 후 평화구축을 위한 일본의 적극적 역할을 주장하는 점은 같지만, 와다 하루키가 좀 더 역사적이고 국제정치적, 전략적 측면에 초점을 맞추고 있는 반면, 강상중은 이 지역에서의 경제적 역할을 포함하는 일본의 더 광의의 역할 전환을 요구하고 있다. 강상중이 일본의 역할 전환은 아시아 지역에서 엔 블럭의 형성을 가능케 한다고 주장할 때, 그는 마치 유럽 통

6) 한국에서 이러한 논리를 제시하는 글은 최원식(2004)이 있으며, 일본에서 이러한 방향의 논의는 와세다 대학 COE-CAS 주최 2차 국제심포지움 〈Envisioning Future Regional Cooperation in East Asia〉(2004년 12월 5일)가 기조를 이룬다.

합의 중심축이었던 공동 통화가 사실상 독일의 마르크화를 바탕으로 만들어졌던 것과 같이 냉전 후기 일본의 경제적 역할을 전후 냉전시기 유럽에서의 독일의 역할이라는 모델을 통해 대비시키고 있는 것이다.

여기에서 필자는 냉전 후기 동아시아에서 평화공동체 형성을 실현할 수 최대의 조건은 그 어떤 다른 요소보다도 이 지역의 냉전구조를 해체하고, 그 유산들을 극복하는 것이라는 점을 강조하고자 한다. 다시 말하면, 민족주의는 평화공동체 형성을 지체시키는 부차적인 요소에 불과하다는 것이다. 이 점에서 사카모토 요시카즈, 와다 하루키, 강상중과 같이 냉전을 문제의 중심에 놓고 초국적 시민사회 또는 다민족적, 다국적적, 다문화적 사회에 바탕을 둔 한일 관계의 증진을 말하고 있는 논의와, 냉전에 대한 인식을 갖지 않는 "탈민족주의" 담론이나 논의들(최원식 외 2000; 왕후이 2003)은 구분될 필요가 있다. 후자의 논의들은 냉전시기 이전, 전통사회와 근대화 시기 이 지역 국가들을 대립관계에 놓았던 일본의 팽창적 민족주의 대 중국과 한국의 방어적 민족주의 간의 해소되지 않은 상호불신을 문제의 핵심 요인이라고 생각하는 듯하다. 그러나 문제를 이 지역 국가들이 공통적으로 갖는 민족주의의 부정적 효과에서 찾는 것은 핵심에서 벗어난 논의이다. 일본의 과거사 청산에 대한 거부를 일본이 팽창적 민족주의를 갖기 때문이라거나, 그것 때문에 동아시아 공동체 형성에 소극적이라고 보는 것은 민족주의로 문제를 환원시킴으로써 사태를 더욱 현실적으로 보지 못하게 한다. 동아시아 각국이 민족주의에 큰 영향을 받고 있기 때문에 문제라기보다는, 냉전시 형성된 바 있는 대립의 구조가 국제적으로 또 국내적으로 냉전 후기에도 다른 형태로 유지·온존되고 있기 때문에 문제인 것이다. 즉, 공동체 형성을 가로막는 직접적인 요소는 냉전시기의 구조가 온존되고 있다는 사실이다. 이 지역에서 냉전을 주도해 왔던 것은 패권 국가로서의 미국과 그 의존적 파트너로서의 일본 간의 동맹체제라 할 수 있다. 그리고 이러한 냉전시기 동맹 구조가 전후에 일본이 과거사를 청산하지 않는 것을 가능하도록 허용했던 것이다. 이는 종전 이후 유럽에서의 독일의 역할과 비교할 때 분명해진다. 일본이 과거사 청산을 하지 않았기 때문에 동아시아 국가 간 상호불신을 조장하는 것이 가능했고, 그로 인해 민족주의가 불러들여지고 과거의 적대관계의 기억들이 동원될 수 있었다.

대체로 과거에 대한 기억들은 현재의 필요에 의해 선택적으로 불러들여지게 된다. 현재의 문제가 나쁠 때 과거의 나쁜 갈등과 대립, 그리고 침탈의 역사들이 불러들여지는 것이다. 이런 점에서 공동체 형성의 지체는 민족주의가 원인이라기보다는 냉전체제의 구조가 온존되고 있으며, 북핵 문제에서 볼 수 있듯 이것이 아직도 이 지역의 중요한 갈등의 원천으로 기능하고 있다는 데 기인한다. 동아시아의 국가들이 근대화 과정에서 커다란 차이를 갖는다는 것, 따라서 국민국가 형성과 산업화에 있어 시차를 만들어 내면서 민족주의를 강화하는 결과로 나타나게 된 것은 당연한 것으로 보인다. 그리고 근대적 국민국가 형성이 지체되고 있는 조건에서 국가 간 경계를 넘어 어떤 지역 통합을 이룬다는 것 그 자체가 어려운 것임은 말할 필요도 없다. 이것은 지역 통합과 관련하여 유럽과 아시아의 근본적 차이의 하나이기도 하다. 그러나 국민국가 형성과 민족주의 발흥의 타이밍은 유럽에서도 결코 균질적이지 못했고, 그 시차는 컸다.

Ⅴ. 동아시아 공동체를 위한 '의미지평'의 형성 문제

동아시아 평화공동체가 의제로 제기되기 위해서는 이 지역 국가들 사이에서 공동의 의미지평(common space of meaning)을 발전시키는 일이 필요하다. 공동의 의미지평을 형성하는 문제는, 냉전의 주요 유산으로서 지역 내 국가 관계를 이데올로기적으로 보는 것, 그리고 잠재적 적대관계로 보는 인식으로부터 벗어나 이 지역이 공통적으로 대면하고 있는 위험과 이해관계가 무엇인가에 대한 현실 인식을 그 출발점으로 한다. 이러한 현실 인식은 지리적·문화적 인접성을 갖는 국가들이 각기의 특수한 이익과 가치를 갖는다는 전제를 필요로 한다. 비록 그것은 현재 한국이나 일본에서 지역의 평화와 안보를 이해하는 데 지배적 영향을 미치고 있는 미국적 관점과 상치될 수 있을지 모른다. 그러나 동아시아 각국이 갖는 독자적 이해와 관심이 억압되지 않을 때 논의의 공통 기반이 열릴 수 있다. 요컨대 평화공동체 건설을 위한 의미지평의 형성은 냉전적 이데올로기와 구조를 넘어서서 냉전 후기의 질서를 형성하는 인식의 전환을 수반하면서 진행되는 것이다. 이 전환은 단지 현실적 위험이 무엇인가를 인지하고, 이에 대해 합리적 판단을 내리는 것만으로 가능하지 않다. 오늘날 국제정치학이나 미국의 정치학계에서의 지배적인 이론적 조류들이 무엇이든간에, '현실주의'는 일본이나 한국을 포함한 동아시아 지역에서 국제관계를 바라보는 지배적인 관점임에 분명하다. 이 관점은 국제정치란 홉스적 무정부상태로 특징지어진다는 전제위에서 미국은 여기에 보편적 질서와 안전을 부여하는 자혜로운 세계경찰 역할을 수행하는 것으로 상정하면서 미국의 역할을 중심으로 국제관계를 설명한다. 이러한 설명 틀은 미국의 헤게모니적 역할과, 그 짝으로서 각국의 주권이 이러한 위계적 국제정치 질서의 유지를 위해 제약될 수 있는 조건을 무비판적으로 수용하도록 한다(Krasner 1999). 그 결과 유일패권국으로서 미국의 역할을 정당화하는 논리로 기능하게 된다. 디 차이트(*Die Zeit*)의 편집인 요셉 요페(*Joseph Joffe*)가 말하듯 "미국은 권력이다. 그것은 좋든 나쁘든 세계의 운명에 영향을 행사한다"(*International Herald Tribune* 2005/02/04)는 논리를 통해 존재하는 힘과 힘의 사용 그리고 이 힘이 만들어내는 위계질서가 모두 정당화되고, 세계와 동아시아의 질서는 미국의 기획하에 재편성되고, 일본이나 한국은 이 틀 내에서 역할을 규정받고, 임무를 수행하게 된다. 여기에서 문제는 "자유와 민주주의의 확산"이라는 구호가 그 개념이 지닌 보편적 가치를 확산한다는 긍정적 측면과 아울러, 동시에 힘을 앞세운 미국의 이익을 일차적으로 실현하는 유일 패권국 프로젝트를 위한 슬로건으로서 의미를 갖는다는 사실이다. 그러므로 이것은 보편적인 평화의 기획과 양립하기 어렵다.

현실적 질서란 그 자체가 힘을 가지고 있기 때문에, 동아시아의 평화공동체를 구상하고 이를 실현하고자 하는 노력은 국제정치질서에 대한 지배적 비전의 영향하에서 그리고 그 연장선상에서 구상하는 것이 아니라, 그것과 다른 방법으로 생각할 수 있는 상상을 갖지 않고서는 불가능하다. 그것은 신현실주의든 신자유주의든, 미국의 헤게모니를 중심으로 한 세계를 있는 그대로 설명하는 이론이 아니라, 도덕적 가치와 그것이 구현될 수 있는 공동체에 대한 사회적 상상에 의해서만 가능하다. 이 점에서 찰스 테일러가 말하는 '사회적 상상'(social imagineries)의 의미가 중요한 것이다(Taylor 2004). 사회적 상상은 새로운 사회질서를 만들고, 개인이 그 공동체와 일체감을 형성하는 과정에서 도덕의 관념과 내면적 의식의 중요성을 불러들이는 것이다. 권력이 분석의 단위가 되고, 수준이 되는 국제정치의 현실에서 권력의 핵심적 속성은 상호관계에 개재된 물리적 힘의 관계와 이해타산적 대차대조표를 움직이는 전략적 선택의 행위 지침을 만드는 것으로 이해된다. 그러나 이와는 대조적으로 사회적 상상의 개념은 도덕의 가치를 불러들임으로써 현실의 물리적 힘이 작용하는 범위를 훨씬 넘어 보통 사람들이 그들의 도덕적 가치를 더 잘 실현할 수 있는 어떤 대안적 공동체를 상상하는 영역으로 권력의 개념을 확대하고 다르게 이해하는 것을 가능하게 한다. 도덕은 스스로의 위엄과 자기 존경에 대한 의식을 갖도록 하며, 타자와의 관계에 있어 올바른 행위가 어떤 것인가를 가르쳐 주며, 그것을 통해 자기정체성을 형성하게 한다. 요컨대 이러한 의식은 인간 개인에게 있어 삶의 성취와 의미를 부여하게 되고, 이러한 도덕성을 공유함으로써 사람들은 그 속에서 삶의 보람과 성취를 이루어 나가는 의미의 공동체를 형성하게 된다. 테일러는 있는 그대로의 현상을 설명하는 이론보다는, 보통 사람들이 그들의 사회적 환경을 생각하는 방법의 중요성을 강조한다. 그리고 이러한 상상은 소수가 가질 수도 있지만, 보통 사람들의 다수가 갖는 것이기도 하고, 문제에 대한 정당성의 인식과 더불어 많은 공동의 행위들을 이끌어낼 수 있는 것이기도 하다. 즉, 시민사회에서의 보통 사람들이 문제에 대해 갖는 이해의 방법이 중요하다는 말이다. 테일러는 기본적으로 한 사회 내에서 공동체의 구조와 내용을 변화시키는 힘으로서 사회적 상상을 말했지만, 그것은 다른 두 사회를 연결하는 국가 간 관계에도 적용될 수 있다고 생각한다. 한일 관계의 증진에 있어서도 두 나라에서 보통 사람들이 갖는 평화의 가치가 다른 어떤 것보다 중요하다. 상대방 국가가 이러한 가치를 공유하고 있으며, 정책이 이러한 맥락을 따라 작용하고 있다는 것을 믿게 될 때, 서로 다른 사회에 속하는 시민들은 평화의 가치를 중심으로 공동의 의미지평을 형성하면서 그 가치가 작용하는 하나의 공동체에 속하고 있다는 인식을 갖게 될 것이다.

어떤 형태의 '아시아적 정체성'이 존재한다고 한다면, 그것은 엘리트 수준에서의 정책 결정이 창출하는 것이 아니라 대중의 의식 속으로 그러한 인식들이 스며들어가는 실천적 과정들을 거친 연후에 형성되는 의식의 상태라고 할 수 있다. 그러므로 동아시아 공동체를 지향하는 노력들은 정치적 수준과 시민사회 수준 두 방향, 또는 두 수준 모두에서 이루어져야 한다. 이 지역 국가들의 문제와 위험을 직시하고, 이를 해결하고자 하는 정치엘리트들의 목적의식적이고 정치적인 결정뿐만 아니라, 이러한 결정을 가능케 하는 시민사회로부터의 투입(input) 또한 중요하다. 앞에서 살펴본 것처럼 한일 두 나라가 지리적으로 인접해 있고, 또 냉전시기와 한국의 경제발전 시기를 통해 두 나라의 협력 관계, 특히 경제교류 협력 관계가 밀접하게 통합되었다 하더라도, 정치적, 사회심리적 거리는 결코 가깝다고 할 수 없다. 경제교류, 대중문화 교류, 인적교류 등 여러 수준에서의 비약적 발전은 한일 관계가 더 이상 가깝고도 먼 나라가 아니라 실제로 가까운 나라처럼 느껴지게 한다. 이러한 변화는 한일 관계만이 아니라, 한중 관계에서도 마찬가지이다. 더욱이 냉전시기 한국과 중국은 적대 진영에 속해 있었다는 사실을 감안한다면, 최근 한중 관계의 발전은 한일 관계보다 더 빠르다. 경제교류의 수준에서 아시아 지역에서의 교류 증대는 이 지역의 경제통합이 멀지 않은 장래에 급진전될 것이라는 전망을 갖게 한다. 실제로 아시아 금융위기 동안, 일본과 타이완은 위기에 있는 아시아 국가들을 위해 100억 달러 기금을 마련할 결의를 보였다. 미국이 개입하지 않았더라면 그것은 아시아 공동통화를 발전시킬 수 있는 계기가 될 수도 있었을 것이다[Johnson 2004(2000), 211]. 하지만 그것이 미국의 개입으로 인해 좌절되었다는 사실은 문화적·인적 교류의 급증, 경제적 네트워크의 증대 등이 토대가 되어 이 지역에 어떤 공동체의 형성을 가져올 수 있다는 기능주의적 설명의 커다란 한계를 보여준다.

마찬가지로 동아시아의 안보와 평화를 위한 공동체의 형성이 정치적 결정을 배제한 채 한 수준에서의 발전이 다른 수준에 영향을 미치는 기능주의적 통합을 가져올 수 있다고 말하는 것은 안이한 생각이다. 평화를 위한 공동체의 형성은 본질적으로 여러 수준에서의 교류 확대가 가져올 결과라기보다는, 서로 다른 나라의 시민사회에서 보통 사람들이 공통의 이슈에 대해 상대와 공감할 수 있는 의미의 공동체를 형성하기 시작할 때 가능하다. 그리고 정부 수준에서의 정책 결정이 이러한 시민적 이해와 상상의 공감대를 확장하는 데 기여하고, 그것과 연결될 때 커다란 효과를 가질 수 있다. 이러한 점에서 한국-일본, 일본-북한의 관계는 순전히 경제 관계에만 집중할 수 있는 일본과 동남아의 관계와는 상이하다. 이 점에서 일단 중국을 논외로 하고 일본을 중심으로 볼 때, 일본이 두 개의 성격이 다른 공동체를 지향하는 두 궤도 전략을 추구할 수 있다는 사카모토 요시카즈의 제안은 커다란 설득력을 갖는다(Sakamoto 2003). 동아시아 지역에서 의미지평이 중요한 것은 이 지역 경제 관계의 발전으로 네트워크가 증대하고, 문화교류가 확대된다 하더라도, 평화와 안보를 위해 한일 간의 연대를 통해 이 지역의 공동체가 필요하다는 인식이 발전할 수 있는 별도의 차원이 필요하기 때문이다. 국가 간 정치 엘리트들 사이에서 그리고 이와 병행하여 시민운동의 차원에서 동아시아 평화와 안보를 위한 의제가 자유롭게 논의될 수 있는 공통의 의미지평이 중요한 것도 이 때문이다.

이 글의 중심 주제의 하나는 동아시아 평화공동체를 형성하는 데 결정적으로 중요한 변수는 일본의 역할이라는 것이다. 이 점에서 일본의 선택이 어떤 방향으로 이루어지느냐 하는 것, 즉 냉전적 대립 구조의 연장선상에서 냉전 후기시기 미국의 헤게모니 프로젝트를 실현하는 데 다시 동원되느냐, 아니면 동아시아 평화공동체 형성에 리더십을 떠맡느냐 하는 것이 핵심적으로 중요하다. 일본은 미일동맹을 통해 냉전적 대립 구조의 중심축을 형성해 왔다. 다시 일본이 펜타곤에 의해 주도되고 있는 미국 부시 정부의 대북강경 정책에 공조한다고 할 때, 동아시아 지역의 평화와 공동 안보를 위한 공동체 형성의 기회는 매우 적다고 할 수 있다. 중국과 북한은 지정학적 관계가 서로를 필요로 하며, 이미 냉전시기를 통해 지속적인 유대관계를 형성해 왔다. 그러므로 대북 강경 정책은 한반도를 둘러싼 동아시아에서 냉전의 기본구조를 재현하는 것을 의미한다. 이러한 구조에서 화해 협력, 평화 공존을 위해 한국의 민주 정부가 역할을 할 수 있는 공간은 극히 축소될 수밖에 없다. 나아가 80년대 이래 투쟁을 통해 구현된 한국의 민주주의는 위험에 빠지고, 최악의 경우 반전될 가능성을 배제하기도 어렵다. 요컨대 일본의 선택은 한반도의 운명을 만드는 데 핵심적 요소인 것이다. 냉전구조의 재현을 통해 기존의 기득구조가 최소한의 변화를 하면서 쉬운 선택을 할 것인가, 아니면 동아시아 평화공동체 건설을 위해 리더십을 발휘하는 지금과는 다른 어려운 선택을 할 것인가? 지금 일본은 이 선택의 기로에 서 있다. 더 자세히 이 문제를 보도록 하자.

첫 번째의 것은 쉬운 선택이다. 냉전시 구축된 미일공조관계의 연장선상에서 펜타곤에 의해 주도되는 미국의 패권적 유일 초강대국화가 일본의 보수우경화와 결합하게 되는 경우이다. 이 방향에서 일본의 선택은 동아시아에 있어 한국 시민사회의 민주화 세력과 민주 정부가 추구하는 동아시아 평화공동체의 노선과 갈등 관계를 만든다. 탈냉전시기의 세계는 국가 간, 지역 간, 국가 내 인종 간, 종교 간 갈등의 평화적 해결보다는 이라크전쟁에서 볼 수 있듯이 힘의 사용을 통한 접근이 강화됨으로 인해 매우 불안정하고 위험스런 상황이 될 가능성이 크다. 이 방향에서 일본의 '보통 국가'로의 전환은 기존 헌법 정신인 일국평화주의의 제약에서 벗어나 더 큰 독자성을 가지면서 미일동맹체계 내에서 냉전시기보다 더 큰 역할을 분담하게 될 것이다. 중국, 한국은 이러한 일본의 변화를 전전 일본의 지역패권주의의 재현으로 인식할 것이다. 이 방향에서의 한일 관계의 미래는 결코 밝지 않다.

두 번째의 것은 어려운 선택이다. 이 방향에서의 선택은 냉전의 대립 구조를 벗어나고자 하는 노력과 동아시아의 평화공동체를 형성하고자 하는 일본의 적극적 결정에 의해 가능하다. 이는 정치적·전략적·경제적 관계에서 미국과의 위계적인 공조체제로부터 일정한 자립성을 갖고자 하는 노력을 포함한다. 일본이 이 지역의 평화를 성취하기 위해 노력한다면, 그 과정에서 중일 관계를 안정적 협력 관계로 정착시키고자 한다면, 한국의 민주적 시민사회 부문과 민주 정부와도 평화를 위한 동맹관계의 형성이 가능할 것이다. 필자가 이를 일본의 적극적 결정이라고 말하는 이유는 그것이 단순한 환경 변화에 따른 수동적 대응만이 아니기 때문이다. 부시 2기 정부 현재 미국의 공격적 정책 방향은 힘의 과도한 확장에 따라 역량의 한계에 직면하고 있고, 민주주의의 다이나믹스에 따라 강경 노선에 대한 지지 기반이 제한되어, 국제관계에서 다원주의를 허용하고 결과적으로 동아시아 평화공동체가 형성될 어떤 자율의 공간을 제공할 가능성은 존재한다(이종원 2004). 그러나 그것이 어렵다는 것은 외부적 환경 변화만이 아니라 국내 정치 기득구조의 일정한 변화를 필요로 하기 때문이다. 필자는 일본 헌법이 평화의 가치를 우선으로 삼았다는 점에서는 그 의의가 크지만, 이를 충분하다고 생각지는 않는다. 평화를 일본에 한정하여 소극적으로 유지한다는 의미가 핵심이기 때문이다. 냉전시기 동안 일본은 미국의 핵우산 아래에서 그리고 미국의 지원에 힘입어 경제 대국으로 급속히 성장했다. 그동안 일본은 전전의 군국주의에 대한 최소한의 책임도 없이, 장막 뒤에 숨어서 이 지역 평화에 기여할 수 있는 적극적 역할을 하지 않는 무임승차자로서의 위치에 머물렀다. 이 점에서 일본은 유럽에서 독일의 역할과 다시 한번 비교된다. 냉전시기와 근본적으로 다른 역할을 선택한다는 맥락에서 일본이 "보통 국가"로의 변화를 시도한다면, 그에 비판적일 이유는 없다. 일본의 일국평화주의는 이 지역 평화 건설에 적극적인 리더십 역할을 할 보편적 평화주의로 전환하기 위해서라도 수정될 필요가 있기 때문이다. 일본의 재무장 자체가 문제가 아니라 그것이 평화주의적 노선이 아닌, 보수우경화로 표현되는 냉전구조가 만들어 놓은 기득체제를 기반으로 군사강대국으로 변모하려 한다는 데 문제가 있는 것이다. 일본이 평화 노선으로 가는 것은 일본이 전후 "구조적 죄"를 경감하는 노력과 함께 가능한 것이고, 이를 위한 첫 번째 어려운 선택이 바로 과거사 청산 문제라 할 수 있다.7)

일본의 일국적, 소극적 평화주의에서 보편적, 적극적 평화주의로의 전환이 반드시 보수우경화와 동맹할 것이라는 필연적 인과관계가 성립하지는 않는다. 필자의 관점에서 일본의 보수우경화는 일본의 적극적 선택의 결과라기보다, 냉전구조의 유지온존이 대안일 수 없다는 광범한 공감대는 있으나 이러한 공감에도 불구하고 새로운 대안의 형성에 실패한 것이 가져온 결과, 즉 기존의 구조가 관성으로 작동하면서 만들어 내는 수동적 대응으로 보인다. 일본 내에서 보수적 포퓰리즘에 대한 견제력은 잠재적으로는 크고,

7) 일본의 과거 청산과 냉전시기의 미일동맹관계를 탈냉전시기의 동아시아의 평화지향적 관계로 전환할 것을 요구하는 일본에서의 대표적인 주장들은 Sakamoto(2003); 와다 하루키(2003); 강상중(2002); 武者小路公秀(2003)를 참조할 것. 이 문헌들은 필자가 어려운 선택이라고 말하는 방향과 가깝다고 할 수 있다.

동아시아 평화공동체를 위한 잠재적 지지 기반도 크다. 이와 관련하여 어려운 선택이 가져올 결과와 쉬운 선택을 할 수 있는 국내적 조건을 비교해 볼 수 있다.

먼저 어려운 선택의 경우를 보자. 첫째, 보수적 포퓰리즘을 일본 국민의 다수의사로 단정할 수 없다. 무엇보다 일본은 종전과 더불어 독일과 같이 "전쟁은 언제나 틀린 것이다"라는 명백한 결론을 갖게 되었다. 이 점에서 한국은 일본과 같다. 이는 미국이나 오스트레일리아, 영국과 같이 전쟁이 국토의 전면적 파괴를 가져온 경험을 갖지 않은 국가들에서 "전쟁은 나쁜 것이지만 더 나쁜 결과를 막기 위해 필요할 수도 있다"는 인식을 갖는 것과는 근본적으로 상이하다(*Economist* 2004/07/10-16). 이 점에서 일본의 군사력이 재정의되어야 한다는 주장이 반드시 보수우익 세력의 의사만을 반영한다고 볼 수는 없다. 둘째, 일본 재계의 이익이 미일 공조를 통한 군사주의 노선과 반드시 동맹할 것이라는 이유도 존재하지 않는다. 전후 일본 재계의 성장, 발전이 미국의 후원에 힘입은 바가 크다고 하더라도 오늘날 일본 정치와 경제가 미국과 같이 냉전을 통해 성장한 군산학(軍産學)복합체에 의해 주도된다고 보기는 어렵다.[8] 일본의 재계는 세계 산유원을 통제할 수 있는 힘도 없고, 그것을 시도할 수도 없다. 냉전시기뿐 아니라 탈냉전 세계화시기 일본 재계는 미국과 같이 국제레짐을 디자인하고 운영하는 주체가 아니라, 그 게임룰에 적응해야 하는 수동적 행위자였을 뿐이다. 1985년 플라자합의는 일본 경제를 단숨에 위기로 몰아넣었고, 신자유주의적 세계화는 일본의 전체 생산체제, 금융구조, 고용구조를 바꾸도록 강제했다. 최근 가쿠타로 기타시로(北城恪太朗) 일본경제동우회 회장은 중국에 진출한 일본 기업의 활동에 결코 도움이 되지 않는다는 이유로 고이즈미 수상의 야스쿠니 신사 참배를 비판했다(*Financial Times* 2004/11/26). 일본 경제, 일본 재계의 이익은 미국과 공조

8) 미국 산업구조에 대한 분석은 Johnson(2004)을 참조할 것.

한 군사주의 노선과 그것이 야기하는 위험보다, 그리고 과거사를 정당화하는 보수적 포퓰리즘에 부응함으로써 중일, 한일 관계가 커다란 장애에 직면하게 되는 조건보다, 이 지역의 평화와 안정이 유지되는 조건과 더 잘 어울린다고 할 수 있다. 셋째, 일본의 관료-자민당체제가 미국처럼 공격적 군사주의를 택해야 할 이유 역시 존재하지 않는다. 비록 일본의 민주주의가 매우 허약한 민주적 경쟁체제에 서 있다 하더라도, 그 약점은 미국 민주주의가 드러내는 제약보다 크다고 할 수 없다. 현재의 시점에서 우리는 냉전시기를 통해 미국 민주주의가 심대하게 약화된 현상을 볼 수 있다. 선거 과정은 돈과 매스미디어의 엄청난 위력으로 인해 약화되고, 민주적으로 선출된 정부는 냉전시기를 통해 비대해진 펜타곤의 강력한 영향력에 의해 압도되고 있기 때문이다. 이는 미국을 크게 양극화시키는 요인이며, 동시에 미국 민주주의가 "펜타곤화한 대통령중심제"(Pentagonized Presidency)를 견제할 수 있는 힘의 약화를 의미한다(Johnson 2004, 285). 미국 정부의 정책은 민주적 대표성과 통제로부터 자율성을 갖는 여지가 커진 것이다. 일본의 집권 정부가 시민사회 내 보수적 포퓰리즘에 의존하는 정도가 크다 하더라도, 일본의 관료체제가 이를 그들의 자율성과 자기 권력 확대를 도모하는 자원으로 삼을 것이라는 증거를 발견하기는 어렵다. 요컨대 일본이 아시아 평화에 기여할 정치적 결단을 내릴 공간은 넓게 존재하고 있다. 일본이 그러할 때 한국은 무엇 때문에 과거의 갈등과 구원(舊怨)을 되살리려 하겠는가?

그러나 이와는 대조적으로, 쉬운 선택으로 가게 하는 조건 또한 강하다. 첫째, 냉전시기를 통해 일본은 헌법으로 제도화된 평화와 국력의 팽창이 추동하는 군사력의 합법화에 대한 욕구 사이의 불안정한 균형 위에 서 있었다. 한편으로는 헌법 9조로 상징되는 전쟁의 패배가 가져온 반전평화주의가 있었다. 다른 한편으로는 과거를 청산하지 않은 결과가 가져오는 민족주의적 이념과 정서가 유지되는 가운데 전전의 구질서의 연속선상에서 관계-재계-자민당의 3각 구조에 선 보수적 질서와 경제 대국으로서의 경제력이 결합하면서 강국으로 성장하고자 하는 추동력이 있었다. 두 힘 간의 불안한 균형 위에서 전자를 대변해 온 사회당이 사실상 소멸함으로써 탈냉전시기에 이르러서는 냉전시 미일동맹에 대한 대안을 대변할 어떠한 정치 세력도, 시민사회의 어떠한 중요 세력도 존재하지 않게 되었다. 냉전과 탈냉전은 적어도 일본에서는 연속선상에 존재하는 것이다. 둘째, 일본 경제성장은 전후 냉전시기 기본적으로 미일동맹의 틀 내에서 이루어졌고, 일본 재계 역시 대미의존적 관계가 견고하다. 세계시장에서 일본의 경제적 지위는 냉전시기와 마찬가지로 미일 협력 관계 속에서 안정적으로 실현된다. 탈냉전시기에 일본이 미국으로부터 상대적 독자성을 추구하면서 불확실하고 위험스런 선택을 하기보다 종래 미일 관계의 주니어 파트너로서의 역할에서 더 큰 이익을 볼 수 있다. 이는 미국의 군산복합체와 일본의 군사대국화, 그리고 일본의 경제발전이 같은 틀 내에서 통합되는 것을 의미한다. 셋째, 최근 일본 정치는 자민당의 약화, 정당체제의 불안정, 선거제도의 변화 등 대표기구의 약화와 함께, 이른바 "국민투표적 수상 선출" 체제적 현상이 강화되는 등 보수적 포퓰리즘이 두드러진 양상을 드러내고 있다(大嶽秀夫 2003). 정치에서 텔레비전의 역할 증대, 신자유주의와 같은 보수적 이념을 중심으로 일반 대중 사이에서 보수화의 이념, 가치, 풍조가 강해졌다. 일본사회에서 포퓰리즘과 보수적 이념 및 가치와의 결합은 자유주의 전통이 약하고, 민주주의가 시민사회로부터 민중적 동력을 통해 수립되지 않았던 일본사회의 조건에서는 당연한 것처럼 보인다. 이런 점에서 일본은 강력한 민주화운동을 통해 민주화가 된 한국과 큰 차이를 갖는다.

결론적으로 말하자면 필자는 일본이 어려운 선택보다 쉬운 선택을 할 가능성이 훨씬 크다고 생각한다. 그리고 일본은 이미 동아시아 평화공동체 형성을 지향하는 방향이 아니라, 더 깊숙한 미일 공조를 통해 동아시아의 잠재적 갈등의 다른 한편에서의 역할을 확대하는 방향으로 나아가고 있다.

이 문제와 관련하여 "탈민족주의"적 이론 또는 담론에 기초하여 동아시아적 정체성을 추구하고, 이를 통해 동아시아 담론을 구성하는 논의들에 대해 언급하는 것은 필요하다. 그것은 동아시아 담론의 구성이 일국 내의 역사와 이념과 정치적·경제적 조건들을 뛰어넘어 어떤 초월적 공동체를 상상하기 때문이다. 한국에서의 논의들은 갈등과 대립으로 얼룩진 과거를 뛰어넘어 동아시아 국가들 간 그리고 남북한 간 갈등의 극복, 평화와 공영, 자유주의적 개인의 자유와 행복이 구현될 수 있는 미래지향적인 아시아라는 광역의 새로운 공동체를 상정하려 한다. 다른 한편 일본에서의 논의들은 근대화시기 군국주의적 팽창과 침략, 식민 통치 등 갈등과 전쟁으로 점철된 국가 간의 대립적인 관계가 아닌, 근대화 이전 시기부터 이미 공유되었고 갈등과 대립의 시기에도 유지되었던 동아시아 공동의 가치와 전통을 강조한다. 예컨대 동아시아 해양 무역의 발전과 이를 통한 경제적 통합, 유교 문화와 같은 전통적 문화와 가치의 공유, 해양으로 연결된 지정학적 인접성 등을 통해 동아시아의 아이덴티티를 구축하고 이를 토대로 어떤 공동체를 건설할 수 있다는 미래지향적 접근에 큰 관심을 보이고 있다.[9)]

필자 역시 그렇게 믿듯이, 국민국가의 단위를 넘거나 가로지르는 어떤 형태의 통합 또는 공동체를 형성하는 데 일국의 국가 중심이나 국민 또는 민족 중심의 가치와 정서를 불러들이는 민족주의는 부정적 요인이고 넘어서야 할 장애임에 분명하다. 그러나 우리는 이념 내지는 이데올로기 또는 가치로서의 민족주의와 근대화 및 국민국가 형성 과정에서 현실로서 존재했던 역사적 현상으로서의 민족주의를 구분해서 볼 필요가 있다. 우리가 민족주의적인 가치와 이념을 견지하면서 목적의식적, 의지적으로 사고하는 것을 부정하는 경우에도 국민국가 형성이라는 근대화의 단계에서 폭력, 억압, 피지배에 저항했던 집단적 투쟁과 그것이 불러오는 집단적 열정 그리고 그에 대한 집단적 기억들이 민족주의로 표현되는 현상을 피하기는 어렵다.

9) 해양의 중요성을 강조하는 내용은 앞에서 말한 와세다 대학 심포지엄의 후나바시 요이치의 특별 기조 강연에서 발견된다(船橋洋一 2004).

그것은 오늘날 현실에서 당시 사태들의 유사한 어떤 요소들과 접맥되면서 민족주의적인 것으로 불리는 집단적 정서를 불러일으키는 것이다. 그러므로 우리가 현상으로서의 민족주의를 부정할 때 특정 단계에서의 역사적 현상을 설명하고 이해하기 어려울 뿐만 아니라, 현재의 중요한 갈등의 한 원천을 이해하기 어렵게 된다. 한국사회에서 이것은 다른 어떤 문제보다도 북핵 위기로 표출되는 북한 문제, 즉 냉전이 중요한 원인이 되는 민족 문제로 남아있는 것이고, 또한 그것은 객관적 현실이기도 하다. 우리가 관념적으로 민족주의를 부정하고 해체한다고 해서 그 현실이 없어지는 것은 아니다. 객관적 현실은 어쩔 수 없이 역사적 현상으로서의 민족주의와 접맥되는 것을 피할 수 없게 만들고, 그 해결을 위해 우리는 이 문제와 대면하지 않을 수 없다. 우리가 북한 문제를 팔레스타인 문제나 북아일랜드 문제를 대하듯 현실을 뛰어 넘어 어떤 보편적 가치만으로 접근할 수는 없기 때문이다. 갈등은 그 현상의 원인에 대한 정확한 이해 없이 해소, 아니 관리되기 어렵다.[10)]바꾸어 말하면 민족주의를 뛰어넘는 담론을 통해 동아시아 공동체에 접근하는 방법은 현상으로서의 민족주의를 대면하고 이해하는 것을 어렵게 만든다는 것이다. 필자는 오늘날 일본이 군사력의 합법화와 재무장을 통해 "보통 국가"를 지향하고자 노력하는 것과 일본사회의 보수우경화로의 경향을, 한국사회에서 단순한 민족주의적 관점을 갖는 많은 사람들이 그렇게 보듯 전전 일본군국주의 부활의 징후라고 보지는 않는다. 또 오늘의 일본 보수주의와 군대의 재무장이 과거의 군국주의와 같이 동아시아의 패권을 추구하는 팽창적이고 제국주의적인 군국주의와 동일하다고 보지도 않고, 그것을 지향한다고 생각하지도 않는다. 다만 일본 재무장화의 길이 미국의 네오콘에 의해 주도되는 군사주의와 결합할 때, 북한 문제의 평화적 해결과

10) 필자는 이 논리를 다렌도르프(Dahrendorf 1988)의 갈등에 관한 이론으로부터 빌어 왔다. 갈등은 쉽사리 소멸하지 않기 때문에 제도화로 관리되지 않고 억압된다면 사회의 안정과 통합에 해악이 된다. 강력한 사회란 갈등을 뒤섞어 혼합하기보다 그것이 표출되고 작용하도록 하는 사회를 말한다.

나아가 동아시아의 평화와 공동 안보를 실현하는 데 부정적인 효과를 미칠 가능성이 크다는 사실을 우려하는 것이다. 동아시아 공동체에 관해 한국에서의 논의가 초점을 두는 것과는 대조적으로, 일본에서의 논의들은 과거를 정면으로 대면하고 그에 대한 도덕적 책임을 지려는 의지를 발견하기 어려운 동아시아 아이덴티티, 동아시아 커뮤니티 또는 어떤 문화적 전통 등의 담론이 중심이다. 이러한 논의들은 과거를 우회하여 미래에 이르는 일종의 논리적 공백을 함축하고 있는 것이다.

다시 한번 의미지평의 중요성은 여기에서 발생한다. 이는 평화의 요구와 가치에 대한 목적의식적 행위를 요구하며, 동아시아의 관련 당사국들이 이를 실천하는 과정에서 비용을 지불할 용의를 보여줄 때 상호 신뢰가 구축되고, 그 기반 위에서 동아시아의 시민들이 평화의 가치와 그것이 가져오는 효과에 대한 인식을 공유하게 만든다. 일본과 한국의 시민사회에서 이를 실현하는 평화라는 핵심적 가치와 수단에 대한 인식이 공유되는 공간, 담론, 공동의 행위, 그리고 집단적 해결책을 얻고자 하는 정부 간의 협력을 포함하는 공간을 의미지평이라고 부를 수 있을 것이다. 의미지평을 통해 바라본 아시아 평화공동체 형성의 노력은 정의로울 뿐만 아니라 오늘날 탈냉전시기에 부응하며 지역의 안전과 공영의 실현에 더 잘 부합한다는 현실적 전망을 갖는다. 아시아 평화공동체에 대한 접근을 선택이라고 말했는데, 그것은 공백 속에서 만들어지는 것이 아니라, 현실의 폭력성과 지배를 극복하려는 노력, 그리고 미래의 불확실성에도 불구하고 그것이 정의롭고 도덕적이기 때문에 헌신한다는 의미를 포함한다. 이러한 방향에서의 노력이야말로 한일 관계를 진정으로 사회에 깊숙이 뿌리내리게 하고 증진시키는 방법이라고 믿는다.

최종 탈고 : 2006년 2월

참고문헌

강상중 저·이경덕 역. 2002.『동북아시아 공동의 집을 향하여』. 뿌리와 이파리.

권혁태. 2004.「'고구려사 문제'와 일본의 동북아시아 인식」.『황해문화』통권 45호(겨울).

김연철. 2003.「동북아 경제중심 전략과 남북관계」.『동향과 전망』통권 57호(여름).

김용복. 2002.『엔블록과 동아시아 경제』. 책세상.

백영서. 2000.「20세기형 동아시아문명과 국민국가를 넘어서」.『동아시아의 귀환: 중국의 근대성을 묻는다』. 창작과비평사.

사카모토 요시카즈. 1999.「한국전쟁의 종말에 관한 구상: 한 대안적 일본관점」.『대화』(여름호). 한국기독교아카데미.

와다 하루키. 2003. 이원덕 역.『동북아시아 공동의 집』. 일조각.

왕후이. 2003. 이욱연 역.『새로운 아시아를 상상한다』. 창작과비평사.

이수훈. 2004.「동북아시대론」. 한국동북아지식인연대 편.『동북아공동체를 향하여』. 동아일보사.

이숙종 편. 2002.『전환기의 한·일관계』. 세종연구소.

이일영. 2003.「동북아로 가는 길」.『동향과 전망』통권 57호(여름).

이종원. 2004.「부시 재선의 역설적 효과」.『한겨레신문』(11월 25일).

전창환. 2002.「자본·외환 자유화 비판과 대안적 환율 체제의 모색」.『동향과 전망』통권 제52호(봄).

최원식. 2004.「天下三分之計로서의 동아시아론」. 한국동북아지식인연대 편.『동북아공동체를 향하여』. 동아일보사.

최원식·정문길·백영서·전형준. 2000.『발견으로서의 동아시아』. 창작과비평사.

통계청. 각 년도.『한국경제연감』. 통계청.

谷口誠. 2004.『東アジア共同体』. 岩波新書.

大嶽秀夫. 2003.『日本型ポピコリズム』. 中央公論新社.

武者小路公秀. 2003.「東北アジアにおける平和構築の條件」. 徐勝·松野周治·夏剛 編.『東北アジア時代への提言』. 平凡社.

船橋洋一. 2004.「日本とアジア: 海からの接近.」. Envisioning Future Regional Cooperation in East Asia. Waseda University COE-Contemporary Asian Studies. The Second International Symposium. Dec. 4-5.

坂本義和. 1997.『相對化の時代』. 岩波新書.

下斗米伸夫. 2004.『アジア冷戰史』. 中央公論新社.

Dahrendorf, Ralf. 1988. *The Modern Social Conflict*. Berkeley, L.A.: University of California Press.

Dunn, John. 2003. "Korea and the Prospects for Building Peace and Prosperity in East Asia in the Wake of the Long Cold War: A European Perspective." Jang Jip Choi ed. *Post-Cold War and Peace*. Seoul: The Asiatic Research Center.

Fukuyama, Francis. 2004. "6-1=a new regional force." *International Herald Tribune*(Dec. 10).

Johnson, Chalmers. 2004[2000]. *Blowback*. New York: Henry Holt and Company.

_______. 2004. *The Sorrows of Empire: Militarism, Secrecy, and the End of the Republic*. New York: Henry Holt and Company.

Krasner, S. 1999. *Sovereignty: Organized Hypocricy*. Princeton, NJ: Princton University Press.

Reus-Smit, Christian. 2004. *American Power and World Order*. UK: Polity Press.

Sakamoto, Yoshikazu. 2003. "Envisioning a Peace on the Korean Peninsula: Can Japan Do It?" Jang Jip Choi ed. *Post-Cold War and Peace*. Seoul: The Asiatic Research Center.

Shiraishi, Takeshi. 2001. "East Asian Regionalism and the Question of Identity." 고려대 아세아문제연구소 연례국제학술회의 〈동아시아 공동체: 조건과 전망〉. 서울. 12월 17일.

Taylor, Charles. 2004. Modern Social Imaginaries. Dunham, London: Duke U. P.

Wang, Yizhou. 2004. "On Prospects for Asian Regionalism." Envisioning Future Regional Cooperation in East Asia. Waseda University COE-Contemporary Asian Studies. The Second International Symposium. Dec. 4-5.

Young, John W. and John Kent. 2004. *International Relations since 1945*. New York: Oxford University Press.

『경향신문』 2004/12/19, 2005/01/17.

Economist 2004/07/10-16일.

Financial Times 2004/11/26.

International Herald Tribune 2005/01/22-23, 2005/02/04.

동아시아 대중문화 네트워크와 한일 문화교류

시라이시 사야

Ⅰ. '느슨한 문화 공동체'로서의 동아시아 : '소프트 파워'와 '상상의 공동체'

대중문화 교류가 활발해짐에 따라 폭넓은 시민 차원에서 '동아시아'라는 지역적 일체감 — 이른바 '이웃' 의식 — 을 양성하려는 정책이 논의되고 있다. 이러한 흐름 속에서, 2006년 3월에는 외무대신 자문기관인 해외교류심의회가 외무성에 설치되었다. 심의회는 '폭넓은 시민 차원에서 우리나라에 대한 이해를 높이고 우리나라 이미지를 향상시키'는 것의 중요성을 주장하며, 그 테마를 "일본의 발신력(發信力) 강화를 위한 시책과 체제"로 했다. 이를 이론적으로 뒷받침하고 있는 것 중 하나가 바로 미국 하버드대 교수 조지프 나이(Joseph Nye)가 주장하는 『소프트 파워론』(Nye 2004)이다. 소프트 파워란, 군사력도 경제력도 아닌 제3의 힘으로 그 나라가 가진 문화, 정치적인 이상이나 가치관, 외교정책의 매력 등이 만들어 내는 — 자국이 원하는 결과를 타국도 원하게 하는 — 힘을 말한다.

조지프 나이는 대중문화가 소프트 파워를 만들어 낸 원천이고, 일본에는 그와 같은 대중문화가 풍부한 점을 지적한다. 그의 말을 인용하면 다음과 같다.

> 일본 브랜드는 비디오게임 세계를 지배하고 있다. 일본이 만들어 내는 이미지는 과거 5년간 귀여움과 강함을 조합해 세계 어린이들의 마음을 능수능란하게 휘어잡고 있다. 〈포켓몬스터〉는 세계 65개국에서 방영되고 있고 애니메이션 영화는 미국의 영화관계자와 젊은이 사이에서 큰 성공을 거두고 있다. 이렇듯 일본의 스타일은 미국의 스타일에도 영향을 주고 있다. 일본 경제가 침체한 후에도 일본 대중문화는 소프트 파워의 원천이 될 수 있을 만한 것을 생산하고 있다(Nye 2004, 140).

최근 일본에서는 조지프 나이의 논의에 입각한 소프트 파워로서의 대중문화론이 빠르게 퍼지고 있다. 그 대표적인 사례로 「일본 애니메이션 흥국론」(浜野保樹 2000, 138-153)에서 애니메이션이야말로 "일본이 세계에 자랑할 만한 최대의 소프트이다"라고 한 것을 들 수 있다. 여기서 볼 수 있듯이, 상업적 생산물인 일본의 대중문화 콘텐츠가 세계시장으로 확대를 꾀하는 것 자체가 친일감을 양성 — 소프트 파워의 강화·침투 — 이라는 외교정책상의 목적을 달성한다는 등식으로 성립된다. 결과적으로 보면, 일본의 대중문화, 그중에서도 구체적으로 만화나 애니메이션이 전 세계로 판매되고 있는 것이 곧 산업계와 국가 모두에게 이익이라는 낙관적인 관측이 제시되고 있다.

그러나 대중문화가 지닌 소프트 파워는 만능이 아니다. 소프트 파워는 자율적인 힘이 아니라 그 외의 요소들과 맺는 관계와 균형을 맞추고 있는 것이다. 조지프 나이는 이러한 한계를 "그 나라가 오만한 태도를 보임으로써 본래 가지고 있는 진정한 메세지가 손상되는 경우엔 소프트 파워의 원천이 되는 매력이 악화될지도 모른다"고 지적하고 있다(Nye 2006). 또한 "포켓몬스터가 있다고 해서 일본이 원하는 정책을 외국이 취하지는 않는다"(Nye 2004, 35)고도 했다. 대중문화가 소프트 파워의 원천으로 '어디까지 유효한가는 상황에 따른' 것이기 때문이다. 그는 일본 위정자의 언동으로 일본의 소프트 파워가 크게 축소되기까지 한다고 주장한다(岡部直明 2006).

이 글에서는 현재 일본의 대중문화로 대표되는 만화·애니메이션의 전 세계적인 전개 실태를 구체적으로 검증하며 고찰하고자 한다. 결론부터 말하면 만화나 애니메이션 같은 문화 산업을 통해 전 세계 시장에서 경제적인 이익을 추구하는 것과, 일본이라는 국가의 소프트 파워를 어떻게 강화할지에 관한 외교정책을 구별해서 생각해 보아야 한다. 즉, 일본 출판사 등의 문화 산업, 그 생산물을 수출하는 것이 곧 일본 소프트 파워의 향상과 같다고 간주하는 것은 현실에 대한 안이한 태도다. 정부가 만화나 애니메이션 행상인이 된다고 반드시 소프트 파워가 강화되지는 않는다. 그렇지만 동시에 장기적으로 보면 유효한 지역 관계를 창출한다는 점에서 양자의 이익과 손실은 상당히 일치된다고 볼 수 있고, 실제로 일본 문화 산업 당사자 자신이 누구보다도 잘 이해하고 있다.

대중문화 교류를 통해 일반 시민 차원에서 '동아시아'라는 지역적 일체감 양성을 도모한다는 논의를 뒷받침하고 있는 또 하나의 이론은 미국 코넬 대학의 베네딕트 앤더슨(Benedict Anderson) 교수의 '상상의 공동체'론이다. 상상의 공동체론은 국민국가 연구로 제창되고, 주요하게는 근대를 대표하는 공동체인 네이션(nation)이 상상의 방식을 취하고 있다는 '기원과 유행'에 관해 논한 것이다. 이 글에서는 '동아시아라는 지역적 일체감'이라고 표현하고 있지만, 이것 개념이 동아시아의 '지역주의'라든지 '동아시아 공동체'라는 용어로 표현된 것은 최근 일이다. 바꿔 말하면, '동아시아라는 새로운 21세기적인 상상의 지역 공동체의 가능성'을 가리키는 것이기도 하다. 동아시아 지역주의든 동아시아 공동체든 아직 이들이 실체로 실현되고 있다고는 할 수 없다. 어디까지나 가까운 미래의 아시아에 투영된 비전이며 정책 목표이다. 베네딕트 앤더슨은 근대적인 공동체를 상상하는 데 기초가 된 근대에 만들어진 각종 미디어나 교육 시스템의 중요한 역할을 역사적인 사례를 들어 분석하고 있다. 이러한 상상의 공동체론에 따르면, 대중문화가 동아시아 공동체를 창출하는 데 매스미디어로서, 또 대중 교육의 장치로서 담당할 수 있는 역할이 주목된다.

베네딕트 앤더슨은 '네이션'을 근대적 국민국가의 주체로 파악하고, 사

람들이 어떻게 '네이션'을 위해 '자진해서 기꺼이 죽으려는 것'이 가능한 '우리 국민'이라는 공동체를 상상하게 되는지를 연구했다(ベネディクト・アンダーソン 2002). 그 세계사적 선구자로 남북아메리카의 크리올(Creole) 상류계급을 들고 있다. 남북아메리카의 유럽 식민지에서 필연적·자의적으로 형성되었던 각 '행정 단위'가 행정이나 경제활동·교통·통신·정보·교육 등의 시스템을 구축하고, 서서히 자율성을 가진 정치적·사회적·문화적인 공간으로 전개된다. 이를 통해 크리올 선구자들은 고유의 의미를 창조·부여하고 유럽의 메트로폴리스와는 분리된 '우리 아메리카' '우리 아메리카 국민'이라는 개념을 발전시켰다고 한다.

상상의 공동체론에서 입각해서 보면, 동아시아 공동체 구상과 대중문화의 관계는 다음과 같이 말할 수 있다. 즉, 오늘날 동아시아 지역은 이미 경제적으로 상호 의존적인 네트워크를 조직할 수 있는 실체로 존재하고 있다. 그러나 동아시아 지역을 구성하는 모든 국가 간의 가치나 문화는 다양하며 과거 역사 인식의 문제도 있기에 아직 '우리 동아시아'라는 공동체 인식은 없다. 오히려 최근 각국에서 내셔널리즘이 고조됨에 따라 적개심이 높아지는 현상을 볼 수 있다. 이러한 현상을 넘어 동아시아라는 공간에 문화적 의미를 부여하고, 경제적·정치적 제도를 발전시키고, 나아가 유럽연합 같은 동아시아 지역 공동체를 형성하기 위한 일반 시민 차원에서의 상호 이해와 우호 관계의 양성은 어떻게 할 것인가. 다행히 최근 동아시아 지역에서 각종 대중문화 교류가 활발해지고 있다. 일본의 한류 붐은 대중 차원에서 친근감을 높이는 역할을 했고, 더불어 화류 붐의 징조도 볼 수 있다. 이 흐름에 지렛대 효과를 이용해 동아시아 지역 공동체의 기반을 만들어야 가야 한다.

그러나 상상의 공동체론과 동아시아 지역 공동체의 형성 가능성에 관한 논의 사이에는 중요한 차이가 있다. 이 글을 전개하기에 앞서 이 차이점을 지적해 둔다. 즉, '우리의 동아시아'라는 지역주의의 개념이 만들어 질 때, 그 개념은 과연 근대적 국민 공동체의 상상에서 보여 주는 것과 같이

'자진해서 기꺼이 죽으려고 하는' 것에 해당되는 공동체 창출을 상정하고 있는가. 앤더슨 자신은 근대적 국민 개념에 대해 "이 동포애는 과거 2세기에 걸쳐 수천 수백만 명의 사람들이 이와 같이 한정된 상상력의 산물을 위해서 서로 죽이거나 자진해서 죽은 것이다"(ベネディクト·アンダーソン 2002, 26)라고 했다. 이러한 공동체 의식은 20세기에 두 번에 걸친 세계대전을 초래했고, 그 과정에서 한편에서는 남녀노소를 막론하고 전 국민이 하나가 되어 행한 총력전을, 다른 한편으로는 도시 폭격에서 볼 수 있는 것과 같이 전투원과 비전투원의 구별 없는 살육을 현실화한 것이다. 이러한 모든 전쟁의 비참함과 무의미함을 이미 경험해 온 이 21세기 벽두에서 우리는 과연 다시 그와 같은 운명 공동체인 '아시아'를 상상·창조하고 싶어 하는가.

'아니다'가 일반적인 대답이고, 그것이 이 글을 집필하는 필자의 출발점이기도 하다. 우리들은 이제 '동아시아'를 위해서 유럽연합나 남북아메리카와 같은 '적'을 상정하고 그 적과 전투를 하고 '동아시아'를 위해서 죽으려고 하는 동아시아 지역 공동체를 상상할 수도 없고 누구도 그것을 바라지 않는다. 동아시아 공동체론을 봐도 그러한 강력한 운명 공동체 창출을 목적으로 하고 있다고 생각할 수 없다. 그렇다면 이와 같은 전제 위에서 근대적 국민이라는 상상의 공동체와는 다른 새로운 21세기적인 지역 공동체를 어떻게 창출하고 상상할 것인가.

이 글에서는 대중문화의 상호교류에 기반한 '느슨한 문화 공동체'를 구상할 것을 제안한다.

대중문화의 상호 교류를 통해 지역 공동체 상상의 가능성을 생각한다는 것은 이미 20세기적인 운명 공동체가 아니다. 그러나 오락 문화를 향유하는 문화적인 체험을 공유하고 거기에서 싹틀 '느슨한 문화 공동체'를 모색한다는 것이다. 아시아 각지에서 각각의 국민이 키워 낸 문화의 상호 교류를 시도하고, 그 다음에 다채롭고 풍요로운 문화의 창조·육성을 지향하는 평화적인 비전을 공유하는 것이다. 이 글에서 두 번째로 확인해 두고 싶은 것은 '느슨한 문화 공동체' 창조는 더욱 풍부하고 다채로운 문화를 같이 키우고 향유하는 것이 목적이지, 결코 문화가 정치적·경제적 목적을 달성하기 위한 수단이나 도구가 되는 것은 아니라는 점이다. 이것이 대중문화의 상호 교류에 의거한 아시아라는 지역적 일체감의 양성 가능성을 생각할 때의 출발점이며 목적 지점이다.

이와 같은 '느슨한 문화 공동체' 창조는 세계 역사상 전례가 없다. 21세기적인 새로운 문화 공동체 창조의 가능성을 찾는 것은 아시아 국제정치의 과제일 뿐만 아니라 미래 사회를 향한 사회과학적 도전이다. 그 길 앞에 있는 것은 아시아인들의 문화생활 스타일이나 질을 어떻게 디자인할 것인가 하는 물음이다.

II. 한일 대중문화 교류

한일 간의 대중문화 교류 현상을 검토해 보자. 본래 대중문화 교류를 기반으로 한 느슨한 문화 공동체 구상은, 양국 간에 다양한 방면에서 문화교류가 있었으며, 그 결과 양국 국민 간의 친근감이 뚜렷하게 호의적인 방향으로 변화되고 있다는 현상 인식을 바탕으로 생겨났다. 즉, 먼저 대중문화 교류의 실태가 있었고, 그것을 뒤따르는 형태로 논의되었다는 현실을 감안할 필요가 있다.

2005년은 1965년 한일국교정상화가 40주년이 되는 해였다. 이를 맞이해 외무성은 '한일 우정 2005'를 내걸고 각종 교류 사업을 지원했다. 마침 한일 양국의 미디어는 일본의 한류 붐, 한국의 일류 붐을 주목해 보도했다. 한국 KBS TV는 2005년 신년 특별방송으로 1월 12일에 60분 분량의 〈일본의 한류 붐: 그들은 왜 열광하는가〉를 방영했다. 또한 일본에서도 NHK TV

에서 한국의 이 방송에 대한 리포트를 프로그램으로 방영할 정도였다. 즉, 단순히 양국 간의 대중문화 교류가 활발하게 진행되어 왔다는 것뿐만 아니라 그것 자체가 양국의 언론에서 가치 있는 뉴스로 주목받은 것이다.

다른 한편 2005년에는 일본과 한국 간의 국제관계에서 몇 가지의 문제가 있던 해였다. 역사 인식의 문제이며 국경 문제이기도 하지만, 실제로는 모두 20세기적인 국민이라는 공동체의 시간과 공간을 구상하는 존재 방식에서 유래해 파생된 문제였다. 다시 말하면, 20세기적 내셔널리즘이 21세기적인 새로운 느슨한 지역 공동체로 향한 움직임을 가로막고 되돌리려 한다고 할 수 있다. 최근 양국 간에는 이러한 대중문화의 상호 교류의 침투와 정치 외교 측면에서의 긴장 관계에 따른 반동이 가속화되고 동시에 병행되며 진전되고 있다.

일본의 한류 붐, 한국의 일본 문화 수용의 구체적인 현상으로는 예전부터 양국에서 인기를 모았던 영화, 소설, 게임, 요리나 식자재, 제이팝, 케이팝, TV 드라마, 인기 드라마 촬영 현장을 방문하는 투어, 인기 스타나 캐릭터 관련 상품의 유통과 소비 등을 들 수 있다. 일본에서 〈쉬리〉 이후에 일련의 한국 영화가 주목 받고, 또한 〈겨울연가〉로 대표할 수 있는 한류 TV 연속극은 이미 정규 프로그램으로 매일 밤 방영되고 있다. TV 광고나 여성 주간지의 표지에는 잘생긴 한류 스타가 미소 짓는 사진이 앞을 다투어 실리고 있다. 한편 서울의 서점에는 한국어로 번역된 무라카미 하루키(村上春樹)의 소설이 진열되어 있고, 일본의 대중적인 소설이 한국 젊은이들 사이에서 호응을 얻고 있으며, 일본 젊은이들의 패션 잡지도 인기다. 이와 같은 한일 대중문화 교류는 이미 일상화되어 누구라도 가까운 지인이나 친구들 중에서 '빠졌다'는 구체적인 사례를 쉽게 들을 수 있을 것이다. 이 글에서 다루고자 하는 만화나 애니메이션도 그와 같은 사례 중 하나이다.

1. 한일 대중문화 교류사

최근 한국과 일본 사이의 대중문화 상호 교류의 급속한 증가는 많은 사람들을 놀라게 했다. 그것은 KBS TV에서 방영된 프로그램 제목인 〈그들은 왜 열광하는가〉라는 질문에도 나타난다. 매우 최근까지 — 그리고 지금도 — 한국과 일본은 '가깝고도 먼 나라'라고 불렸으며, '양국 국민 간의 상호인식, 특히 낮은 호감도'(林夏生 1999, 231)는 주지의 사실이었다. 이러한 현상과 관련해 몇 가지의 설명이 있다. 예컨대, 한국사회의 반일 감정은 시민들 사이에서 역사적·정치적으로 폭넓게 뿌리 깊은 것으로 계속 쌓여 왔다는 일반 상식의 논의이다. 또한 한국 정부는 제2차 세계대전 이후 신생 국민국가 건설을 위해 문화적 아이덴티티의 확립을 지향하고 있었고, 외래의 문화적 영향에 관해서는 일본뿐 아니라 공산권의 문화를 포함해 경계하고 있었으며, 여러 가지 규제를 했다는 정치적 배경을 설명하는 학자도 있다. 한국의 지식인들 중에서도 일본은 역사상 몇 차례나 조선반도의 침략을 꾀했고 결국에 한국을 식민 지배한 역사를 가진 나라라는 기본 인식이 있다. 그 일본이 전쟁 후에 다시 경제 대국화된 것을 경계하고 일본의 새로운 문화제국주의적 지배를 기피하려는 관점도 있다. 이들은 최근까지 일본 문화에 대한 원칙적인 배척을 견지하는 하는 태도를 보인 적이 많았다. 이와 같이 한국은 국가정책으로 식민 지배기 이후 왜색 용어나 왜색 문화의 잔재를 배척하며 그 새로운 유입을 규제하려는 문화 정책을 실지로 장기간에 걸쳐 채택해 왔다.

또한 이 글에서 대상으로 하는 '대중문화'는 그 '문화'라는 카테고리 안에서도 특수한 위치를 차지하고 있다. 지식인 사이에서 대중문화는 가볍게 취급되는 경우가 많았다. 따라서 지식인에 의한 일본 문화 일반이 엄격하게 비판되었지만 일본의 대중문화는 엄격한 비판의 대상이 되지 않았다. 대중문화는 무시되고 '비공식화'(林夏生 1999, 237)된 상황에 있었기 때문에 오히려 한국사회로 실질적인 침투가 가능했던 측면이 있다. 다른 측면에서 보면 시기에 따라서 한국사회에 들어온 대중문화는 지식인에 의해 일본의 '저질

대중퇴폐문화'(林夏生 1999, 245)로 더욱 비판받기도 하고, 이로 인해 한일 간에 복잡한 우여곡절도 겪었다. 근래에 들어 한국 정부 내에서 대중문화가 유망한 산업으로 인식되자 이번에는 일본이나 미국 등에서 대중문화가 유입되는 것은 한국의 미성숙한 대중문화 산업에 타격을 받는 것이라고 하는 경제정책상의 고려로 새로운 규제의 대상이 되는 사태를 불러 일으켰다.

국민 간의 상호 인식이 냉각되고, 국가에 의해 문화 정책이 실시되어 온 한편, 1965년 한일국교정상화 이래 이웃국가인 양국 간의 경제적 관계는 급속하게 긴밀해졌다. 일본의 대한(對韓) 수출액은 1971년부터 1991년까지 20년 동안 23배로 증가했으며 한국에서 수입한 금액은 실제 45배의 증가를 보여 주었다. 이러한 경제 관계가 진전되는 과정에서 인적 교류도 그동안 일본에서 한국으로 간 출국자 수는 16배, 한국에서 일본으로 입국한 수는 14배라는 급속한 증가가 있었다(林夏生 1999, 231; 法務省 1972, 1992).

한일 양국의 경제적·인적 교류가 심화됨과 동시에 일본에서 한국으로 대중문화의 '비공식'적인 움직임도 조용히 확대되고 있다. 예컨대 1970년대 중반 한국에서는 일본 노래의 해적판이나 커버 버전의 카세트 테이프, 또 〈무쇠팔 아톰〉, 〈철인 28호〉 등 만화의 한국어 번역판이 유통되었고, TV에서도 〈마징가 Z〉나 〈캔디 캔디〉 등 일본 애니메이션이 한국어로 방영되어 일본 제품이라는 것이 인식되지 않았다(林夏生 1999, 244). 이러한 상황은, 이 시기 한국사회에 비교적 풍요로운 중간층이 증가했고 정치적·문화적 자유화가 진행되는 가운데 '문화 폭발'이라 불리는 급격한 미디어 공간이 확대되어 갔으며 TV 방송 등의 미디어 소프트의 수요가 증가한 것이 그 배경이라고 할 수 있다. 이른바 한국 국내의 사회적·문화적 상황으로 인한 일본제 대중문화 생산물의 수요라는 시장 주도의 압력이 컸다고 말할 수 있다. 즉, 이 시기에 생겨난 문화적 생산물에 대한 한국사회의 수요 확대와 그것에 대응하는 양질의 TV 방송 등의 생산 공급 능력 사이에서 생겨난 격차에 일본제 대중문화 상품이 침투했다고 할 수 있다.

2. 한일 간의 공통의 문화 전통과 문화교류의 수맥

그러나 한일 문화교류의 연구자 중에는 앞에 언급한 것과 같은 일시적인 상황만이 아니라 이웃국가인 한일 양국의 문화적 기반 자체 안에 이미 공통의 문화 전통이 존재했기 때문에 대중문화가 침투할 수 있었다고 지적하는 학자도 있다. 즉, 고대 이래 이어져 온 양국 간의 역사적인 상호 교류를 통해 공통의 문화 전통이 양성되었고, 양국의 대중은 장기간에 걸쳐 공유해 온 문화적 감성을 가지고 있으며, 양 지역 간의 인적·문화적 교류는 어느 시대에도 계속해서 진행되었다는 견해도 있다는 것이다. 오히려 국가 간의 정치적 상태가 시대적 상황에 따라 그와 같은 자연적 교류를 인위적으로 정지하려고 했던 것이고, 그것이 짧은 시간에 표면적으로 성공하더라도 장기적으로는 무리가 있다고 지적한다. 하야시 나쓰오(林夏生)에 따르면 일본의 대중문화가 한국에서 수용되고 있다는 것은 자연적인 상황이고, 이것은 컨텐츠 측면만이 아니라 원래 대중문화의 생산·유통·소비의 구조에서도 양국 간에는 울타리가 없다고 말한다. 다음의 인용문을 보자.

> 이와 같은 역사적 과정을 전제로 할 때, 해방 직후의 조선반도의 문화적 상황 속에서 침략자의 문화인 '일본 문화'를 즉시, 그리고 완전하게 식별해서 배제하고 독자적인 정체성을 회복하는 것은 실제로 매우 곤란한 작업이었다고 할 수 있다. 앞에서 말한 대중가요의 예는 민중의 음악적 기호의 기반이 되는 전통음악에 약간의 유사점이 있고, 근대 음악교육이나 대중음악 산업의 생산·유통 방식 또한 일본을 경유해 만들어졌기 때문에 대중음악이라는 산업구조를 남긴 채 '일본적인 것'을 전부 제거하는 것은 거의 불가능에 가까웠던 것이다(林夏生 1999, 238-239).

이른바 양국 간의 정치적인 관계나 이웃나라라는 표면적인 의식과는 별개로, 실제로는 근접 지역에 있는 한국과 일본 사이에서는 길고 깊은 문화교류의 역사가 있고 지하 수맥과 같은 그 유입이 계속되었으며 이를 규제하려는 것은 곤란하고 불가능한 것에 가깝다. 쇄국정책을 취했던 에도시대에도 스시마번(對馬藩)의 중개로 양국 간에는 통신사(仁位孝雄 2003) 교환이 이루어졌고, 통신사는 쇄국이라는 정보 희소 상황 아래에서 한층 더 큰 의미와 영향력을 가지고 있었다고 볼 수 있다. 더욱이 식민지시대의 교육정책 등을 함께 생각해 보면 "양 지역의 전통적 문화는 이미 많은 유사점을 공유하고 있다"(林夏生 1999, 238).

이런 관점에서 보면 근래 양국 간의 대중문화 교류는 최근 한국 정부의 대외정책이 개방정책으로 변화한 데 그 원인이 있지만, 그 외에도 이른바 장기적인 흐름, 복류(伏流)의 형태로 존재하는 것이 당당히 표면으로 모습을 나타낸 것이라고도 생각할 수 있다. 실제로 최근 대중문화 교류의 연구 과정에서 오랫동안 밝혀지지 않았던 양국 간 문화교류의 양상이 다시 구체적으로 발견되고 인식되고 있다. 국민적 인식이나 국가적 정책에 따른 한국의 일본 대중문화 배척 혹은 제한되고 경시되었던 때에도 문화는 단절 없이 긴밀한 교류관계를 맺고 있었다. 예컨대 한국에서 일본 만화나 애니메이션의 유입 상황에 대해 야마시타 레이코(山下礼子)는 다음과 같이 말하고 있다.

> 실제로 30년 훨씬 전부터 한국에서는, 공식적으로는 금지되어 있었던 일본 만화나 제작 국가 정보를 모호하게 해서 방영된 일본의 애니메이션이 유입되었다고 한다. 즉, 현재 사회의 중추로 성장한 중년세대의 성장 과정에 일본의 만화나 애니메이션은 항상 존재하고 있었던 것이다. 그리고 1990년대부터 일본 문화의 공식개방에 따른 만화나 애니메이션 산업의 흥성은 이러한 환경에서 자라난 그들과 그들의 자녀세대가 가지는 만화 애니메이션에 대한 인식이 큰 배경으로 볼 수 있다. 그러나 지금까지 공식적으로 금지되었던 역사적 사례도 있어서 일본의 만화 애니메이션의 한국 유입 상황이나 한국 젊은이의 만화나 애니메이션, 특히 일본의 만화나 애니메이션에 대한 의식에 관해 정확하게 파악되고 있다고 말하기는 어렵다(山下礼子 2002; 朴順愛·土屋礼子 2002, 96-117).

즉, 한국에서 적어도 30년여에 걸쳐 일본의 만화나 애니메이션이 일본제라는 것을 의식하지 않고 한국사회에 유입, 향유되었다는 것과 최근의 일본 문화의 공식 개방으로 인한 흥성에는 오랜 시간에 걸쳐 기반이 만들어졌다고 하는 점, 그러나 그러한 현실을 사람들은 일반적으로 인식하지 못한다는 점을 지적하고 있다. 이것은 박순애(朴順愛)와 스치야 레이코(土屋礼子)의 편저 「일본 대중문화의 한일 관계: 한국 젊은이들의 일본 이미지」라는 글에서 인용한 것이다. 이 글이 실린 책은 한일 양국의 연구자와 공동 연구 및 공동 집필한 책으로, 공동으로 조사 연구가 행해진 자체가 한일 관계의 새로운 양상을 보여 주고 있는 것이다.

이러한 중층적인 한일 문화교류의 실태를 보면, 일본 대중문화의 한국 유입이 표면적으로 규제되고 있기 때문에 예컨대 만화나 애니메이션 같은 일본의 대중문화의 작품이 한국어로 번역되어 마치 한국의 문화적 생산물의 형태로 유통되고 소비되어 왔다는 것을 알 수 있다. 이것은 일본 대중문화가 한국의 대중문화의 일부로 수용되었다는 것, 그로부터 한층 깊게 한국 일반 시민의 생활 속으로 녹아들었을 가능성이 있음을 시사한다.

이러한 일본 대중문화의 한국 유입은 일본과 아시아 모든 국가 사이의 상황에 비추어 비교해 봤을 때 어떻게 이해할 수 있을 것인가?

III. 동아시아 지역의 교역 네트워크

근대의 정치적 경계선을 넘나드는 교류는 결코 한국과 일본 사이에서만 볼 수 있는 현상은 아니다. 일본의 만화나 애니메이션은 아시아 각지에서 폭넓게 어린이와 젊은이에게 사랑을 받고 있으며 한국의 영화, 온라인 게임, TV 드라마도 타이완, 홍콩, 중국, 동남아시아 각지의 사람들이 즐기고 있다. 그 전부터 타이완의 TV 드라마나 대중음악 밴드가 동남아시아를 포함한 동아시아 각지에서 인기를 모았다. 이 글에서는 한일 간의 대중문화

교류 중에서도 만화나 애니메이션을 대상으로 좁히고, 다른 측면으로는 한일이라는 좁은 범위에 한정하지 않고 넓은 아시아 지역에서 일어나는 대중문화 교류라는 역사적인 현상 속에서 자리매김하고자 한다. 즉, 가까운 지역에서 일어나는 대중 차원의 상호 문화교류는 결코 한일 두 국가로 한정되는 것이 아니다. 불과 과거 2세기 동안 형성된 근대 국민국가라는 경계선에 구애받지 않고 넓고 깊게 흐르는 지하 수맥인 것이다.

근대 대부분의 아시아 국가는 기본적으로 서구의 식민 지배를 받았고 식민지 국가를 규정한 국경선을 그대로 근대적 국민국가로 계승했다. 그러나 오래전부터 남아시아의 각 지역을 연결하는 말라카(Malacca) 해협을 시작으로 남아시아를 거쳐 인도와 중동을 경유해 유럽에 이르는 통상 루트가 성립했다. 그 루트에 따라 아시아 일대에서 화교 네트워크가 형성되었다.

그중에서 동아시아를 중심으로 한 교역 네트워크를 개관하고자 한다. 여기에서는 하마시타 다케시(濱下武志)의 『홍콩: 아시아의 네트워크 도시』와 그 외의 다른 연구서를 인용할 것이다(濱下武志 1996; 杉山伸也·リンダ グローブ 編 1999; 山下清海 2005; 古田和子 2000). 하마시타는 은행 자료를 면밀하게 해석하고 아시아 각지의 화인가(華人街)에서 철저한 현지 조사를 실시해 화남(華南)에서 동남아시아까지 크게 퍼져 뿌리내린 화교 네트워크의 존재와 기능에 대해 밝히고 있다. 이 네트워크는 두 지역을 이동하는 화교 이민의 인적 리크루트(recruit)망과 물자 유통의 무역망 그리고 송금 결제 금융망으로 조밀하게 연결된 것이다. 하마시타는 다음과 같이 말한다.

> (그) 송금 방법은 일단 송금자의 손을 벗어나면 돈이 살아 움직이는 것처럼 상황에 따라 지하로 빠져나가 그 모양을 달리하면서 목적지를 다양한 방법으로 경유하고, 홍콩에 이르러 홍콩의 금융시장 조건을 이용해 이익의 기회를 확대하고 푸젠(福建)이나 광둥(廣東)으로 보내지는 경로를 말한다. 이 경로는 동남아시아와 화남이 하나의 망으로 짜여 있지만 동아시아 혹은 동남아시아라는 구분은 없다. 오히려 넓은 지역에 걸쳐 조밀하게 짜인 망은 곧 하나의 복합 지역을 만들고 있는 듯하

다(濱下武志 1996, 19).

다시 말해, 이 네트워크는 이미 중국이나 말레이시아라는 국가도 아니며 화남, 동아시아 혹은 동남아시아로 구분된 각각의 정치적 공간조차 뛰어넘은 사람과 상품과 금융 정보의 중층 네트워크가 구성한 복합 지역이다. 하마시타는 오늘에서야 논의되고 있는 동아시아 공동체론이 등장하기 전에 이미 이 지역에 화교를 주요한 행위자로 하는 다양한 기능을 가진 네트워크가 구성된 지역적 실태가 역사적으로 존재하고 있다고 말한다.

이 동아시아 네트워크 중에서도 이 글의 주제인 20세기 후반 동아시아 지역의 대중문화 교류, 특히 만화나 애니메이션의 교류를 개관하는 데 흥미로운 것은 홍콩과 동남아시아를 이은 네트워크권이다. 하마시타는 다음과 같이 설명한다.

> 화남에서 홍콩을 경유한 이민은 반도 쪽에서부터 도서부 동남아시아에 이르기까지 많은 화인가나 화교 네트워크를 형성했다. 이 네트워크는 물건이나 돈이 이동하고 화교 상인이 활약하는 장이 되었다. 또한 외국 자본도 참가하고 인도 상인, 이스라엘 상인도 참여해 다각적인 교역 네트워크를 만들었다. 이후 이 지역을 유럽이 식민지화하는데, 유럽 상인은 역사적인 화교나 인교(해외로 이주한 인도인이나 그 자손-옮긴이) 네트워크를 이용해 싱가포르와 홍콩을 벵갈 만, 남중국해, 동중국해를 중심으로 교육과 금융의 중심지로 만들었다(濱下武志 1996, 125).

홍콩과 동남아시아는 화교 네트워크가 긴밀히 연결되어 있다. 유럽은 이 지역을 식민지로 하여 역사적인 화교 네트워크를 잘 활용했다. 이 네트워크는 아시아의 근대화를 지배하고 발전시켰으며 현재 지구촌시대에서도 전개는 현재 진행형이다(游仲勲 2001).

이러한 사람과 물건과 돈과 정보와 네트워크가 구성됨에 따라 그에는 당연히 문화적 교류도 이루어진다. 예컨대 네덜란드령 동인도에서의 말레이어(후에 인도네시아어)로 된 인쇄·출판 활동은 화교에 의해 개시되었다고 알려져 있다. 대중음악의 음반은 상하이에서 생산되어 아시아 각지에서 소비되었다.

Ⅳ. 태평양을 넘어선 새로운 홍콩 네트워크

홍콩을 기점으로 하는 화교 네트워크의 현대적 전개를 이해할 때 1997년 7월 1일 홍콩 반환은 중요한 결절점(結節点)으로 작용한다. 홍콩 반환으로 많은 홍콩 사람들이 캐나다 등으로 이주하면서 이주지에서 새로운 네트워크가 생겨났기 때문이다. 1984년 중영기본합의로 반환 일정이 확정된 이래 홍콩의 유복한 사업가는 캐나다나 오스트레일리아, 미국 서해안으로 가족을 이주시키는 현상이 나타난다. 캐나다의 사례를 모리가와 마키오(森川眞規雄)의 글에서 살펴보면 다음과 같다.

> 본래 캐나다는 홍콩에서 오는 이주자를 주요하게 받아들인 나라였다. 1997년 홍콩 반환 직전 캐나다로 이민하는 홍콩인은 급증하게 되는데, 이민자가 가장 많은 토론토의 중국인 인구가 5%에 달해 15만 명을 넘어선다. 차이나타운에 집중적으로 살고 있었던 중국의 이민자들과 달리 새로 온 이민자들은 교외의 양호한 주거지를 선호해 토론토 근교의 베드타운 주민의 20%가 홍콩계 중국인이었으며 마크햄(Markham)과 같은 마을도 출현하게 되었다(森川眞規雄 2005, 209).

홍콩에서 새롭게 들어온 대부분의 이주민들은 교육, 취업 기술, 재산, 수준 높은 영어 실력 등을 갖추고 있어 19세기 이래 중국인 '이산'(離散, 디아스포라)과 다른 현상을 야기하고 있었다.

> 그렇지만 실제로 그들은 자본주의사회가 고도로 발달한 홍콩 시민이었으며, 교육, 취업 기술, 재산, 거기에 수준 높은 영어 실력까지 갖춘 이민자였다. 그들은 이것을 무기로 캐나다 사회에서 빠른 적응력을 보였으며 나아가 자기 손으로 캐나다

에서 더욱 쾌적한 환경을 조성하기에 이른다. 토론토나 밴쿠버에는 몇 년 사이에 얌차(차를 마시면서 중국 만두, 교자, 슈마이, 냉채 등의 딤섬류를 먹는 중국풍의 가벼운 식사-옮긴이) 레스토랑이나 홍콩 스타일의 부티크뿐 아니라 홍콩인 전용 쇼핑센터, 호텔, 많은 중국어 신문과 광동어 방송국까지 생겨났다. 이로 인해 홍콩계 이민자들은 홍콩과 변함없는 생활을 이어갈 수 있게 되었다(森川眞規雄 2005, 210).

이와 같이 캐나다에 있는 마을에서 홍콩과 다름없는 생활을 할 수 있게 된 기반은 사람뿐만 아니라 당연하게도 홍콩에서 태평양을 건너 캐나다까지 물자교통망 및 미디어 정보망이 구축되었음을 의미한다.

이렇게 하여 새로운 홍콩 이민의 파도가 태평양을 건넜다. 이는 미국 서해안 모든 지역에서도 현저하게 관찰할 수 있다. 홍콩과 중국이라는 아시아 사이드의 요건뿐 아니라 미국 측에서도 이를 용이하게 한 상황과 딱 맞아 떨어졌다. 1965년 이민법 개정에 따라 미국은 백인을 우위에 두었던 이민정책을 개정해 아시아계 이민을 수용하는 범위를 확대한다. 미국에 있는 중국 인구는 1950년 24만 명에서 1990년에 165만 명, 2000년에는 243만 명이라는 급격한 증가를 보인다. 야마시타 키요미(山下清海)의 다음과 같이 말한다.

다운타운에 형성된 올드 차이나타운과 달리 올드 차이나타운에서 나온 중국인과 새로운 이민자들은 교외에 뉴 차이나타운을 형성하고 있다. 이 현상은 미국뿐만 아니라 캐나다, 호주, 세계 각지에서 나타난다. 몬토레이 파크(Monterey Park)는 그중 미국에서 가장 처음 생긴 뉴 차이나타운이다(山下清海 2005, 206-207).

몬토레이 파크는 '작은 타이페이'(小臺北)로 불리고 있다. 캘리포니아 주로 이민가는 홍콩인의 증가는 타이완인의 캘리포니아 이민 증가와 함께 일어난다. 이로 인해 아시아에서 홍콩과 타이페이 사이에 존재하는 정치적인 경계선은 일단 태평양을 건너면 중요성이 희석된다. 캘리포니아주는 몬토레이 파크, 마크햄과 함께 화교의 목적지이자 중간지 그리고 출발점이다.

화교 네트워크는 새로운 파도처럼 태평양을 건너 미국에 도달했다. 종래의 '이민' '이주'와 달리 홍콩과 북미 도시 사이를 중국인 사업가가 '이동'(shuttle)이나 '왕래'하는 현상은 잘 알려진 것이다. 그 아이들은 '파라슈트 키드'(parachute kids, Aihwa Ong 1999, 19)라고 불리며 태평양을 오간다. 부모는 아이들을 북미로 이식(移植)시키고 그곳에서 생활하며 교육받게 한다. 아이들의 이동으로 홍콩이나 타이완에서 일본의 만화, 애니메이션과 그 유통망도 태평양을 넘게 된다(필자가 빅토리아, 샌프란시스코, 홍콩 등에서 현지 조사).

V. 만화, 애니메이션과 화교 네트워크

홍콩에서 동남아시아 일대로 태평양을 건너 북미 도시로 확대된 화교 네트워크는 이 글에서 대상으로 하고 있는 만화나 애니메이션의 전개에 대단히 중요한 역할을 담당한다. 대부분의 만화책, 애니메이션 비디오는 일본을 출발해 일단 타이완이나 홍콩에 도착한다. 그곳에서 중국어로 번역되고 자막이 만들어져 동남아시아 각 도시의 화교가 운영하는 서점에서 판매되는 사례에서도 볼 수 있듯이(필자의 타이페이, 홍콩, 마닐라, 쿠알라룸푸르, 방콕 등에서 현지 조사) 여기에서 초점은 타이완과 홍콩의 역할이다.

일본 대중문화 중 만화와 애니메이션은 타이완에서 중국어로 번역된 다음 화교 네트워크를 거쳐 동아시아·동남아시아 지역으로 퍼져 나갔다. 한일 간에 복류와 같은 대중문화 교류가 서로 침투했던 것에서 볼 수 있듯이 타이완은 1945년 8월까지 일본 식민지로 일본 문화 아래에 있었고 제2차 세계대전이 일어나기 전까지는 일본어 교육을 받은 젊은이들이 존재했다. 그들은 '일본인'이었고 그중에는 고등교육을 받기 위해 일본에 유학 간 사람도 있었다. 1945년 8월까지는 좋든 싫든 타이완과 일본은 문화와 역사적 상황을 공유하는 공동체를 구성하고 있었다.

전쟁 후 타이완은 '조국 복귀'로 1949년에는 중화민국정부와 국민당이 '타이완을 통치했다'(若林正丈 2001, 78). 그러나 국어가 일본어에서 중국어로 바뀌고, 중국어로 교육하게 된 이후에도 일본 통치하에서 일본어로 된 문학이나 문화에 익숙해진 사람 중에는 일본에서 문학서나 학술서, 대중문화와 관련된 각종 정보를 밀수하는 사람들도 있었다. 대표적인 사례로 들수 있는 것이 데즈카 오사무(手塚治虫)의 만화로, 이 만화 역시 이러한 과정을 통해 타이완 사회에 침투했다. 한일 간의 복류로 말할 수 있는 대중문화의 흐름이 타이완과 일본 사이에도 있었던 것이다. 한국과 유사하게 타이완에서도 일본어로 된 문화 생산물 수용이 금지되었던 정치적 상황이었지만 일본어에서 중국어로 신속하게 번역되었음은 물론이다. 또한 만화의 스토리라인이나 캐릭터, 배경 일러스트 부분 등도 타이완의 사회 상황에 맞추어 번안하고 재구성해 타이완 만화로 출판했다. 일본 만화가 번역되고 번안되는 과정에서 만화를 제작하는 노하우를 습득한 사람들 중 몇몇은 현지 오리지널 만화를 제작하기 시작한다(필자의 타이페이 현지 조사). 오늘날 타이완의 주요 만화출판사는 이 사람들이 세웠다.

타이완에서 한번 중국화된 만화 작품은 정치체제의 차이를 뛰어넘어 홍콩으로 흘러들어가 1970, 80년대에 정착한다. 마치 일본과 한국사회 간에 복류가 존재한 것과 같이 타이완과 중국 본토 사이에도 이웃관계로 오고 가는 네트워크가 있었다. 더욱이 타이완과 홍콩에서 동남아시아로 연결된 화교의 전통적인 인적·물적 정보 네트워크를 통해 타이완에서 중국화된 만화나 애니메이션은 홍콩과 주변의 아시아 도시로 퍼져 나간다(필자의 타이페이와 홍콩 현지 조사).

대중문화란 문화 산업에 따라 생산되고 유통, 판매되는 문화적 생산물이고, 경제활동과 문화교류는 동전의 양면과 같은 일체성을 갖게 되는 것이다.

Ⅵ. 아시아에 신흥 도시중간층 가족 등장

아시아의 1980년대는 경제발전의 시대였다. '아시아의 기적'과 '아시아의 다이너미즘'(原洋之介 1996)으로 알려졌던 시기이기도 하다. 이때 동남아시아 각 도시를 중심으로 신흥 도시중간층이라고 불리는 사람들이 등장하기 시작했다. 식민지시대부터 이어온 엘리트층에 대항해 새로운 중간층과 그 가족은 이후 각 사회에서 중요한 정치적·경제적·문화적 역할을 하게 된다. 이즈음 동남아시아의 대도시 주변에서는 교외형 대규모 주택지가 차례로 개발되어(宮本謙介·小長谷一之 1999 참조) 대부분의 신흥 도시중간층 가족은 교외로 옮겨갔다. 거기에서는 아버지 또는 부모가 매일 도심부의 직장에 출근하고 주말에는 가족끼리 개발된지 얼마 안 된 교외의 쇼핑몰에서 쇼핑을 하는 새로운 중간층(middle class)의 생활방식이 성립된다. 이 도시중간층 가족의 거주지가 방콕이든지 쿠알라룸푸르든지 자카르타든지 간에 매우 공통된 생활방식과 문화 활동을 창출하고 공유하게 된다.

신흥 도시중간층의 가족은 비교적 젊고 교육도 받았으며 화이트칼라 계통의 직업을 가진 급여생활자인 경우가 많다. 이들은 교외의 대량으로 규격화되어 조성된 단독주택에서 살며 비슷한 수입을 가진 이웃과 같은 TV 프로그램을 보고, 주말에는 같은 쇼핑몰에서 물건을 산다. 이렇게 같은 일상생활의 정형을 가지는 반면, 그들이 사는 가옥은 한 채 한 채가 구획되어 프라이버시를 가진 구조이고 그곳에서 근대적 핵가족 구성원이 하루의 대부분을 보낸다. 이러한 가옥은 동남아시아의 전통적이고 개방적인 목조가옥과 다르고 또한 기존의 도시인 칸풍[말레이어로 마을을 의미함–옮긴이]에서와 같이 다양한 생업을 가진 사람들이 사는 인구가 밀집한 잡거(雜居)적이고 장기 거주적인 거주군과도 다르다.

각각의 가옥은 콘크리트나 벽돌, 타일을 사용한 기밀성 높은 구조를 가지고, 에어컨을 달고 소파와 커피 테이블이 있는 거실에는 TV와 비디오기

기, 아이들 게임기가 설치되어 있다. 유복한 가정이라면 거기에 캐릭터 상품이나 각종 피규어 수집, 바비 인형을 진열하는 장식장도 더해진다. 집 안쪽과 2층에는 부모의 침실과 아이들의 침실이 각각 있고 아이들이 중학생 정도가 되면 부모와 아이가 각자의 방에서 취침하는 습관이 생겨났다. 부모의 침실에는 에어컨과 화장대 때때로 TV가 있거나 아이들 방에는 침대 외에 최근에는 책상도 놓게 되고 만화책이나 비디오를 수납하는 책장이나 서랍도 있다. 캐릭터가 그려진 책가방이 문에 걸려 있다. 그리고 대학생이 되면 컴퓨터와 관련 상품, 소프트웨어가 더해진다. 이와 같은 가정 내부의 정황의 기본은 자카르타 교외에 있든 쿠알라룸푸르의 주택가에 있든 방콕에 있든 거의 동일하다. 그래서 신가정 생활의 중심에서 가족에게 오락과 정보를 제공하는 것은 TV이고 TV를 중심으로 가족이 모이고 아이들이 논다. 일본의 TV 애니메이션은 이 공간과 시간에 들어갈 수 있었고 TV 애니메이션을 본 아이들이 같은 캐릭터가 등장하는 만화책도 보게 된 것이다(白石さや 1998 참조).

VII. 아시아의 문화교류와 국가적 관여

여기에서 기존에 국가의 경계를 넘은 문화교류의 국가적 틀이 만들어 온 역할을 개관하고 검토해 보고자 한다. 히라노 겐이치로(平野健一郎)는 문화교류와 관련된 국가적 대응에 대해 다음과 같이 정의한다.

> 근대 이후 국가가 진행한 문화교류 사업은 국가 자신을 단위로 하고 국가 밖으로 자신의 '국민 문화'의 진흥과 구축을 동시에 진행하는 대외 문화 정책을 하나의 기둥으로 해왔다. 오늘날에는 그것과 평행하게 자신을 포함한 지역을 단위로 하는 문화교류가 또 하나의 기둥이 되고 있다(戰後日本國際文化交流硏究會 2005).

자신의 '국민 문화'를 밖에 알리는 국가적 대응의 전형적인 사례로 노(能, 일본의 전통적인 연극의 한 종류-옮긴이), 꽃꽂이 소개를 들 수 있다. 이는 많은 일본 사람이 지금까지 '문화교류'라고 하면 떠올리는 대표적인 예일 것이다. 그러나 노는 일본 문화의 깊은 전통이 키워 낸 것이고 전통적인 음악이나 리듬감, 회화적인 미의식, 직물이나 노의 가면에 나타나는 유현(幽玄)의 미에 대한 감성, 모노가타리(物話)에 대한 이해 등을 종합적으로 몸에 익힌 사람이 비로소 처음으로 이해할 수 있는 '고급문화'(high culture)이다. 이것은 일본인 사이에서도 일반적으로 공유되고 향유되는 것이 아니다. 소양이나 전통을 전혀 공유하지 않는 사회에 속한 사람들에게 자문화를 일방적으로 보내는 방식은 그들에게는 강압적으로 느껴질 수 있으며 넓은 층에 걸친 상호 이해는 얻기 어렵다. 아시아 사람들이 우연히 노를 보더라도 그들이 자신의 일상생활 속에 노를 들여오는 장면은 상상하기 어렵다. 또한 깊은 문화적 메시지를 이해할 수 있는지도 의문이다. 장난스럽게 '당신들'과 '우리들'은 '다릅니다'라는 메시지를 전하기만 한 것은 아닐까. 히라노는 이것을 '일방적인 사업 형태'(戰後日本國際文化交流研究會 2005, 22)라고 한다. 그래서 여기에서 히라노가 '지역을 단위로 하는 문화교류'라는 개념을 제시하는 것에 주목하고자 한다.

국가 차원에서 문화교류에 관여하는 경우, 국가는 '국가 간 상호 이해'를 목표나 주요 내용으로 하고, 문화교류를 '일본의 경제활동을 원활하게 하기 위한 윤활유로서' 파악하는 경우가 많다. 어디까지나 수단이나 도구로서의 문화이고, 문화교류인 것이다. 이것은 바람직한 것인가? 또 다른 문화교류정책의 목표로는 '국제사회에 대한 공헌'을 들고 있고 이것을 문자 교육이나 개발 교육과 같은 사업으로 실시해 왔다(戰後日本國際文化交流研究會 2005, 19). 이 경우에는 문화교류가 아시아 지역을 단위로 한 문화 산업으로 자리매김하고 메이지 이래 일본의 '동서 문화의 융합' 경험을 전례로서 가리키는 것으로 문화적인 공헌이 성립된다(戰後日本國際文化交流研究會 2005).

가와무라 요코(川村陶子)의 '유럽 문화 정책' 연구는 아시아에서 과제를 고찰하는 데 시사하는 바가 크다. 가와무라는 유럽 문화 정책이 '유럽을 단위로 한 공통의 문화 정책으로 같은 유럽의 아이덴티티 양성을 목표로 한다'로 할 것인지, 아니면 '국가나 지방 등을 단위로 한 다양한 문화 간의 상호 접촉'을 사업으로 할 것인지를 먼저 명확히 한다고 한다. 그는 양자 중에서 '유럽 지역의 문화적인 다양성을 보장하는 차분한 형태를 취하고 있다고 볼 수 있다'고 결론짓는다(川村陶子 2005, 313-319).

그러면 아시아에서 유럽과 같은 질문을 해볼 때 '같은 아시아의 아이덴티티 양성'과 '아시아 지역의 다양한 문화 간의 상호 접촉' 중 어느 것이 바람직한 것일까. 현실의 아시아에서 볼 수 있는 실태는 현대 미디어가 저마다 국가나 지방이 가지는 전통적인 문화 간의 다양성을 새롭게 재생산하고 동시에 젊은 세대 사이에서 최근에 문화 정보로서 대중문화가 폭넓게 공유되기 시작하고, 거기에서 이미 상호 친근감 양성은 진행되고 있다. 이는 동아시아 및 동남아시아의 폭넓은 지역에서 국경을 넘은 TV 드라마나 배우, 가수의 인기가 비등하는 현실로 나타나고 있다. 예컨대 상하이의 뒷골목에서 초등학생, 중학생이 방과 후에 용돈으로 쇼핑을 즐기는 근방의 작은 브로마이드 가게에서도 지금은 일본, 한국, 중국, 타이완, 싱가포르 각 지역 인기 스타의 브로마이드가 진열된다(필자의 상하이 현지 조사). 즉, 이 두 가지의 정책 목표는 현실의 아시아 지역에서 미디어 기술 정보의 활발한 활동 전개에 의해 어느 한쪽의 선택이 아닌 양 방향이 동시 진행되고 있다고 이해할 수 있다.

Ⅷ. 아시아의 지역 질서와 문화교류

아시아 및 유럽에서도 근현대에는 한 무리의 국민국가가 저마다의 국경선을 구획해 존립하고 각각 주권국가로서 대외 문화 정책을 행하는 주최가 되고 또 한편으로는 문화 정책의 대상이 된다. 이를 다루는 학술적인 조사 연구에서도 국민국가라고 일컫는 주체를 전제로 하는 경우가 많다. 앞에서 살펴본 문화교류에 대한 국가적 관여 논의에서도 당연하게 국가라는 틀이 전제되어 있다. 그러나 하마시타 다케시는 "아시아 전 지역적 문화 통합인가 혹은 국민국가 간 문화의 복층적 교류인가"라는 식의 전체 아니면 국민국가라는 양자택일적 틀만 있는 것이 아니라고 말한다. 그는 아시아를 '몇 개의 지역 질서 이념에 기반한 지역 구조로 파악할 필요가 있다'는 개념 제시의 근거가 되는 논의를 다음과 같이 제기했다. 이것은 앞의 히라노의 '지역을 단위로 한다'고 하는 개념 제시와도 공통된다. 이하에 인용한다.

> 광역 지역이나 국제관계를 검토하는 틀로서 종래의 '나라'나 '국가'를 주체로 한 분석의 틀이 있다. 그러나 앞으로는 국가도 안에 포함하거나 국가 내부를 더욱 분할하는 분석 또는 국가 영역의 일부가 다른 지역과 더욱 밀접하게 맺을 수 있는 분석이 기존의 국가 간 관계와는 다른 형태로 지역 분석의 틀로서 검토될 필요가 있다(濱下武志 1996, 70-71).

이와 같은 시각에서 볼 때, 예컨대 홍콩에서 미국으로 이민이 증가함에 따라 그들의 수요에 맞추어 일본에서 미국으로 녹차를 수출하게 되었던 것과 같이 유기적이고 다극적인 부분적 관계를 맺는 것이 가능하게 되었다(濱下武志 1996, 79). 일본을 출발한 만화나 애니메이션이 타이완이나 홍콩을 경유하고 화교의 다층적인 네트워크를 통해 동남아시아의 각 지역 젊은이들에게 도착하는 과정은 비로소 처음으로 개관할 수 있는 것이 된다. 이와 같이 동아시아와 동남아시아의 매듭으로 홍콩과 아시아에서 지역 관계의 중개역으로 홍콩의 지위가 주목됨과 동시에 아시아 전체에서 일본이 놓여진 지위도 이해할 수 있게 된다(濱下武志 1996, 89). 특히 지금까지 본 정치적 경계선과 시대를 넘어 면면히 흘러 온 아시아 지역 내의 사람과 정보와 물질의 흐름을 파악하기 위해서는 중일, 한일의 자율적이고 고립된 국가라는 플레이어 간의 개별적인 국제관계로 보기보다는 큰 아시아 지역 일대에 펼쳐지는 지역 질서나 지역 구조로서 보는 것이 유효하다.

하마시타가 제시한 틀에 따르면 이 글의 주요한 테마인 한일 간 대중문화 교류를 논하는 데에도 정치적 경계선을 넘은 문화교류는 결코 일본과 한국 사이에서만 볼 수 있는 고유한 현상이 아니라 아시아 지역 일대에서 일어나고 있는 지역적·유기적 관계의 일부라고 인식할 수 있다. 일본의 만화나 애니메이션만이 아니라 제이팝, 일본의 가수나 배우, 캐릭터 상품, 패션, 비디오게임, 식문화 등은 폭넓은 아시아 각지에서 아이들이나 젊은 사람들에게 수용되고 있다. 일본의 대중문화만 아시아 지역에서 넓혀지는 것은 아니다. 한국의 영화나 온라인 게임, TV 드라마, 패션, 식문화도 또한 타이완이나 홍콩을 거쳐 더욱 넓은 중국의 각 지방 및 동남아시아 각지에서 향유되고 있다. 한국의 TV드라마 〈겨울연가〉가 일본에서 TV 방송되고 인기를 얻어 한류 열풍이 뜨거워지기 2~3년 전에 이미 자카르타의 노천시장에는 인도네시아어 자막이 붙은 〈겨울연가〉 VCD가 진열되어 팔리고 있었다. 한류 열풍은 타이완에서도 일어나고 있다. 한편 타이완의 대중문화도 아시아 각지에서 인기를 모았다. 이와 같은 현상은 이미 일본이나 한국을 떠나 아시아 각지의 대중문화 상호 교류가 1990년대부터 진행된 것이다. 타이완의 TV드라마 〈유성화원〉(일본 만화 '꽃보다 남자'가 원작)이 아시아 각지에서 인기를 얻고 등장인물을 연기한 타이완의 팝뮤지션 밴드는 아시아 각국에서 콘서트를 열어 인기를 모았다. 홍콩의 쿵푸 만화도 한국의 전통적인 만화나 일본풍의 만화도 지금은 아시아 지역에 걸쳐 형성된 만화의 유통 경로를 따라 판로가 넓어지고 있다. 그뿐만 아니라 라틴아메리카산 TV 드라마인 〈텔레노벨라〉(telenovela)나 미국에 기점을 둔 MTV는 아시아 중 먼저 필리핀에서 TV 방송되었고 이후 동아시아나 동남아시아로 넓혔다. 상하이의 고층빌딩가를 걷는 젊은 여성들의 패션은 '일본, 한국, 홍콩'모델을 따르고 있다는 이곳에서는 이미 일본과 한국과 홍콩 사이의 차이는 볼 수 없게 되었다.

IX. 맺으며

이 글에서는 일본과 한국 사이의 대중문화 교류를 만화나 애니메이션이라는 대상으로 좁히는 한편, 더욱 넓은 아시아 전역에서 대중문화의 지역적 교류라는 현상의 문맥 속에서 자리매김하려고 했다. 최근 한일 간 대중문화 교류는 제도적인 개방이 진행되고 실태가 드러나고 누구나 이야기할 수 있는 것이 되었고 그와 함께 학술적인 연구도 일거에 개시되어 매년 연구 성과가 증가하고 있다. 대표적인 것을 들자면 박순애와 스치야 레이코가 함께 펴낸 『일본 대중문화와 한일 관계』(朴順愛·土屋礼子 2002)와 같은 이정표적인 연구도 출판되었다. 획기적인 연구 상황이라고 말할 수 있다. 그렇지만 이와 같은 연구가 대부분 공통적으로 주장하는 것은 "한국과 일본의 대중문화 교류는 사실상 세계 어느 곳과도 비교할 수 없는 특이한 배경을 가진다"(朴順愛·土屋礼子 2002, 17)는 것이다. 대상을 어디까지나 한국과 일본으로 제한된 협소한 공간의 것으로 규정하고 그 공간 안에서 파악하려고 한다. 이것이 바람직한 형태인가.

이 글은 한일 간 대중문화의 교류가 전 아시아 지역만이 아닌 태평양을 넘어 캐나다, 미국도 포함한 공간에서 일어나는 사실과 현상의 일부분이라는 것을 인식하고자 했다. 문화교류를 생각할 때 넓은 지역에 대한 지역성의 이해가 중요하고, 편협하고 폐쇄적인 시점의 조사 연구는 지나치게 제한이 많다. 이 글에서는 일본과 한국 사이에 대중문화 교류 및 일본과 타이완·홍콩을 경유한 아시아 지역에 확대와 더불어 캐나다, 미국에서의 만화, 애니메이션 유통망 확대에 대해 개관했다. 그러나 실제로 타이완, 홍콩과 한국 간 대중문화 교류는 거의 언급하지 못했다. 눈에 띄는 선행 연구를 발견하지 못했기 때문이다. 홍콩과 한국의 젊은이들을 중심으로 한 사람이나 패션 정보, 비즈니스의 활발한 교류가 특히 일반인들에 의해 인식되고 있다(필자의 홍콩, 상하이 현지 조사). 이는 학자가 주제로 삼지 않은 것일 뿐이다. 이는 앞서 말한 대로 어디까지나 '한일 간'의 문화교류, '일본과 타이완' 사이의 교류, '일본과 홍콩' 등과 같이 제한된 좁은 공간의 조사 연구가 주류였기 때문일 것이다. 이러한 구체적인 연구의 축적을 볼 수 있게 된 지금은 하마시타가 주장한 '지역 분석의 틀'이 필요한 시점이다.

최종 탈고 : 2006년 5월

번역: 김우영(성공회대 일본학과)

■ 현지조사일정

현지조사일정의 일부는 이하와 같음

마닐라(필리핀): 1997년 3월

빅토리아(캐나다): 1997년 4월

홍콩: 1997년 3월

한국: 2002년 5월~9월, 2003년 6월, 2004년 3월

싱가포르(싱가포르): 1998년 4~5월, 1999년 9월

샌프란시스코(미국): 2000년 7~8월

타이페이(타이완): 2002년 2월, 2006년 2월

쿠알라룸푸르 외(말레이시아): 1998년 9월

방콕(태국): 2001년 8월, 2002년 8월

상하이(중국): 2006년 2월

자카르타 외(인도네시아): 1995년 6월, 1998년 9월, 2002년 9월, 2006년 5월, 8월

참고문헌

森川眞規雄. 2005.「カナダ: エリ-ト華人のクロスロ-ド、トロント」山下清海 編.『華人社會がわかる本: 中國から世界へ廣がるネットワ-クの歷史·社會·文化』. 明石書店.

岡部直明. 2006.「論説：ソフトパワ一そぐ'靖國'」. 日本經濟新聞(2006/04/03).

宮本謙介·小長谷一之 編. 1999.『アジアの大都市(2) ジャカルタ』. 日本評論社.

林夏生. 1999.「韓國の文化交流政策と日韓關係」. 平野健一郎 編.『國際文化交流の政治經濟學』. 勁草書房.

白石さや. 1998.「マンガ·アニメのグロ-バライゼ-ション」. 五十嵐曉郎 編.『變容するアジアと日本』. 世織書房.

法務省. 1972·1992.『出入國管理統計年報』.

浜野保樹. 2000.「日本アニメ-ション興國論」.『中央公論』4月號.

濱下武志. 1996.『香港：アジアのネットワ-ク都市』. ちくま新書

山下清海. 2005.「アメリカ: ロサンゼルスの新旧のチャイナタウン」.『華人社會がわかる本：中國から世界へ廣がるネットワークの歷史·社會·文化』. 明石書店.

山下祁子. 2002.「韓國若者のマンガ · アニメ意識と日本アニメの韓國進出狀況」. 朴順愛·土屋祁子 編.『日本大衆文化と日韓關係: 韓國若者の日本イメ-ジ』. 三元社.

杉山信也·リンダグロ-ブ 編. 1999.「近代アジアの流通ネットワ-ク」. 創文社.

古田和子. 2000.『上海ネットワ-クと近代東アジア』. 東京大學出版會.

若林正丈. 2001.『臺灣: 變容し躊躇するアイデンティティ』. ちくま新書.

原洋之介. 1996.『アジア·ダイナミズム: 資本主義のネットワ-クと發展の地域性』. NTT出版.

游仲勳編. 2001.『21世紀の華人·華僑: その經濟力が世界を動かす』. ジャパンタイムス.

仁位孝雄. 2003.『朝鮮通信使の道』. 杉屋書店.

川村陶子. 2005.「地域統合のなかの國際文化交流」.『戰後日本の國際文化交流』. 勁草書房.

戰後日本國際文化交流研究會·平野健一郎 監修. 2005.『戰後日本の國際文化交流』1月號. 勁草書房.

Joseph S. Nye. 2004.『ソフト パワ-』. 日本經濟新聞社.

ベネディクト アンダ-ソン.『增補　想像の共同体』. NTT出版.

Aihwa Ong. 1999. *Flexible Citizenship: The Cultural Logics of Transnationality*. Duke University Press.

한일 문화교류와 동아시아 문화네트워크 구축

김성국

Ⅰ. 서언: 동아시아시대의[1] 도래와 한일 문화교류의 미래

21세기를 맞이하며 전 세계는 엄청난 변화의 물결에 휩싸이고 있다. 특히, 정보화와 지구화(Globalization)라는 시공간상의 일대 변혁을 중심으로 탈국가주의적 지역연합화, 경제적 개방화와 세계적 단일시장의 형성, 탈근대적·다문화주의적·소수자 가치관의 확산 등과 같은 새로운 사회현상들이 생성되고 있다.

이와 같은 세계적 차원의 사회구조적 변화와 맞물려 동아시아론이 대두되기 시작했고,[2] 최근에는 동북아시대, 동아시아주의, 동아시아 지역 통

1) 중국의 세계적 부상과 함께 대두하기 시작한 동아시아 혹은 동북아시아 지역에 대한 학술적·정책적 관심의 결과로 동아시아주의 혹은 동북아공동체 같은 개념들이 등장하고 있다. 한국, 일본, 중국의 지리적 위치만을 고려한다면 '동북아'가 더욱 정확한 표현이겠지만, 이 연구는 문화적 관계에 초점을 맞추고, 서구('서'유럽)의 근대주의를 극복하는 새로운 대안으로서 탈서구적·탈근대주의적 '동'아시아의 정체성을 강조하기 때문에 정치경제적 이해관계가 첨예하게 드러나는 동북아라는 표현보다는 광범위한 문화적·정서적 공감대를 함축하는 '동아시아'를 선택한다. 동아시아는 인도를 완충지대로 하면서 이슬람이 지배하는 서아시아와 대비를 이룬다. 아울러, 동아시아 문화공동체라는 표현을 선택하지 않은 이유는 '공동체' 개념에 내포된 반개인주의적 집단주의나 통합적 질서주의를 경계하기 때문이다.

2) 대표적인 동아시아 담론으로서 조성환·김용직(2001), 정문길·최원식·백영서·전형준 편(2000), 백영서(2002), 왕후이(2003), 강상중(2001)을 참고할 것.

합, 동북아공동체 등에 관한 논의가 이론적 차원에서는 물론이고 정책적 차원에서도 심도있게 논의되고 있다.[3] 한국, 중국, 일본 세 나라의 국제적 위상 및 역할에 초점을 맞추면서 이들 간의 협력적·통합적 관계 구축 및 새로운 지정학적·문화적 정체성을 추구하는 동아시아론은 21세기의 새로운 사회 이론으로서 적지 않은 설득력을 갖는다. 특히, 동아시아론은 탈국가주의와 새로운 지역주의, 반제국주의와 탈식민주의, 평화–인권–상생을 추구하는 사해동포주의(四海同胞主義, Cosmoplitanism)와 같은 탈근대적 이념과 가치 지향성을 강력하게 추구하고 있다.

동아시아의 현실적 역학 관계나 상호 작용의 방식은 매우 복잡하고, 때로는 모순적·갈등적으로 표출된다. 즉, 한중일 세 나라 간의 교류와 교역은 타 지역과의 관계를 능가하고 있으며, 한국 대중문화의 열풍, 소위 말하는 한류, 2002년 한일 월드컵 공동 개최, 중국 유학 및 중국어 학습 열기 등과 같은 문화적 포용의 폭과 깊이도 점차 확대되고 있다. 그러나 중국의 비약적인 경제성장은 이미 기존의 지정학적 구도나 세계경제의 질서에 엄청난 충격을 던지고 있다. 최근 중국은 전통적인 중화사상을 배경으로 문화적 민족주의 혹은 역사적 패권주의를 강력하게 표출하고 있으며,[4] 한국에 대해서는 동북공정(東北工程)이라는 연구 과제를 통해 한국의 자랑이요, 역사적 자존심의 원천이라 할 수 있는 고구려사에 대한 왜곡을 시도하고 있어 그간의 한중 협력 분위기를 급속히 냉각시키고 있다.[5] 뿐만 아니라, 중국은 지

3) 이와 관련된 최신의 논의로 한국동북아지식인연대 편(2004)을 참고할 것.

4) 중국사회과학원은 2003년 6월부터 중화문명탐원공정(中華文明探源工程)이라는 거창한 프로젝트를 주도하면서 중화문명의 시원을 새롭게 정리하여 중국 문명이 세계에서 가장 오래되고 뛰어난 문명이었음을 입증하려고 시도한다.

5) 비록 살아남은 자 혹은 강자가 역사를 자신의 의도대로 재해석하는 것이 비일비재하나, 고구려사의 경우 중국의 위대한 혁명대부 저우언라이(周恩來)가 일찍이 1963년 6월 28일 중국을 방문한 조선과학원 대표단을 만난 자리에서 중국학자들이 대국주의와 쇼비니즘에 입각해 한국 고대사를 왜곡한 사실을 비판했다(「저우언라이총리의 조선관계 대화」, 중국 정부의 발언록 문서에 기록). 현재 한국 측에서는 중국의 역사 왜곡에 대하여 매우 흥분하고 있으나, 앞으로는 치밀하고 객관적인 학술적 증거를 통해 중국과 차분하게 논의하면서 정치적으로 설득해야 할 것이다.

난 월드컵대회에서 한국팀에 대한 비난과 험담을 서슴치 않았으며, 이번 아시안컵 대회에서는 일본팀에게 심한 야유를 퍼부었다.[6)]

중국은 19세기 말부터 사회주의 혁명 이후까지 오랜 세월 죽의 장막에 갇혀 있었기 때문에 과거에 누렸던 대중화(大中華)의 영광은 꿈도 꾸지 못했지만, 이제 명실상부하게 세계의 초강대국으로 발돋움하게 되자 정치문화적으로 민족주의적 통합력과 자존심을 적극적으로 활용하려고 하고 있다. 역사적으로 민족주의는 국가 건설의 초기나, 현재의 중국처럼 국가적 자원의 동원이나 국론과 국내 세력의 통합이 절실한 경우, 지배 세력에 의해 의도적으로 조장되는 경우가 많다. 아울러, 국민들도 경제적 빈곤 상태에서 벗어나 여유를 갖기 시작할 때, 자신의 자긍심을 확인하는 심리적 메커니즘으로서 과거의 전통적 역사로부터 민족주의적 영광을 발견해 이에 열광하는 대리만족을 추구하고자 한다. 이미 의식주 문제를 해결하는 온포(溫飽)단계를 달성하는 데 성공하고, 베이징 올림픽이 끝나면 중산층사회의 꿈을 이룰 수 있는 소강(小康)단계에 이를 것으로 예측되는 현재의 중국사회에서 민족주의적 열기는 애국민족주의 내지 발전적 민족주의의 형태로 당분간 지속될 전망이다(Chang 2001). 중국이 앞으로 중화민족주의를 배경으로 공세적인 유소작위(有所作爲)나 부국강병으로 나아갈지 아니면 평화로운 화평굴기(和平崛起)를 유지할지는 속단하기 어렵다.[7)]

이와 같은 중국의 패권적 민족주의가 계속해 확장될 경우, 한국은 물론이고 일본에서도 이에 대응하는 반사적 민족주의가 발흥하여 심각한 정치적 문제로 비화할 가능성은 얼마든지 있다. 그러나 한편으로 배타적·자기

---

6) 그러나 한국과 중동 국가 간의 시합에서는 한국 팀에게 야유가 쏟아진 것을 감안하면, 이 문제를 반한(反韓) 혹은 반일(反日)감정으로 간주하기보다는 한국과 일본의 축구에 오랜 세월 눌려 온 중국 팬들의 단순한 스포츠콤플렉스의 발로로 해석할 수도 있다.

7) 1954년 저우언라이의 평화 공존 5원칙(주권과 영토의 상호존중, 상호불가침, 상호내정불간섭, 평등과 상호이익, 평화 공존)에 따른 불간섭주의의 틀이 국력 신장과 함께 차츰 변모하고 있는 것은 사실이다.

중심적 민족주의가 발흥하더라도, 다른 한편으로 다원적·관용적 탈민족주의 혹은 세계주의도 동시에 확산되는 사회적 분화가 나타날 가능성이 크다. 경제발전을 포함한 모든 사회발전은 사회적 분화, 즉 사회적 다원화나 이질화를 의미하는 것이기 때문이다.

문화란 그것을 담는 그릇이라는 측면에서 이해하자면 민족, 국가, 역사, 종교, 언어, 영토 등에 의해 규정할 수 있다. 그러나 문화의 담지자로서 가장 결정적인 것은 역시 민족일 것이다. 왜냐하면 민족은 국가의 역사를 구성하며, 종교와 언어를 수용하는 원천적 주체이기 때문이다. 아울러, 민족은 영토를 초월해 존재한다.

그러므로 이 연구의 대상인 한일 간의 문화교류를 논의하려면 양국의 민족주의를 충분히 고려해야만 한다. 예컨대, 오늘날 한일 관계에 여전히 장애물로 작용하고 있는 역사교과서 왜곡 문제, 정신대 문제, 독도 문제 등은 민족국가로서의 한국과 일본에 각각 포진하고 있는 민족주의적 세력들을 통해 끊임없이 재생산되고 있기 때문이다. 일본에서 총리가 신사 참배를 강행하는 것도 일본의 국수주의 세력을 무마하기 위한 것이요, 한국 정부가 느닷없이 친일청산특별법을 제정하겠다고 밀어붙이는 것에도 한국인 고유의 민족주의적 열기를 정치적으로 동원하려는 의도가 있다.[8)]

근대 문명의 정치적 결실인 민족국가체제가 존속하는 한, 민족주의는 국가 간의 문화적 교류를 규정하는 핵심적 변수로 작용할 것이다. 한국, 중국, 일본이 주축을 이루는 동아시아에서 민족주의는 오리엔탈리즘(Orientalism)을 극복하려는 창조적 파괴의 원동력으로 작용하기보다는 여전히 자민족중심주의(Ethnocentrism)라는 비개방적·경쟁적·소모적 에너지로 발산되는 것 같다.

요컨대, 이제부터 우리는 한일 관계의 연구에서 이 연구의 직접적 대상

8) 민족 담론의 최대 생산자는 (국가)권력이라는 사실을 명심할 필요가 있다(임지현 2002).

인 문화교류뿐 아니라 그 전체적인 비전과 방향을 새로운 시대의 조건과 요구에 부응하도록 재검토해야 할 시점에 이른 것 같다. 만약 우리가 구시대적인 규범이나 감각에 의거해 한일 관계를 지속하고자 한다면, 그것은 비현실적일 뿐 아니라, 심지어는 한국과 일본, 양국 모두 전혀 도움이 되지 않는 결과를 초래할 수 있다.

이 연구에서는 기존의 한일 관계를 비판적으로 재인식하여, 한일 문화교류를 지배해 왔던 두 가지 주도적 패러다임, 즉 과거집착형 역사단죄주의와 경쟁적 민족국가중심주의는 지양하는 대신 미래지향형 역사공유주의와 협력적 시민사회중심주의 혹은 탈국가주의·탈민족주의를 지향하면서 동아시아 문화네트워크의 구축을 모색하는 장기적 관점을 전망해 보고자 한다.

II. 한일 문화교류의 재인식

급변하는 시대적 조건과 지정학적 구도 변화를 고려할 때, 21세기 초반 현시점에서 왜 한일 문화교류가 필요한 것이며, 어떤 목표를 가지고 어떤 방향으로 전개되어야 할 것인지 다시 한번 비판적으로 검토해 볼 필요가 있다. 왜냐하면 한일 관계 전체가 〈표 1〉에 제시된 김영호(1998)의 지적처럼 2002년 한일 월드컵 공동 개최를 계기로 새로운 차원으로 진입했기 때문이다.[9)]

이 연구와 관련해 위의 표에서 특히 주목해야 할 내용은 국제적 조건이 '한미일의 대공산권 대항'으로부터 '동아시아 민주주의와 시민'으로의 바뀌

9) 이원덕(2002)도 1990년대의 냉전 종결 이후 국제체제, 동아시아 지역체제, 한국 및 일본의 국내체제라는 네 가지 수준에서 발생한 한일 관계의 근본적인 구조 변화를 지적하면서, 월드컵 공동개최를 통해 동아시아 지역의 지역협력체 또는 지역공동체의 구성 및 실현을 추진하는 데 양국의 선도적 역할을 전망한다.

〈표 1〉 한일 "1965년 체제"와 "2002년 체제"의 비교

	1965년 체제	2002년 체제
세계사 조건	냉전시대	탈냉전, 평화 공존시대
정치적 조건	군사독재, 개발독재	민주시민적 관계
국제적 조건	한·미·일의 대공산권 대항	동아시아 민주주의와 시민
사회경제적 조건	일본의 공급, 한국의 수요	한일 쌍방의 수요와 공급
	일방통행형 경제 관계	쌍방통행 관계
	수직적 분업 관계	수평적 분업 관계
과거사 문제	미청산	청산
관계의 형태	외교적, 경제적 관계	문화적 관계
	기(器)의 관계	도(道)의 수준 교류
경쟁력의 원천	국내 기업체제	우호적 근린국가 관계

고, 관계의 형태도 '외교적, 경제적 관계' 혹은 '기(器)의 관계'에서 '문화적 관계' 혹은 '도(道)의 관계'로 변화한다는 점이다.[10] 동아시아라는 좀 더 거시적이며, 새로운 지역연합·협력의 차원에서 한일 관계를 추구해야 하며, 도구주의적인 정치경제적 이해관계보다는 가치 구현이나 의사소통이라는 문화적 관계가 주축이 될 것이라는 주장은 매우 중요하다. 특히, 한일 간의 문화적 교류가 점차 갈등적인 문화정치나 경쟁적 문화 산업의 대상으로만 축소되어 정치화 혹은 상품화되는 현재의 경향을 감안한다면 우리는 한일 간의 문화교류를 규범적 차원에서 새롭게 재인식해야만 한다.

1998년 4월 김대중 대통령이 "일본 대중문화의 개방에 두려움 없이 임하라"는 지시를 내렸지만, 당시 찬반 여론이 팽팽한 현실을[11] 고려해 정부는 결국 점진적·단계적으로 개방의 수위를 조절하면서 개방정책을 실시해

10) 물론, 이와 같은 한일 관계의 체제적 전환은 객관적 사실에 기초한 측면도 있지만, 규범적 차원에서 요구되는 사실들을 반영하고 있기도 하다.

11) 1985년부터 1995년 사이에 실시되었던 일본 대중문화 개방에 관한 각종 여론조사 결과를 보면, 찬성이 가장 높았던 것은 1995년 2월 문화체육부와 한국갤럽이 공동 조사한 것으로 81.1%였고, 반대가 가장 많았던 것은 1992년 1월 한국여론연구소와 세계일보의 공동조사로 79.3%였으며, 그 다음은 KBS1라디오의 1995년 7월 조사로 66.6%였다. 이상의 자료에서 추측할 수 있듯이, 조사 기관의 설문 내용에 따라 찬반의 정도가 상이하고 시간의 경과에 상응하는 어떤 일정한 변화가 존재하는 것도 아니다.

〈표 2〉 일본 문화개방에 대한 반대론 및 찬성론의 주요 내용

개방 반대론	개방 찬성론
민족 자주성의 약화 및 일본의 영향력 확대(신용하·이지원 1993)	개방은 세계적 추세이므로 단계적 개방으로 국내문화 산업의 경쟁력 제고(김문환a 1994)
일본 대중문화의 선정성과 폭력성에 대한 우려(이시재 1994)	정보통신기술의 발달로 문화적 교류의 인위적인 폐쇄는 불가(이각범 1994)
일본 대중문화의 오염성 비판(정홍택 1994)	일본 대중문화의 폐쇄는 편협한 민족주의의 소산(박정진 1994)
일본만화가 개방되면 국내 만화산업의 잠식(곽대원 1994)	일본만화의 개방은 경쟁을 통해 한국 만화산업의 발전에 기여(김문환b 1994)
일본 영화의 개방은 국내 영화산업의 기반 파괴(주윤탁 1993)	일본영화의 개방은 양국 간 영화산업 협력의 계기(조희문 1994)

오고 있다.[12] 여전히 공식적으로는 개방되지 못한 분야가 있지만, 인터넷을 이용하여 비공식적으로는 필요한 분야를 얼마든지 선택적으로 접촉할 수 있다. 따라서 한일 간의 문화교류는 실질적으로 거의 완전한 개방시대에 진입했다고 해도 결코 과언이 아니다.

그러나 일본 문화 개방에 대한 반대론자들의 주장이 전적으로 철회되었다고 판단해서는 안 된다. 반대의 목소리는 일단 잠복해 있을 뿐이고, 기회가 되면 언제든지 부활해 다시 힘을 발휘할 수 있다.[13] 여기서, 다소 진부하지만, 과거 반대론자의 주요 주장을 〈표 2〉를 통해 고찰해 보자.

반대론의 근거는 과거 일제시대에 발생한 일본의 만행에 대한 적개심과 일본의 태도(역사적 책임 회피, 독도영유권 주장, 군국주의적 망언의 속출 등)에 대한 반일민족주의적 경각심과 아울러 현재 한국 문화의 왜색화 내지 탈국적

12) 적극적·전면적 한일문화개방론자로서 필자(김성국 1999)는 한일 문화교류의 제한 없는 확대를 주장했다.

13) 최근 2004년 8월 28일 일본 극단 시키(四季)는 한국 내 반일감정을 이유로 한국 진출 계획을 포기하겠다고 공식 발표했다. 한국의 공연프로듀서협회가 8월 16일 "일본 극단 시키는 대형 브로드웨이 뮤지컬로 수익을 내려 하기 때문에 한국 진출은 문화교류가 아니라 시장 잠식"이며 "이제 성장 단계에 진입한 한국 공연계에 큰 타격을 줄 것"이라는 한국 진출을 반대하는 성명을 냈다.

화 경향에 대한 우려, 일본 대중문화의 저질성, 폭력성, 선정성에 대한 비판,[14] 한국 문화 산업의 잠식과 파괴에 대한 우려 등이다. 한국의 대표적 민족주의자 중 한 사람인 강만길의 반대론은 이러한 입장을 잘 대변하고 있다.

> 두 나라 사이의 문화교류에는 당분간 일정한 제한이 있어야 하며, 그것은 식민지시대를 겪은 한국 문화의 독자성을 확립하는 기간으로 인정되어야 할 것이다. 왜냐하면 식민지적 독소가 잔존하고 독자성이 충분히 확립되지 못한 한국 문화와의 무제한적 교류는, 문화제국주의적 인식을 가지지 않는 한, 일본을 위해서도 결코 바람직하지 못하기 때문이다(강만길 1998, 21).

일본 대중문화 개방에 대한 반대론에 내재하는 이론적·경험적 문제점은 개방의 조건이 언제 성립할 수 있을지 구체적이고도 설득력 있는 해답을 제공하지 못한다. 왜냐하면 제국주의 비판론은 자본주의체제가 붕괴하지 않는 한 제국주의는 존속할 것이라고 전제하기 때문이다. 나아가, 문화의 교류 및 수용과 관련해, 동도서기(東道西器), 화혼양재(和魂洋才), 중체서용(中體西用)과 같은 주체적·분리적 수용이 과연 가능한 것인지도 매우 의심스럽다. 어떤 문화이든 그 문화를 가능하게 했던 나름대로의 정신적 기반을 갖고 있는데, 이것을 도외시하고 문화가 갖는 기능적 측면만을 떼어 내어 받아들일 수 있는 것인지 그리고 그러한 문화적 수용이 과연 수용하는 문화를 심층적으로 이해하거나 체험한다고 하기는 어려울 것이다(이만열 1999, 30).

문화개방이 급속하게 진전되고 있는 오늘날의 시점에서 과거의 반대론을 되돌아본다면, 그것들이 그야말로 기우에 불과했음을 분명하게 알려 준다. 일본 문화의 개방만이 그 이유는 아니겠지만, 오늘날 한국의 대중문화

---

14) 매우 역설적이면서도 흥미로운 사실은 많은 한국 사람들이 일본 문화를 세계적으로 높이 평가하고 있다는 사실이다. 예컨대, 1995년 2월 공보처가 코리아리서치에 의뢰하여 문화관련 전문가 100여 명을 대상으로 조사한 결과를 보면, 전세계에서 프랑스 다음으로 일본이 문화를 받아들이고 싶은 나라로 선택되고 있다. 남녀 1,000여 명을 대상으로 실시한 한국 문화 정책개발원의 1995년 조사에서도 문화적으로 가장 본받아야 할 국가로서 독일 다음에 일본이 뽑혔다.

가 질적·양적으로 성장해 중국에서 지속적으로 한류를 일으키고, 세계의 주요 영화제에서 수상을 하고, 최근 일본에서 〈겨울연가〉와 '욘사마 열풍'이 불었던 것을 반대론자는 어떻게 설명할 것인가? 일본에서는 공식적인 문화개방 이전부터 한국 문화를 꾸준히 포용했는데 과연 한국에서는 이에 상응하는 분위기가 조성되고 있는가? 적어도 일본에서는 한국의 대중문화에 대한 거부감이 급속히 사라지고 있는 것으로 평가할 수 있다.[15] 물론, 한국에서도 일본의 대중문화는 꾸준히 확산되었기 때문에 과거와는 달리 일본 문화를 왜색 문화라고 폄하하거나 차별하려는 태도는 약화되고 있지만, 일본 문화에 대한 진지하고도 자유로운 수용 태도가 더욱 폭넓게 형성되어야 할 것이다. 적어도 문화교류에 관한 한 일본인의 마음이 한국을 향해 열기기 시작한 것은 분명해 보인다. 그렇다면 이제 한국인이 마음의 빗장을 풀고 문을 열 차례가 아니겠는가?

개방정책에 따른 한일 문화교류의 확산에도 불구하고, 안타깝게도 여전히 과거사 문제로 인해 한국의 일본에 대한 불신과 적개심은 해소되지 못한 채 단단하게 응어리져 있다. 일본 수상의 신사 참배 문제, 일본의 군국주의 혹은 극우 세력에 의한 교과서 왜곡이나 독도영유권 주장 문제, 과거 일본의 제국주의적 침략에 대한 사과와 배상 문제(예컨대, 정신대 문제) 등에 관해서 많은 한국 사람들은 매우 민감하고도, 격렬한 거부감을 지니고 있다. 한일 양국 간에 현실적으로 존재하는 이와 같은 난관들을 어떻게 돌파해 한일 문화교류의 새로운 장을 펼칠 수 있을까?

---

15) 『중앙일보』(2004/09/03, 31면) 도쿄 특파원이 전달하는 내용은 매우 고무적이다. "지금까지 대다수의 일본인은 한국인에 대하여 편견 내지 우월감을 갖거나 아니면 철저히 무관심했다. 그러던 일본인들이 한국인들에게 친근하게 다가서기 시작했다. 5년 전 도쿄에서 유학하던 시절에는 상상하기 어려웠던 장면이다. 일본인들이 왜 이렇게 변했을까? '관심을 갖고 보니 생각보다 훨씬 더 매력적인 나라였다'거나 '그동안 한국을 몰라도 너무 몰랐다'는 '한국 마니아들'의 말은 그에 대한 해답을 준다. 관심을 가지니 애정이 생기더라는 설명이다."

Ⅲ. 한일 문화교류의 새로운 방향

간헐적으로 한일 간에 불협화음이 발생하기는 해도, 한일 관계가 점진적으로 개선되고 있다는 사실을 부정하기는 힘들다. 특히, 문화적·심리적 차원에서 양국은 매우 긍정적인 방향으로 움직이고 있는 것 같다.

한일 월드컵 공동 개최 직전인 2002년 1월에 『조선일보』와 『마이니치 신문』(每日新聞)이 공동으로 실시한 여론조사 결과는 매우 고무적이다. 즉, 일본에 친밀감을 가진다는 한국인은 1995년 26%, 1997년 29%에서 2002년 35%로 꾸준히 증가하고 있으며, 한국에 대해 친밀감을 가진다는 일본인은 1995년 38%, 1997년 48%, 2002년 69%로 비약적으로 증가하고 있다. 2002년의 경우를 연령별로 재분석해 보면, 한국의 경우에는 20대 41%, 30대 32%, 40대 29%, 50대 33%로 20대만이 상대적으로 높은 친밀도를 나타낸다. 반면, 일본의 경우에는 20대 68%, 30대 71%, 40대 71%, 50대 76%로 모든 연령 계층에서 높은 친밀도를 보여 준다. 흥미로운 점은 한국의 20대는 1995년의 36%에서 2002년 41%로 다른 연령층에 비해 가장 큰 폭의 증가를 보였으며, 일본의 20대도 같은 기간에 35%에서 68%로 폭발적인 증가를 나타내고 있다. "월드컵 공동 개최로 인해 한일 관계가 지금보다 더 좋아질 것인가?"에 관해서는 양국인 모두 "좋아질 것"이라고 50%가 응답했다. "좋아질 것"이라는 응답자의 경우, 한국은 1997년에 비해 10%가 증가했지만, 일본은 23%나 급증했다. 한일 관계의 전망에 대한 일본인의 이와 같은 낙관적 태도는 일본 총리의 신사 참배나 교과서 왜곡의 영향과 관련해서도 일관되게 나타난다. 즉, 한국은 "나쁜 영향을 줄 것"이란 부정적 응답(70%)이 "나쁜 영향이 없을 것"이라는 응답(21%)에 비해 압도적으로 많은 반면, 일본은 낙관적 견해(49%)가 비관적 견해(39%)보다 높았다.

이상의 자료가 제시하는 한일 관계의 긍정적 전망을 현실 속에서 구체화하기 위해서는 한국과 일본 양국 모두에게 존재하나, 특히, 한국에서 편향적으로 두드러져 존재하는 구조적 문제점을 극복해 새로운 문화교류의 지평을 발견해야 한다.

1. 과거집착형 역사단죄주의로부터 미래지향형 역사공유주의로

한일 관계를 불안정하게 만드는 근원은 일본제국주의에 의한 조선의 식민지화라는 부정할 수 없는 역사적 사실에 있다. 일부 일본 측 논자들은 이 사실을 대동아공영권의 구축이나 서방제국주의로부터 동양을 보호한다는 동양주의, 대아시아주의, 아시아연맹론으로 합리화했다.[16] 그러나 제국주의 역사는 피해자와 가해자라는 화해하기 힘든 두 집단을 탄생시킬 수밖에 없고, 특히, 피해자는 모멸과 착취의 시간에 대한 적대적 한을 품고 살면서 복수의 비수를 깊이 간직한다. 그리하여 가해자에게 억압과 착취의 역사에 대한 책임을 요구하는 역사단죄주의에 집착하면서 역사의 심판을 기다린다.

불행인지 혹은 다행인지, 역사의 심판은 부재하든지 아니면 결코 공정한 것만이 아님을 역사 자신이 스스로 말해 준다. 피해자가 역사의 범죄를 고발한다 하더라도 누가 역사의 심판관이 될 수 있을까? 승자의 역사로 도배되는 것이 역사의 운명일진대, 피해자의 고발을 공평무사하게 처리할 정의의 심판관은 적과 동지가 수시로 뒤바뀌는 국제정치사회의 어디에서도 구하지 못할 것이다. 그리고 시간이 흘러 갈수록 피해 사실의 절실함과 절박성은 상쇄되기 때문에 피해자는 점점 더 불리한 처지에 빠진다. 피해자로서 한국은 답답하지만 이 점을 분명히 인식해야 한다. 북한과는 달리, 한일 국교정상화를 1965년에 체결한 남한으로서는 더욱 입지가 좁다.[17]

---

16) 주지하듯, 아시아 대한 일본의 침략적 팽창주의는 1890년대 후쿠자와 유기치(福澤諭吉)가 탈아입구(脫亞入口)의 시각에서 조선이나 중국에 대한 서구의 제국주의 방식을 선택한 이후 대동합방론, 대아시아주의 등을 산출했다. 이러한 주장들은 서구나 백인에 대한 종족적 투쟁을 위해서는 여러 가지 측면에서 유사한 특성을 공유하는 일본과 중국 혹은 조선이 서로 단합해 연대해야 함을 역설했다.

그렇다면 이제 피해자 한국이 관용주의에 입각해 문제를 풀 때가 아닐까? 나치에 의한 유대인 학살을 반성하는 독일에 "용서하되 잊지 않는다"는 처리 방식이, 한일 간에는 적용될 수 없을까? 혹은 그 정도로 반성했다면,[18] 이를 용서할 수도 있는 것이 아닌가? 그런데, 더 근원적인 질문은 누가 반성하고 누가 용서한다는 말인가? 전범들은 이미 처벌되어 응분의 죄 값을 치렀고, 미흡하나마 일본 측으로부터 공식적인 사과와 물질적 배상도 있었다. 그리고 벌써 60여 년의 세월이 흘렀다. 사람도 바뀌었고, 세상도 바뀌었다. 이제야말로, 한국에서 더 이상 과거사에 대한 단죄를 일본에 대해 주장하지 말아야 할 시점이 아닐까? 일본 측의 역사의식이 더욱 성숙할 때까지 기다리는 관용과 인내의 시간을 가지면 어떨까? 태평양전쟁을 미화하고, 신사 참배를 당연시하는 군국주의 세력은 일본 정치에 기능적으로 필요한 존재이기 때문에,[19] 한국인들의 염원에도 불구하고, 쉽게 사라지지 않을 것이다. 한국이 모든 일본 사람으로부터 사과를 받겠다는 것이 결코 아니라면, 이들의 존재는, 만약 일본 시민의 다수가 아니라면, 무시할 수도 있을 것이다.[20]

이제 일본과 한국은 과거사의 족쇄로부터 벗어나야 한다. 일제의 식민지

---

17) 1965년 한일협정에서 한국은 일본의 식민지 지배로 인한 재산 피해 보상을 포함해 오늘날의 화폐 가치로 총 100억 달러쯤에 해당하는 원조와 장기저리차관을 받았다.

18) 오래된 자료지만, 일본의 '방송연구와 조사'라는 기관이 "청일전쟁부터 태평양전쟁까지 50년의 일본 역사가 침략전쟁인가"라는 질문으로 1982년, 1987년, 1994년에 각각 조사를 실시했는데, "침략의 역사"라는 응답이 51%, 48%, 52%였고, "어쩔 수 없는 전쟁"이라는 응답은 45%, 40%, 32%로 나타났다(『중앙일보』 2004/08/31, 31면). 응답이 몇 % 수준으로 분포되어야 충분한 반성이 될까?

19) 대부분의 국가정치에서 극우나 극좌 세력이 존재하는 이유는 밑으로부터 이들을 지지하는 세력이 있을 뿐 아니라, 좌우익이 지배하는 이념정치의 긴장 관계나 정상성(Normality)을 합리화 또는 재생산하는 역기능적 기능을 수행하기 때문이다.

20) 교과서 왜곡에 대해 일본의 시민사회가 보여 준 적극적인 대응은 일본의 시민운동을 한 단계 성숙시킨 것으로 평가 받는다(다케오 마야하라, 2001). 현재 침략을 합리화하는 '새로운 역사 교과서를 만드는 모임'이 집필한 교과서를 교재로 채택하는 학교가 증가하고, 채택률이 다소 증가할 전망이지만 여전히 채택률 0.039%, 사용권수 500~600여 권에 불과한 수준이다. 민주주의사회에서는 사상과 출판의 자유가 있는 만큼 한국은 관용주의적 태도로 이 문제에 접근할 필요가 있다.

치하에서도, 긍정적 의미이건 혹은 부정적 의미이건, 한일 협력사는 얼마든지 존재한다. 일제에 의한 한국의 식민지 근대화론도 무조건 배척할 것은 아니다. 식민지라는 공간(조선)에서 그리고 제국의 영토(일본)에서 비록 극히 적은 사례겠지만 조선인과 일본인 간에 존재했던 다양한 협력 관계를[21] 지금부터라도 적극적으로 발굴해야 한다. 한국에서 친일 세력이 존재했듯이, 일본에서도 반제국주의 세력이 존재했다. 한국의 친일 세력과 일본의 군국주의 세력이 결합하고, 한국의 독립운동가와 일본의 반제국주의 세력이 연대해 만들어 낸 역사가 일본과 한국의 역사이다. 그것은 기본적으로 불행한 것이지만, 그 속을 파헤쳐 보면 아름다운 공존과 상생의 역사도 숨어 있다.

나아가, 역사의 구조적 제한성을 지나치게 강조하는 구조결정론(structural determinism)의 시각을 넘어, 미시적 생활 차원에서 전개되는 섬세하고도 유연한 구조형성론(structural constructionism)에 주목해야 할 시점이다. 식민지사회는 일제의 강제에 의해서만 성립되고 지속된 것인가? 조선 말의 온갖 부정부패와 억압 착취는 누구의 잘못인가? 일제강점기 때 적어도 민중들의 수준에서는 일본인과 조선인이 공존했던 사실을 우리는 언제까지 외면할 것인가? 식민지의 회색공간에서 생존했던 조선인들을 친일과 반일의 잣대로만 잴 수 없다는 역사의 하소연을 어떻게 할 것인가? 일본에 대해, 친일에 대해 돌팔매질을 할 수 있는 당당한 후손들이 과연 얼마나 될까?

1945년 해방부터 1965년 한일국교정상화까지의 20년 동안 한국은 일제 잔재를 청산하는 데 실패했고, 20세기가 끝날 때까지도 한편으로는 반일, 극일을 외치고 다른 한편으로는 한일 친선과 협력을 주창하는 양면성을 지녔다. 2004년 갑자기 노무현 대통령은 일본 총리에게 "앞으로 과거사 문제를 제기하지 않겠다"라고 공언하면서도 국내에서는 과거사 청산이라는 명

---

21) 한중일 아나키스트들 간의 반제국주의적 연대(예컨대, 1927년 설립된 상해노동대학과 복건성 농민운동, 1928년에 조직된 동방무정부주의자연맹 등)을 비롯한 사례들이 적지 않을 것이다. 사회주의 계열의 연대도 있었지만, 당시 소련이 철저히 통제하던 코민테른에 의해 주도되었기 때문에 자발성이 다소 결여되었다.

분으로 친일 문제를 들고 나왔다. 만시지탄의 대의명분에도 불구하고, 역사를 정략적으로 이용하려는 것이 아닌가 하는 의구심을 떨치기 힘들다. 어떤 방향으로 귀결이 날지 몰라도, 한가지 분명한 사실은 앞으로는 더 이상 불행한 과거를 들먹이며 현재를 재단하려는 과거집착형 역사단죄주의는 설득력을 얻지 못할 것이다. 피해자였던 한국이 가해자였던 일본을 용서하는 한국의 과감한 책임을 고민할 때이다. 불행한 과거사를 일방의 책임으로만 단죄하지 말고, 서로가 책임을 공유하는 과거 역사 공유 의식과 더불어 새로운 미래를 함께 형성해 나간다는 미래 역사 공유 의식을 동시에 발휘할 시점이다.[22)]

21세기에는 폭력과 억압으로 얼룩졌던 20세기의 불행한 역사를 극복하고, 화해와 상생의 길을 모색해야 한다. 약육강식과 적자생존이라는 20세기 제국주의 역사를 특정 국가나 민족만의 원죄로 낙인찍기보다는 역사의 모순, 시대적 불가피성, 그리고 세상과 삶 자체에 내재하는 한계와 부조리라는 관점에서 고통스럽지만 용감하게 수용하고 이해하는 가운데서 우리는 21세기를 서로 힘을 합쳐 새롭게 형성할 수 있다는 자신감과 상호 신뢰를 축적할 수 있을 것이다. 마찬가지로, 조선의 식민지화도 일본의 야만적 침략 행위로만 귀착시키지 말고 당대 자본주의 세계체제의 제국주의적 필연성과 이에 적절히 대응하지 못한 조선 지배층의 부패와 무능력 그리고 친일 세력의 등장이라는 내적 측면도 철저하게 비판해야 한다.[23)] 외생적 구조의 문제와 아울러 내생적 주체성의 문제를 균형 있게 인식함으로써 한국은 과거에 집착해 역사를 단죄하려는 유혹과 타성으로부터 벗어날 수 있다.[24)]

---

22) 2002년 아사히신문과 중국사회과학원 공동조사에서는 "과거사에 대해 일본이 힘을 기울여야 할 것"이란 질문에 일본인의 13%가 "진정한 사과"라고 응답했으나, 67%는 "과거에 얽매이지 않는 새로운 관계"라고 대답했다(『중앙일보』 2004/08/31, 31면).

23) 조선의 식민지화를 생각할 때마다 떠오르는 정약용의 절규, "그윽히 생각컨대 털끝만큼 작은 것이라도 병들지 않은 것이 없으니 지금 이를 고치지 않으면 반드시 나라가 망하고 말 것입니다"는 조선의 역사적 비극을 일본제국주의의 책임으로만 결코 전가할 수 없는 우리 자신들의 내적 책임론을 통감케 한다. 나아가, 구조주의적 역사관에 따르면 국가나 지배자를 포함한 집단과 인간들이란 역사의 주체가 아니라 한낱 꼭두각시에 불과한 것이 아닌가.

24) 한국인의 협소한 역사 인식 경향은 김용직에 의해 '오지사고'(奧地思考)로 개념화되었다. 19

다시 한번 강조하지만, 역사는 어느 영웅이나 미치광이가 혼자서 만드는 것이 아니다. 식민지시대의 모든 조선 사람들이 항일투사가 될 수 없었듯이, 일제하의 일본인들 모두가 약탈적 제국주의자는 아니었다. 이와 같은 역사의 역설을 슬프지만 겸허히 수용해, 역사에 대한 책임을 상대방에게 전가하는 대신에 함께 공유하고자 노력할 경우에만 일본과 한국은 성숙한 역사의식으로 21세기의 밝은 미래를 지향할 수 있을 것이다.[25] 역사를 어느 한 쪽의 잣대로 판단하기보다는 여러 시각에서 관용적으로 이해할 때가 된 것 같다.

2. 경쟁적 민족국가 중심주의에서 협력적 탈국가주의·시민사회 중심주의로[26]

역사는 민족과 국가 혹은 민족국가의 역사로서 학생들에게 교육된다. 소위 말하는 (너와 내가 속한) 국가의 역사, 즉, 국사로서의 역사는 민족국가의 찬란한 형성과정과 위대한 업적을 발굴하고 선양하기를 좋아한다. 그러므로 한국에서는 조선의 식민지화 같은 망국의 역사는 치욕의 역사로서 길이 기억되어야 하며, 가능하다면 이 한을 풀어야 한다는 과제를 후손들에게 은근히 종용한다. 역으로, 일본에서는 동아시아를 제패한 위대한 정복의 역사는 일본이라는 조국의 위대함을 확인시키는 사실이며, 생존경쟁을 위한 국

세기 조선 주변에서 형성된 낮은 수주의 세계 인식 태도를 지칭하는 이 개념은 세계 인식의 타율성, 중심 문화의 일변도 수용, 국제정치의 형식적 측면 치중, 중심 세력에게 책임을 전가하는 태도 등을 강조한다.

25) 박찬승(2004, 462)은 역사교과서 문제에 대해 "민족주의적 주술로부터 해방"을 강조하면서 한중일의 역사 인식 공유를 제안한다. 역사공유주의는 역사 왜곡과 관련된 교과서 파동을 "한국 대 일본의 국가 이익의 대립"이라는 관점에서 접근하는 것이 아니라, 국가를 뛰어 넘어 "범인류적, 시민적 가치의 추구"라는 차원에서 풀어 나가야 한다(이원덕 2002, 103).

26) 이 연구에서는 탈국가주의를 위계서열적 지배성, 관료적 경직성과 획일성, 질서우선의 규제성, 국민국가단위의 폐쇄성을 탈피해 자유연합의 자율성, 유목주의적 유연성과 다양성, 자유우선의 해방성, 세계시민사회의 개방성을 추구하는 경향으로 규정한다. 탈근대주의가 추구하는 주요 속성의 하나로서 탈국가주의를 포함시킨다. 더 상세한 논의는 김성국(2004, 26-60)을 참고할 것.

가 간 투쟁이 끊임없이 존재하는 현실에서는 부국강병을 위한 힘의 논리란 불가피할 뿐 아니라 필수적이라는 주장이 설득력을 얻으며 재생산된다.[27)]

일본과 한국에서는 역사적으로 국가중심주의의 뿌리가 길고도, 깊을 뿐 아니라, 그 강도 또한 매우 높다. 최근까지도 개인주의(individualism)가 제대로 인정받기 힘든 곳이 일본과 한국이 아닌가 생각한다. 일본에서는 극우세력, 국수주의자 혹은 군국주의자들이 국가중심주의의 이념을 단단하게 수호하는 반면, 분단구조를 극복해 통일국가를 완성해야 한다는 절대적인 당위성이 지배하는 한국에서는 좌우파를 막론하고 민족주의자들이 핵을 이루어 반만년의 찬란한 역사를 내세우면서 국가의 자주성과 존엄성을 열렬하게 지키고자 한다.

그러나 국가중심주의는 자민족중심주의와 마찬가지로 배타적·폐쇄적·공격적 속성을 가진다. 국가의 기원과 본질 자체가 폭력을 통한 경쟁적 세력의 제압에 있으므로 끊임없이 인접 국가를 경계하고, 호시탐탐 기회를 노리며, 필요하다면 타국에 대해 의도적으로 갈등과 긴장을 유발해 자국민을 동원하거나 자국 내의 반대세력을 무력화시키고자 한다. 한국과 같이 일본에 대해 한을 품고 있으며, 현실적으로 다소 낙후된 상태에 있는 국가는 피해 의식이나 열등의식을 보상할 수 있는 적절한 배출구를 찾고자 한다. 한일 간에 축구시합이 있을 때마다 한국의 관객들이 열광하는 것에도 이와 같은 심리적 메커니즘이 작용하지 않을까?

지구화의 시대를 맞이해 이제 우리는 국가 혹은 민족이라는 상상의 공동체로부터 해방될 필요가 있다. 5천년 아니 반만년의 찬란한 역사라는 사실이 갖는 본질적 의미가 무엇인지 심각하게 고민해 본다면 그 허구의 상상

---

27) 독서계를 중심으로 여전히 알렉산더대왕, 징키스칸, 나폴레옹 등의 침략자가 영웅으로 미화되어 세계의 청소년들에게 널리 학습된다는 사실은 많은 사람들의 심층에 존재하는 강력한 지배욕구과 공격 심리를 충족시키기 때문이 아닐까? 일본의 군국주의자들이 전범을 전쟁 영웅으로 경배하는 것도 어쩌면 군집동물로서 인간의 원초적 본성에 축적된 지배적 권력 욕구의 표현일지도 모른다.

이 초래하는 신비한 마력에 새삼 놀랄 것이다. 전쟁과 살육, 착취와 기아, 억압과 모멸, 부정과 부패로 고통을 당한 민중의 처절한 삶 위에서 민족의 찬란한 역사가 허울 좋게 폼을 잡고 있는 것이 아닐까?

민족국가는 사회성원을 국(가의 인)민이라는 틀 속에 규정해 사회질서의 유지라는 명목으로 개인적 자유와 자율성을 부단히 침해하고, 시민권이라는 보호막을 제공하면서 비국민 혹은 비시민권자의 인권을 합법적으로 무시하는 처사를 방조 내지 묵인한다. 오늘날 강대국과 약소국, 선진 부국과 후진 빈국의 국민 간에 존재하는 엄청난 간극과 불평등은 국가라는 차별적·배타적 장벽이 만들어 내는 모순의 결과이다. 기득권을 수호하거나, 새로운 기득권을 만들어 낼 뿐인 국가는 독점적 권력 지배를 기초로 해 작동하는 기구인 만큼 결코 일반 시민들이 요구하는 개인적 자유와 사회적 해방을 용인하지 않는다. 국가의 실패와 비정당성 그리고 비효율성이 확연해진 오늘날에도 여전히 국가의 지배자는 대중의 무지와 무관심을 활용해 위계서열적·관료적·획일적 지배 양식을 유지하고자 하지만, 거세게 밀려오는 탈국가주의적 물결을 막을 수 없다.

한국과 일본 간의 문화교류도 국가적 수준에서의 공식적이고 자기과시적인 문화선전으로 경직화되어서는 안되고 일반 시민들 간의 자연스럽고, 일상적인 상호 작용으로 확산되어야 한다.[28] 이를 위해서는 기존의 국가주도형 혹은 국가개입형 문화교류는 최소화시키는 반면 시민사회의 각 주체들이 자발적으로 참여하는 비공식적이고, 소규모의 문화 접촉이 다양한 문화 활동을 매개로 해 이루어져야 한다. 특히, 미래사회의 주역이 될 청소년들은 일찍부터 빈번한 상호접촉을 통해 정서적 친밀성과 연대감을 쌓을 필요가 있다. 아울러 지역, 학교, 직장, 단체를 단위로 해 소규모의 집단들이 상호 방문하는 프로그램을 개발해 상호 작용의 폭과 넓이를 꾸준히 확대할

28) 1990년대 이후 정부 차원 혹은 정치인간의 한일교류 채널이 약화된 것과는 대조적으로 시민사회나 지방자치체 간의 교류는 비약적으로 증가했다(조규철 2001).

필요가 있다.

교육기관에서는 상대방의 문화를 객관적으로 혹은 긍정적으로 이해시키는 교과목을 개발해 학생들을 가르쳐야 한다. (영어를 공용어로 하는) 국제학교를 다양한 형태로 운영해 한국과 일본의 청소년들이 생활공동체 및 세대공동체의 경험을 밀도 있게 공유할 수 있는 기회를 적극 모색해야 한다. 문화교류의 목표는 상대방의 고급문화를 긴 학습을 통해 전문적으로 습득하는 것이기보다는 일상적 삶에 배어있는 생활의 멋이나 풍취를 자연스럽게 체험해 음미할 수 있는 감수성과 이해심을 고양시키는 데 있다.

이처럼 문화교류의 탈국가주의화를 주도하는 데 가장 핵심적인 전략은 교류의 주체로서 국가의 대리인들(예컨대, 저명 인사나 관변 집단 등)을 대신해 시민사회단체(넓은 의미의 NGO)에 소속된 다양한 일반 시민들이 참가하는 것이다. 현재에도 이미 크고 작은 단위의 시민단체들이 정기적으로 혹은 부정기적으로 한일 간의 교류를 통해 친선과 정보교환을 중심으로 국제적 연대 활동까지 시도하고 있다. 즉, 한국의 현안 과제인 교과서 왜곡 문제부터 탈북자 지원이나 정신대 피해 여성과 같은 인권 문제에 이르기까지 폭넓은 교류가 이루어지고 있다.

나아가, 문화교류는 문화적 하부구조가 제대로 구축되어 있으며, 교류의 경제적 기반을 구비한 대도시의 주민들을 중심으로 먼저 시작되겠지만, 점차 다른 지역 단위로도 확대되어 중소 도시는 중소 도시끼리, 마을은 마을끼리, 농촌은 농촌끼리, 어촌은 어촌끼리, 도서지역은 도서지역끼리 각각의 공통된 특성을 기반으로 다양하게 지역적인 연결을 모색할 필요가 있다.[29] 지역 간의 산업적, 인구학적 유사성으로 인해 교류를 통한 정보교환이나 상호 관심 및 이해의 폭이 매우 넓을 것이다. 한일 간에 존재하는 수많

29) 국민국가 중심의 지역적 상징인 수도들 간의 연합, 예컨대, 베이징-서울-도쿄(BESETO)과 대립각을 세우면서 2002년에 개최된 인천-상하이-요코하마의 도시회의는 의미있는 출발이 된다. 앞으로, 부산-상하이-오사카, 울산-창춘-나고야, 광주-교토-난징 등과 같은 무수한 도시 네트워크가 구축되어야 한다.

은 지역 간 자매결연 관계를 더욱 활성화해 주민들이 적극 참여할 수 있는 개방적이고도 흥미로운 프로그램을 많이 개발하고 아울러 교류의 최대 어려움이라 할 수 있는 의사소통 혹은 통역 문제, 교통비 및 숙식비를 포함한 여행 경비 문제 등을 완화시킬 수 있는 지역자체의 자립적 수단을 제도적으로 강구해야 한다.[30)]

지금까지 한일 문화교류의 주축은 소위 말하는 한국이나 일본의 전통문화나 대중문화를 중심으로 하는 문화예술 및 학술 분야 종사자들 간의 교류이었다. 그러나 오늘날 문화의 개념이 일상적 삶의 영역으로 널리 확대되고 있으며, 일반 보충 설명자들이 문화의 주체로서 적극 등장하기 때문에 일반 시민 간의 생활 체험적 교류는 그야말로 기층적 네트워크를 형성해 앞으로 한일 간의 문화교류 활성화는 물론이고, 한일 관계 전반의 안정화와 정상화에 크게 기여할 수 있을 것 같다.

사실, 지금까지의 한일 관계는 그 겉으로 드러난 명분에도 불구하고 내면적으로는 첨예한 정치적 이해관계나 경제적 득실을 추구하는 집단들에 의해 적극적으로 활용되었다고 볼 수 있다. 최근 일본을 강타한 〈겨울연가〉와 욘사마의 열풍도 관광산업이나 영화산업의 진흥이라는 측면에서 접근할 수 있다.[31)] 물론, 문화의 상품화 혹은 산업화는 이미 오래전부터 지속되어 온 후기 자본주의적 메커니즘이기 때문에 문화교류의 정치경제학을 비판적으로만 인식해서는 곤란하다. 다만, 한일 문화교류에는 항상 정치적·경제적 민감성 혹은 시한폭탄을 깔고 진행되는 구조적 불안정이 여전히 지배하기 때문에, 문화교류에서 성급한 실리주의나 이해타산적 접근은 장기적 관점에서 보았을 때 결코 바람직한 방식이 아니다.

그러므로 평등하며 비영리적이고 호혜적 관계를 모색하는 비정부조직

30) 한일 간에 지방시민사회 교류네트워크를 구축하는 것도 하나의 방안이 될 것이다(김성국 2002).

31) 〈겨울연가〉와 '욘사마'의 경제 효과가 2005년까지 대략 2,000억 원에 달한다는 분석이 있다. 배용준을 문화상품화하는 전략이 배용준 매니지먼트사인 BOF에 의해 추진 중이다.

(NGO) 혹은 비영리조직(NPO) 간의 일상적이며, 복잡하지 않은 교류가 활발하게 이루어진다면, 거창한 역사문제나 정치경제적 현안이 일반 시민들 간의 소박하나 진실이 담긴 상호 의사소통 체계를 과거처럼 손쉽게 조작하거나 왜곡시킬 수 없을 것이다. 밑으로부터, 시민사회가 주도하는 한일 문화교류를 통해 국가주의적 경직성과 이해타산을 억제하고, 상호인정과 관용 그리고 협력이라는 새로운 차원을 개척할 수 있을 것이다. 인권과 평화 그리고 환경과 생태 보호와 관련된 문제를 중심으로 한국과 일본의 시민사회는 여러 구체적인 분야에서 서로 협조할 수 있을 것이다.[32)]

문화교류의 탈국가주의화 혹은 시민사회중심적 접근은 결코 국가와 시민사회가 배타적으로 경쟁하거나 대립하는 것을 전제로 하지 않는다. 국가, 시장, 시민사회는 다양한 수준에서 나름대로의 독자성을 가지고 참여하되, 시민사회의 자발성과 공익성 혹은 비당파성이 문화교류의 핵심적 가치로 수용될 수 있는 협조적 관계로 조정되어야 한다. 다만, 시대의 변화에 부응해 문화교류의 핵심적 축도 국가로부터 시민사회로 이전되어야 한다.

3. 동아시아 문화네트워크 구축을 향하여

한일 관계는 이제 한국과 일본이라는 두 직접적 당사국의 입장에서만 전개될 수 없는 상황에 이르렀다. 우리는 이미, 엄청난 세계화의 물결로 인해 개인의 삶도 세계적 수준에서 규정되고 영위되는 시대에 살고 있다. 나아가, 기존의 영토적 주권에 입각한 국가주의는 인터넷의 눈부신 활약으로 자신의 정치적 정체성이었던 국경이라는 낡고 좁은 경계표지의 효력을 급격히 상실하고 있다. 탈국가주의화의 시대적 추세에 따라서 지방화, 지역화

32) 예컨대, 한국의 환경단체나 대학생들이 일본 해안에 밀려간 한국의 쓰레기를 치우는 일을 하거나, 양국의 향토사 애호가들이 자신의 고장에 존재하는 한일 협력사를 공동 발굴하는 것도 주요한 의미를 가질 것이다.

등의 반사적 작용이 새로운 지정학적 구도 변화를 초래하며 강력하게 부상하고 있다.

한때 일본이 화려하게 세계적으로 도약하자 태평양시대가 도래할 것이라는 예언이 설득력을 얻었다. 그런데 최근에는 중국의 폭발적인 급성장과 함께 동아시아시대가 구축되고 있다는 사실에 주목하게 만든다. 일본은 비록 지난 10년간 경기불황의 긴 터널을 통과했지만 그 저력을 발휘해 활력을 되찾고 있다. 한국도 IMF라는 위기를 맞이한 후 최근 성장의 잠재력이 한계에 도달한 것 같은 상황을 보여 주지만 여전히 역동적이고 강력한 성취동기를 간직하고 있다. 중국, 일본, 한국을 주축으로 하는 동아시아는 정치, 경제, 문화의 측면에서 전 세계적으로 주요한 영향력을 행사하고 있다. 여기에 대만, 싱가포르, 베트남, 몽골을 포함시키고, 인도네시아, 말레이시아, 태국와 같은 동남아시아 국가들까지 고려한다면 동아시아라는 존재는 그 힘을 긍정적으로 결집시킬 경우 가공할 위력을 발휘할 것이다.[33]

비록 동아시아라는 범주에 대한 지닌 여러 가지 논란에도 불구하고, 그것은 21세기 초반 세계사의 역사구조적 변화를 명료하면서도 적절하게 설명해 낸다. 주지하듯, 동아시아의 중국, 한국, 일본, 대만, 싱가포르, 베트남, 몽골은 유교 문화, 불교문화, 한자문화를 공유하는 역사적 전통과 이에 따른 유사한 가치관 및 감수성을 축적한 독특하면서도 강력한 지정학적 집단이다. 지난 몇 세기 동안 서구는 근대적 합리주의, 즉 근대주의를 확장시키면서 국가체제나 자본주의체제를 발전시키고, 과학기술혁명을 선도하면서 나름대로 인류의 발전에 공헌을 했지만, 이와 동시에 제국주의적 착취와 불평등 그리고 전쟁을 초래해 인간성의 소외를 비롯해 인간사회를 파괴하는 잔인한 폭력성을 드러냈다. 마침내, 서구의 문명 혹은 문화적 가치는 이제 막다른 골목에 도달했고, 선지자들은 오래 전부터 새로운 대안의 원천을 동

---

33) 한국, 중국, 일본의 세 나라에는 유럽연합 인구의 4배에 달하는 16억 명이 살고 있으며, 전세계 생산의 5분의 1이 이루어진다.

양으로부터 발견하고자 한다.

동아시아의 형성 배경 및 존재 의의는 탈서구중심주의 혹은 탈근대주의, 그리고 탈국가주의라는 시대사적 요구와 결부시켜 이해할 경우에만 그 본질적 의미를 포착할 수 있다.[34] 그간 동양사회는 서구가 만들어 낸 오리엔탈리즘이라는 시각에 의해 편향적으로 이해되어 왔다. 문화제국주의 혹은 자민족중심주의가 초래할 수 있는 온갖 왜곡이 아시아 문화를 대상으로 이루어졌다. 그 결과 후발국가인 동아시아에서는 한때 일본처럼 탈아입구(脫亞入歐)를 지향하거나, 아니면 자신들의 고유한 전통문화를 비서구적-전근대적·비합리적·주술적 문화라고 부정하거나, 비하하는 일련의 문화 비판운동이 전개되기도 했다.[35]

이상과 같은 서구 문화의 동아시아 지배라는 일방적 문화 교류는 문명충돌론이 현실적으로 발생하고, 동아시아 지역이 새로운 문화적 정체성을 추구하기 시작하면서 전도되기 시작한다. 어떤 면에서는 가장 근대화·서구화·세계화되었다고 간주할 수 있는 일본조차 독자적인 문화대국을 지향하고, 자신들의 고유한 문화적 색깔과 멋을 강조하면서 서구 문화와의 차별성을 점차 뚜렷이 부각시키고자 한다. 특히 일본에서는 종교적으로 서구의 기독교가 거의 미미한 세력을 형성해 사회적 영향력을 전혀 갖지 못하므로 어떤 본질적인 정신적 측면에서는 가장 비서구적이며, 일본적인 요소를 가장 잘 간직하고 있는 사회로 규정해도 무리가 아닐 것이다. 한국에서도 최근 미국 주도의 세계화에 대한 반대의 목소리가 높아지고 반미분위기가 고조

---

34) 최근 경제사가들[예컨대, 프랑크(2003)]은 서구중심주의적 역사관·세계관을 비판하면서 동아시아의 복권을 시도한다. 최원식(2004, 15-17, 23-24)도 동아시아론의 핵심을 탈국가·탈민족주의, 반패권주의와 주변적 시각, 평화주의와 사해(동포)주의 등으로 규정한다. 참여정부가 한때 내세웠던 한국의 동북아 중심 국가론은 근대적 국가주의의 틀에 집착한 결과이다. 동아시아론에 있어서 탈국가주의적 관점을 제시하는 논의로서 최원식(2004), 조성환(2004), 이희옥(2004) 등을 참고할 것.

35) 물론, 19세기 말이나 20세기 초 서구의 제국주의적 문화 침투가 확산되자 이에 대한 반응 양식으로 국수주의적 전통문화 보전 내지 재창조운동과 함께 동도서기론과 같이 서양의 기술과 동양의 정신을 절충, 조화시킨다는 균형론 내지 타협주의론도 등장했다.

되면서 서구적인 것에 대한 일방적 추종은 급속하게 약화되고 있다.[36] 중국도 자본주의적 시장경제를 도입하고 있지만, 문화적으로는 전통적인 중화사상의 틀을 견고하게 유지·확장하고 있다.

사실, 역사적으로 동아시아는 오랜 세월에 걸쳐 밀접한 상호연관을 맺으며 형성되어 왔다. 정치군사적으로 충돌과 갈등이 적지 않았으나, 적어도 문화적인 차원에서는 상대적으로 더 우호적이며, 긍정적인 차원에서 상호교류가 지속되었다. 전통적인 유교 문화는 중국과 한국이 일본에 영향을 주었다면, 근대 문화는 비록 강제적인 것이었지만(특히, 한국에) 일본을 통해 전파되었다.[37]

동아시아라는 지정학적 역학 범주와 문화적 공유체계에 대한 관심은 탈국가주의적 유럽연합의 급속한 진전과 함께 더욱 중요성을 갖게 된다. 유럽연합의 경우, 경제발전 수준 및 국력의 차이, 종교, 언어, 민족의 차이, 민주화 수준 및 시민사회 성숙도의 차이에도 불구하고 유럽이라는 역사문화적 공유성과 지리적 인접성을 기반으로 대담한 실험을 시도한다. 상호 간의 오랜 분쟁과 갈등, 반목과 질시에도 불구하고 하나의 정치-경제-문화연합체를 형성하려는 진정한 역사적 배경은 무엇일까?

19세기와 20세기를 통해 확인된 국가의 실패를 극복하고, 세계화의 추세에 적극적으로 대응할 수 있도록 유럽세계를 형성해 자신들의 새로운 정체성과 역할을 모색하려는 것이 유럽연합[38]의 성공적인 형성 동인이 아닐

---

36) 한국이 동북아시대 혹은 동북아공동체를 조성하는 데 유리한 입장에 있으므로(김원배 2003; 강상중 2003; 이희옥 2004) 초기 단계에서 선도적 역할을 수행할 수는 있겠지만, 기회주의적으로 어떤 중심적 역할이나 지위를 차지하고자 해서는 곤란하다.

37) 식민지시대의 문화 발전에 대해서도 탈민족주의적 관점에서 더욱 적극적인 해석을 시도할 필요가 있다. 현재 북한이 민족(주체)주의의 이름으로 북한사회를 전근대적 억압 문화의 철책 속에 가두어 놓고 있는 것과 일본제국주의의 식민지문화를 통해서나마 근대화를 체험한 것을 어떻게 비교, 평가해야 할지도 고통스런 작업이 되겠지만 회피할 수 없는 과제이다.

38) 1992년에 출범한 유럽연합은 "국가주의의 외연 확장을 의미하는 경제블록으로보다는 탈근대 지역공동체라는 복합형 문명의 모델", 다시 말해 "국가의 우위를 상대화시켜 광역화와 지방화를 동시에 진작시키는 현실적인 변화의 힘과 함께 주권의 공유로 이해되는 새로운 단위체제로

까? 그렇다면, 아마도 조만간 미국도 어떤 형태로건 이에 대응하는 더 통합적인 지역공동체를 구축하고자 시도할 것이다.[39)]

지역연합체의 가장 중요한 구심력은 현실적으로 수많은 난관이 존재하는 정치경제적 상호협력이라는 목표보다는 당분간은 의사소통 체계를 상호 개방하고 확장하는 문화적 교류에 의해서 견인될 것이다. 그리고 이와 같은 교류는, 다시 한번 분명히 강조하지만 개별 국가수준에서 공식적으로 혹은 제도적으로 추진되는 것이 아니라, 각 시민사회의 주체들이 자발적으로, 자연스럽게 참여하는 상호 작용에 의해서 주도되어야 한다.[40)]

이상과 같은 세계체제상의 일대 변혁을 고려할 때, 한국, 중국, 일본에 있어서 동아시아 지역연합체·협력체의 형성 또한 불가피한 선택이 아닐 수 없다. 그리고 그 첫 출발점이 동아시아의 문화네트워크 구축이어야 한다는 점 또한 분명하다. 바로 이러한 이유 때문에 한일 간의 문화 교류도 한국과 일본 간의 문제로만 국한해 이해할 것이 아니라 한 차원이 확대·고양된 동아시아 문화네트워크의 구축이라는 관점에서 접근해야만 한다.

그러나 우리의 현실은 여전히 이율배반적이다. 한중일 삼국은 한편으로는 관광객과 유학생 그리고 문화단체를 중심으로 다양한 문화 교류를 지속하고 있지만, 다른 한편으로는 과거사의 왜곡과 반성 문제와 과도한 축구·스포츠민족주의로 인해 진정한 의사소통적 문화 교류는 이루지 못하고 있다. 이미 지적했듯이, 여기에는 일종의 악성 메커니즘이 작용한다. 즉, 과거 역사를 현재의 국가 통치에 활용하려는 '역사의 정략화' 메커니즘이다. 과거의 불행한 역사는 부관참시하듯 끊임없이 재생산해 적개심을 조장하고,

---

의 변형모델"로 간주해야 한다(조성환 2004, 213).

39) 현재의 북미자유무역협정(NAFTA)보다 훨씬 강력한 연합체다. 이와 같은 추세는 중미, 남미, 아프리카, 이슬람 지역 등등으로 확산되어 새로운 지역주의에 입각하는 다양한 지역연합체, 예컨대, 동남아국가연합(ASEAN), 남미공동시장(MERCO-SUR)을 모색하는 전기를 제공하고 있다.

40) 현재 동북아시민사회포럼, 동아시아 평화와 인권을 위한 연대, 동아시아 평화포럼, 한일 시민사회협의체, 동아시아 대기보존망 등의 조직이 구성되어 있다.

영광스런 역사는 침소봉대해 우월의식을 고취시켜 현재의 정치적 지배를 합리화하는 역사의 동원 전략을 필요할 때마다 구사하기 때문이다. 역사가 현재를 지배하면 미래가 어두워진다는 진실을 일반 시민들이 철저히 각성할 필요가 있다. 50년 이상이 지난 불행한 역사를 그간 제대로 청산하지 못한 한국과 중국의 책임과 그 불행한 역사를 제대로 반성하지 않는 일본의 책임은 전적으로 국가지배자들에게 있다. 일반 시민들은 이들이 제공하는 왜곡된 정보의 희생자이거나 국가주의의 신화에 빠져있는 폐쇄적·배타적 민족주의자일 뿐이다.

동아시아 문화네트워크는 국가주의적 폭력성과 민족주의적 배타성을 철저히 거부해야 한다. 대신, 일상적 친밀성과 다원주의적 정체성을 꾸준히 추구해야 할 것이다. 이념적으로, 동아시아네트워크는 국가주의에 기반을 두는 주권이나 시민권보다는 동아시아 지역민의 인권이라는 평등주의적 질서에 더 큰 관심을 쏟아야 한다. 외국인 노동자의 문제, 소수민족 및 소수인종의 문제, 극빈자와 장애인 등에 대한 물질적 관심과 더불어 이들의 문화적·심리적 특성에 대한 배려를 더욱 확대해야 한다. 소수자와 취약자에 대한 관여적 혹은 참여적 개입을 통해 동아시아 문화네트워크는 현대사회가 절실히 필요로 하는 사해동포주의로 한걸음 나아갈 수 있다.

사해동포주의를 실현할 수 있는 가장 효과적인 방안의 하나로 동아시아가 모국어 외에 영어를 제2외국어로 채택해 공식 교육으로 이를 학습시켜 모든 국제적 교류에 있어서 영어를 공용어로 사용할 것을 제안한다. 사해동포주의의 기반 구축을 위해서는 무엇보다도 사람들 간의 의사소통이 필수적 전제조건인데 현재와 같은 수많은 개별 언어를 가지고는 일반 사람들 간의 원활한 의사소통은 불가능하다. 왜 영어냐 하는 문제는 현실적으로 가장 많이 통용되기 때문이고, 영어·언어제국주의의 문제가 초래하는 피해보다는 언어적 공유성에 의한 의사소통적 효과가 훨씬 클 것으로 전망한다. 어쩌면 이중언어정책으로 가장 불리하게 될 지역은 영어를 모국어로 사용하는 곳이 될지 모른다. 한중일의 문화 교류에서도 고비용의 불편한 통역 대신에 영어로 당사자 간의 직접 대화가 훨씬 효과적이다. 현재 외국어 능력은 대부분의 경우 고학력자 혹은 전문지식인의 전유물이라는 점도 지적하고 싶다. 어차피 현대인은 다원적 혹은 다면적 정체성을 갖게 될 것이므로 이중언어에 따른 문화적 혼란에 빠지기보다는 문화적 다양성을 즐길 수 있을 것이다.[41]

동아시아 지역연합은 결코 지역이기주의에 안주해서는 안된다. 그것은 또 하나의 제국주의, 즉, 지역제국주의로 변질될 가능성을 철저히 봉쇄해야 한다.[42] 요컨대, 동아시아 문화네트워크는 한국과 일본을 비롯한 동아시아의 사람들이 불가분리와 불가양도라는 근대적 정치주권의 개념에만 집착해 국가체제의 정체성을 고집하는 것이 아니라,[43] 동아시아라는 문명체 혹은 문화복합체에도 정체성을 가지며, 자신이 속해 있는 친밀한 삶의 일상적 공간인 지방·지역에 대해서도 정체성을 느낄 수 있도록 만드는 일종의 "다원적·혼성적 정체의식"(이용희 1994, 280)을 생성시킬 것이다.[44] 이러한 "혼성적 정체성"은 시간적으로는 과거와 현재, 동양적 전통과 서구적 근대가 혼재하며, 공간적으로는 한류(韓流), 화류(華流) 또는 한류(漢流), 일본 문화가 상호 공존하는 잡종의 특성을 가진 동아시아에서 '화이부동(和而不同)의 문화적 공동체'를 상상할 수 있는 기반이 될 것이다(이희옥 2004, 349-350).

---

41) 물론, 영어를 통해 의사소통 체계를 구축하면 당연히 내밀한 상호이해가 어려워진다(공성진 1999, 219; 백원담 2003, 201). 이 점은 (예컨대, 에스페란토와 같은) 만국어를 사용해도 마찬가지이다. 필자는 점차 영어가 일반 시민수준에서도 세계어로 정착되어 나갈 것으로 전망한다.

42) 일찍이 1920년대에 중국 5·4운동의 지도자요, 공산당을 창당한 리다자오(李大釗)는 일본의 제국주의적 대아시아주의론을 거부하고, 인도주의와 세계주의의 입장에서 신아시아주의를 주장했다.

43) 주권의 독점 대신에 주권의 공유가 추구된다면 시민권이라는 제한적 권리 대신에 범지역적으로 확대된 인권 혹은 시민권의 공유가 실현될 수 있다. 물론, 여기에는 문화복지나 문화민주주의에 대한 문화적 시민권도 당연히 포함된다.

44) 동아시아론을 지방분권과 긴밀히 결합해(최원식 2004, 19) 지방자치시대를 확보하는 작업도 필수적이다.

IV. 결어

21세기 인터넷시대에서 문화 교류의 의미는 무엇일까? 이미 국경을 초월해 다양한 형태의 문화 교류가 이루어지고 있는 현실에서 기존의 문화 교류는 재인식의 대상이 되지 않을 수 없다. 이 연구를 통해 한일 간의 문화 교류는 기존의 과거집착형, 역사단죄형, 국가주의형, 자민족중심형의 소통 방식을 탈피하는 대신 미래지향형, 역사공유형, 시민사회주도형, 동아시아 문화네트워크 형성으로 근본적인 패러다임 전환을 필요로 하는 시점에 직면했음을 강조했다. 이와 같은 새로운 문화 교류의 장을 펼치자면 물론 상당한 시간과 노력이 요구될 것이다. 탈국가주의적인 동아시아 문화네트워크를 구축해 궁극적으로는 사해동포주의로 나아간다는 심원한 역사적 비전을 갖지 못한다면, 한일 간의 문화 교류도 기껏해야 문화 산업이나 관광 산업의 소비 대상으로만 기능할 것이다.

한국과 일본 그리고 한중일 삼국은 역사적으로 불행한 과거를 공유하고 있기 때문에 문화적 의사소통에서 첨예한 민족의식이나 국가의식으로 과열되는 경향을 보여 왔다. 최근에는 중국의 강대국화와 함께 삼국 간에는 더욱 복잡하고도 미묘한 역사해석 투쟁이 스포츠민족주의와 함께 전개되고 있는 실정이다. 문화적 상대주의나 다원주의를 문화 구성의 기본 원리로서 이해하고, 국가주의적·민족주의적 정체성이라는 것도 상상의 공동체에 불과한 것임을 인식한다면 현재와 같은 문화적 갈등이나 대립은 결코 심각하거나 근본적인 쟁점이 못 된다.

한국, 중국, 일본을 동아시아라는 광대하면서도 역동적인 역사적·문화적 네트워크의 한 구성 요소로서 파악한다면 우리는 역사로부터 더욱 다양하고 의미 있는 줄기와 뿌리들을 발견할 수 있게 될 것이다. 그리고 이 뿌리와 줄기는 동아시아를 넘어 아시아 전체와 연결되고, 나아가서는 서구, 아프리카, 북미와 중남미와도 얽혀 있음을 알게 될 것이다. 사해동포주의에 입각한 인권의 확대나 대동사회의 실현이라는 21세기의 진정한 목표를 향한 문화적 이정표를 새롭게 세워야 할 시점이다.[45)]

북한과 대만의 문제도 탈국가주의적인 동아시아(문화)네트워크라는 차원에서 접근한다면 새로운 해결 가능성을 찾을 수 있다.[46)] 요컨대, 영토적 분단이나 주권의 이중성에 따른 문제란 전형적인 국가주의/민족주의적 문제의식이다. 남한과 북한이 고전적인 부국강병을 위해 통일국가를 모색하고, 중국이 대중화주의의 완결을 위해 대만을 통합하려 한다면 그것은 탈국가주의적 시대조류를 역행하는 노력이 아닐 수 없다. 중앙집권적 국가체제 자체가 갖는 비효율성과 비민주성을 철저히 인식한다면 과연 새로운 통일국가가 양적 팽창의 의미말고 어떤 실질적 혜택을 일반 사람들에게 제공할 것인지 자문해 볼 필요가 있다. 차라리, 상호 간의 불필요한 적대감을 해소해, 체제유지용 군사력 강화를 억제하면서 막대한 군사비를 사회발전에 투자한다면 훨씬 많은 경제적·문화적 혜택을 해당 국민에게 제공할 수 있을 것이다.[47)]

---

45) '인권이 주권에 우선한다'는 미국의 논리는 그 자체로서는 매우 훌륭한 것이다. 다만, 우리들이 무조건 수용할 수 없는 것은 인권우선론이 미국의 패권주의적이고도 반평화적인 세계 전략의 도구로서 활용되기 때문이다. 비록 악의 축이 세계에 현실적으로 존재한다 하더라도 그것을 제거하는 방식은 가능하면 비폭력적·평화적·설득적·합의적·절차적 정당성을 가져야 한다. 목적이 수단을 정당화할 수 있는 극히 예외적인 선택은 오직 '최악의 상황에 직면한 선량한 약자'(예컨대, 안중근, 윤봉길 의사의 테러 행위?)만이 할 수 있다. 마찬가지로 북한 주민들이 인권개선을 위해 미국의 무력적 개입을 스스로 요구하지 않는 한 미국은 무력을 사용해서는 안 된다. 차라리 북미 간의 평화협정을 통해 북한의 군사비가 경제개발에 투자될 수 있도록 유도하는 것이 더 효과적이다.

46) 분단체제의 해소를 위해서는 미국과 러시아를 동아시아의 틀 내로 포함시킬 필요가 있다. 여기서 북일 관계는 기존의 한일 관계와는 상이한 배경에서 출발한다는 점을 인식할 필요가 있다. 북한은 대량살상무기 프로그램과 노동 및 대포동 미사일의 시험 발사(1993년과 1998년)로 일본에 직접적으로 군사 위협을 가하고 있으며, 일본 민간인들을 납치했을 뿐 아니라, 감금 후 죽게 내버려 두었고, 1970년대 이래 110억 달러나 되는 채무도 갚지 않고 있다.

47) 이 점에서 일본은 유엔의 상임이사국이 되기 위하여 전쟁에 참여하는 군국주의화의 길을 결코 선택해서는 안 될 것이다. 비록 그것이 강요된 것이라 해도 일본의 평화 헌법이 갖는 인류평화를 위한 메시지는 참으로 소중한 것이다. 최근 일본 국민들이, 특히 젊은 세대들이 개헌을 찬성하는 방향으로 태도를 변화하는 추세는 안타깝다. 소수의 강대국이 세계를 지배하던 구시대의 유물인 상임이사국 제도가 과연 유엔에 필요한 것인가?

한중일 문화 교류의 혁신과 확대를 지속적으로 추구함으로써 동아시아 문화네트워크가 서서히 구축되고, 그 결과 다양한 의사소통 체계들이 평화로운 상생의 삶을 보장할 수 있기를 기대한다. 동아시아 문화네트워크의 형성은 새로운 상상력과 전략적 해결을[48] 추구할 수 있는 창조적 소수자(creative minority)를 기다리고 있다.[49] 한일 문화 교류가 동아시아라는 새로운 창조의 공간에서 재출발함으로써 21세기를 위한 문명 전환의 전기를 마련해야 한다. 앞으로 동아시아에서 생성될 21세기의 새로운 길을 "지난 20세기가 발견했던 제3의 길을 뛰어 넘는 제4의 길"로 만들어 보자.[50]

최종 탈고 : 2007년 10월

48) 조성환(2004, 234)은 동아시아주의라는 더 확대된 관점에서 새로운 상상력의 내용을 구체적으로 "① 전통과 근대, 그리고 탈근대를 종단하는 동태적인 역사의식과 발전적 미래전략을 개발하는 것이며, ② 한중일이 주축이 되나 미국, 러시아, 아세안 국가들도 연계되어 있는 동아시아적 현재의 관련 행위자에 대한 고려, 즉, 중심은 있으나 경계는 개방하는 횡단의 확장을 염두에 두고, ③ 동아시아라는 지역적 연계를 매개하는 다층적(정부, 기업, 시민, 문화, 사회조직), 다원적(안보, 경제, 정치) 지역 조직을 형성해 이익과 감정의 마찰을 없애고 호혜적 발전을 도모하는 형성적 비전"으로 규정한다. 아울러, 이 지역에 존재하는 현실적 제약을 해소하는 전략적 과제로 "① 미완의 근대 프로젝트에 내재하는 불안정성, 단위 위상의 차이, ② 발전 격차와 민족 감정의 대립, ③ 유일 초강국 미국과의 관계"를 제시한다.

49) 박제훈(2001)이 제안하듯, 먼저 지식인이 중심이 되어 밑으로부터 이 과제를 추구할 수 있다. 이 점에서 2001년 탄생한 한국동북아지식인연대(NAIS Korea: Northeast Asia Intellectuals' Solidarity Korea)의 역할에 주목할 필요가 있다.

50) 연구자(김성국 2003, 17)는 제4의 길로서 생태적 참여민주주의, 탈국가주의와 사해동포주의, 대안적 꼬뮌주의(혹은 소규모 공동체주의), 탈물질적-실용적 유토피아주의를 제안한다.

참고문헌

강만길. 1998. 「바람직한 한일 문화교류정책의 기본방향」. 『동북아시아의 문화와 한일 관계』. 1998 한일문화심포지움 발표집. 한일 문화교류정책자문위원회.

강상중. 2001. 『아시아 공동의 집을 향하여』. 뿌리와 이파리.

______. 2003. 「동북아시아 공동의 집과 북일관계」. 『창작과 비평』 제31권 제2호.

공성진. 1999. 「동아시아 상생구조의 가능성」. 정재서 편. 『동아시아 연구, 글쓰기에서 담론까지』. 살림.

김문환. 1994a. 『문화로 본 현대일본』. 나남.

______. 1994b. 『일본 대중문화 개방에 관한 연구』. 문화체육부.

김성국. 1999. 『일본 대중문화 개방에 따른 지역문화의 정책 방향』. 부산발전연구원.

______. 2002. 「월드컵과 지방발전: 한일시민사회 교류의 활성화를 통하여」. 『2002 월드컵과 한국사회의 재도약』. 학술심포지움(2002년 5월 15일, 한국프레스센터) 자료집. 고려대학교 아세아문제연구소.

______. 2003. 「탈근대 아나키스트 사회 이론의 모색」. 『한국사회학』 37-1: 1-20.

______. 2004. 「21세기 한국사회의 구조적 변동」. 『IT의 사회문화적 영향연구: 21세기 한국 메가트렌드 시리즈 04-03』. 정보통신정책연구원.

김영호. 1998. 「한일 '65년 체제'에서 '2002년 체제'로의 이행」. 『동북아시아의 문화와 한일 관계". '98 한일문화심포지움 발표집. 한일 문화교류정책자문위원회.

김원배. 2003. 「동북아 중심구상의 재검토」. 『창작과 비평』 제31권 제2호.

다케오 미야하라. 2001. 「1990년대 일본사회의 진보적 대응」. 일본교과서바로잡기운동본부 편. 『일본교과서역사 왜곡』. 역사비평사.

박정진. 1994. 「일본 대중문화 개방에 대한 한국의 대응방안」. 일본대중문화개방 공개토론회 자료집. 한국 문화 정책개발연구원.

박제훈. 2001. 「동북아경제교류·협력의 가능성과 전망: 지역 통합통일론과 지식인연대론」. 학술단체협의회 연합심포지움(11월 2-3일) 발표논문.

박찬승. 2004. 「동북아 3국의 역사 인식 공유를 향하여」. 한국동북아지식인연대 편. 『동북아공동체를 향하여: 아시아 지역 통합의 꿈과 현실』. 동아일보사.

백영서. 2002. 『동아시아의 귀환』. 창작과 비평사.

신용하·이지원. 1993. 「일본의 팽창적 문화 정책과 한국 내 일본 문화 유입의 문제점」. 『신일본 패권주의와 한일관』. 김영사.

프랑크 안드레 군더(Frank, Andre Gunder). 2003. 이희재 역. 『리오리엔트』. 이산.

왕후이(王暉). 2002. 「상상의 역사적 조건」. 『황해문화』 가을호.

______. 2003. 「아시아 상상의 계보: 새로운 아시아를 상상하기 위하여」. 이욱연 외 역. 『새로운 아시아를 상상한다』. 창작과 비평사.

이만열. 1999.「동아시아에서 전통문화의 재발견과 하나의 문화 속의 두 문화에 대한 논찬」.『21세기를 향한 한일 문화 교류』. 1999 한일문화심포지움 발표집. 한일문화교류정책자문회.

이시재. 1994.「일본 대중문화에 대한 사회학적 평가」. 일본대중문화개방 공개토론회 자료집. 한국 문화 정책개발연구원.

이용희. 1994.『미래의 세계정치』. 민음사.

이원덕. 2002.「월드컵 공동 개최와 한일 관계: 한일 관계의 쟁점과 현황 분석을 중심으로」.『2002 월드컵과 한국사회의 재도약』. 학술심포지움(2002년 5월 15일, 한국프레스센터) 자료집. 고려대학교 아세아문제연구소.

이희옥. 2004.「동북아 시민사회 교류와 공동체적 지역 통합」. 한국동북아지식인연대 편.『동북아공동체를 향하여: 아시아 지역 통합의 꿈과 현실』. 동아일보사.

임지현. 2002.「한반도 민족주의와 권력담론」.『당대비평』봄호.

정문길·최원식·백영서·전형준 편. 2000.『발견으로서의 동아시아』. 문학과 지성사.

정홍택. 1994.「오염된 문화와 자연보호」. 일본대중문화 개방 공개토론회 자료집. 한국문화 정책개발연구원.

조규철. 2001.「한일 사회 문화 교류와 상호 인식」. 세종연구소와 현대일본학회 공동주최 국제학술회의(제주도 하얏트호텔) 발표집.

조성환. 2004.「동아시아주의의 정치사상: 근대와 탈근대의 변주」. 한국동북아지식인연대 편.『동북아공동체를 향하여: 아시아 지역 통합의 꿈과 현실』. 동아일보사.

조성환·김용직. 2001.「문명과 연대로서의 동아시아: 근대 중국과 한국 지식인의 동아시아 인식」.『대한정치학회보』제9집 제2호.

조희문. 1994.「일본영화 수입개방 문제에 대한 조사 보고」.『한국영화정책의 흐름과 새로운 전망』. 집문당.

주윤탁. 1993.「일본영화 수입의 문제점」.『한일연구』6: 7-23. 한국일본문제연구소.

최원식. 2004.「천하삼분지계로서의 동아시아론」. 한국동북아지식인연대 편.『동북아공동체를 향하여: 아시아 지역 통합의 꿈과 현실』. 동아일보사.

한국동북아지식인연대 편. 2004.「동북아공동체를 향하여: 아시아 지역 통합의 꿈과 현실」. 동아일보사.

Chang, Naria Hsia. 2001. *Return of the dragon: China's Wounded Nationalism*. Westview Press.

제2부

한일 문화교류의 자타 인식

4. 한국의 대중문화에 나타난 일본·일본인
: 한국의 상업 영화를 중심으로 **권혁태**

5. 대일인식의 간극: 정보교류를 중심으로 **원지연**

한국의 대중문화에 나타난 일본·일본인

한국의 상업 영화를 중심으로

권혁태

Ⅰ. 들어가는 말

역사란 기억의 재생산이다. 어떤 특정 시간에 일어난 일이 개인의 체험에 바탕을 둔 기억을 넘어서 많은 사람에게 공유되고 재생산되는 것은 기억의 공유 및 재생산을 위한 여러 가지 장치가 있기 때문이다. 장치란 국가이기도 하고, 민족이기도 하고, 계급이기도 하며, 박물관이기도 하고 교과서이기도 하다. 따라서 하나의 특정한 일이 개인에게 축적된 기억에서 집단의 기억으로 수렴되거나, 동일한 역사적 사실을 둘러싸고 집단의 기억 사이에 차이가 생기는 것은 특정 사실과 관계되는 개인의 사회적 위치(position)뿐만 아니라 이를 재생산하는 기억 장치 때문이기도 하다(權赫泰 2003). 따라서 개인의 체험과 기억이 어떻게 집단화·사회화되는가가 중요하다. 역사 자체는 일정한 시간과 공간이라는 조건 속에서 발생한 사실의 집합체인 것처럼 보인다. 그러나 이를 잘 들여다보면, 기억하는 시점에서 요구되는 사회적 맥락이라는 제약 조건 속에 자리하는 경우가 보통이다. 과거에 일어났던 사실도 그 사실을 기억하려는 주체가 당면한 사회적 조건과의 관련 속에서 반응하고, 이 반응의 축적을 통해 역사로 형성되어 간다. 결국 역사란 기억의 축적인 셈이다. 예를 들면, 한국사회의 뿌리 깊은 '반일 정서'가 식민지 체험에서 비롯되었다는 점에는 이론이 없을 것이다. 식민지 체험이 '민족 차별'을 가장 본질적인 요소로 하고 있는 만큼, 당연히 식민지시대의 개인의 차별 체험이 모여 '집단으로서'의 식민지 체험의 근본을 이루고, 이것이 '반일 정서'로 수렴되어 가는 것은 아주 자연스러운 흐름이다. 그러나 이를 더 자세하게 들여다보면, 식민지시대라는 '과거'의 개인 체험이 '현재'의 문제로 사회화되고 이것이 세대를 뛰어넘어 전승되기 위해서는 '현재'의 사회적 요구와 관련되어 재해석되는 과정을 거쳐야만 한다. 따라서 중요한 것은 '과거'의 체험이 '현재'의 기억으로 재해석되는 과정이고, 이 과정에 등장하게 되는 현재의 '회로판'(='기억 장치')인 셈이다.

일반적으로 한 사회가 다른 사회를 인식하는 경로는 아주 다양하다. 개인적 체험이나 기억, 그리고 가족 등을 통해 이루어지는 사적 전승, 교과서 등의 공교육을 통해 이루어지는 공적 전승 이외에도, 텔레비전·영화·만화·신문 등과 같은 대중매체를 통한 전승, 박물관·기념관·추도시설 등의 전시시설을 통한 전승 등 다양한 경로와 수단을 통해 한 사회에 대한 이미지가 장기간에 걸쳐 형성된다. 한국사회의 일본 인식도 단순히 과거(특히 일제시대)의 '체험'(사실)을 통해서만 형성되는 것이 아니다. 개인의 '사실'(체험)을 집단의 기억으로 바꿔 주고 이를 집단의 기억으로 공유하게끔 만드는 기억·전승 장치의 역할이 중요하다. 이 글은 이러한 입장에 서서 한국사회가 일본·일본인을 어떻게 인식해 왔는지를 해방 후의 한국 상업 영화를 통해 밝히고자 한다. 따라서 여기서 다루는 상업 영화란 일종의 기억 장치·전승 장치이다.

한국사회의 일본 인식은, 원리적으로는 시시각각 변하는 일본사회의 흐름에 따라 각 개인이 그 흐름을 주체적으로 해석·기억하고 개인의 주체적 해석·기억의 총합 위에서 만들어져 가는 것처럼 보인다. 이와 같은 관점으로 보면 한 사회에 대한 이미지가 '밑으로부터의 주체적인 인식'의 결과물이라는 결론으로 자연스럽게 이어진다. 그러나 실제로는 한 사회에 대한 이미지는 이러한 원리적인 메커니즘으로만 만들어지는 것이 아니다. 일본사회에 대한 정보가 한정되어 있을 경우, 각 개인은 한정된 정보를 자기 기억의 총합 위에서 가공하거나 조정하는 형태로 일본사회의 이미지를 만들어 간다. 특히 한국사회의 경우 국가의 정보 독점 상태가 오랜 기간 지속되었기 때문에 일본에 관한 정보가 국가나 매체에 의해 선별·가공된 형태로 전달되었을 가능성이 크다. 또 이 과정에서 국가나 매체는 일본에 관한 정보를 사회적 맥락에 알맞게 가공·조정했을 가능성이 크다. 특히 민주화 이전의 한국사회는 해외여행이 자유롭지 못하고 국가가 해외 정보를 강력하게 관리했기 때문에 일부 전문가 층을 제외하면 선별·가공된 정보를 검증해 볼 수 있는 직접적인 접촉 기회가 없었다고 볼 수 있다. 특히 대중적 파급 효과가 큰 상업 영화에 나타난 일본 인식은 이와 같은 '닫힌 시공간'에 있었던 한국사회의 지향점이 반영된 결과이기도 하다. 따라서 한국의 상업 영화에 나타난 일본·일본인이란 일본 그 자체라기보다는 전후 한국사회와의 맥락 속에서 한국사회가 '보고 싶어'하는 또 하나의 일본인 셈이다. 이런 점에서 다음 두 개의 선행 연구는 매우 시사적이다.

먼저 최은봉은 한국 영화에 나타난 일본·일본인에 대한 인식을 ① 암울한 구조적 그늘로서의 일본, ② 경계와 극복의 대상으로서의 일본, ③ 하나의 소재로서의 일본, ④ 친구(이웃나라)로서의 일본, ⑤ 베끼기 대상으로서의 일본으로 분류하고, 주로 ①에서 점차 ②, ③, ④로 이행하면서 적대감이 약화되고, 문화상대주의적인 관점이 중시되고 있다고 말한다(최은봉 2003). 필자는 기본적으로는 최은봉의 이러한 지적에 동감한다. 그러나 최은봉의 연구는 무게중심이 국제 커뮤니케이션이라는 관점에 쏠려 있어 한국의 상업 영화에 나타난 일본·일본인 상을 구체적으로 분석하고 있지 않다는 점에서 이 글과 차별성이 있다는 점을 지적해 둔다. 또 하나의 연구로는 몬마 다카시(門間貴志)의 방대한 연구인데, 이 연구는 개별적인 작품 분석과 소개에 중점을 둔 나머지, 한국 영화에 나타난 일본·일본인 인식의 전체적인 조망이나 특징을 밝혀내는 데는 다소 인색해 보인다(門間貴志 1996).

이 글은 위에서 말한 선행 연구의 문제의식을 계승하면서 한국 상업 영화에 나타난 일본·일본인의 모습을 몇 가지 유형으로 나눠 각 유형에서 일본·일본인이 어떻게 묘사되는지를 분석한다.

다만 한국의 상업 영화 속에서 일본 그 자체를 소재로 삼는 경우는 거의 찾아보기 힘들고 근현대 한국사의 흐름 속에서 '일본' 문제를 다루고 있는 경우가 대부분이기 때문에, 이 글에서 다루는 대중 영화에 나타나는 '일본'이란 한국 근현대의 흐름을 설명하는 과정에서 동원되는 일종의 보조 축이라는 점을 미리 밝혀 둔다.

II. 전제: '강자'에 대한 지향과 대항축으로서의 일본

먼저 한국 상업 영화에서 일본·일본인이 어떻게 인식되어 왔는지를 전체적으로 조망해 보자. 〈표 1〉은 한국영상자료원 데이터베이스상의 '국내 영화 제작 정보' 항목에서 '일본'이라는 키워드로 검색한 후, 추출된 검색 결과 총 588건 가운데 줄거리에 '일본'이라는 단어가 포함되어 있는 영화 총 361건을 필자가 몇 가지 기준으로 분류한 결과이다.[1] 기준은 영화의 배경을 시대별로 나누고, 이를 다시 대일 항쟁, 반공, 스포츠, 무술, 주먹 등의 소항목으로 필자가 임의로 분류했다. 이 결과에 따라 한국 영화에 나타난 일본에 대한 인식의 특징을 살펴보면 다음과 같다.

1) 검색 시점은 2004년 8월이며, 따라서 이후 업데이트된 부분은 본 분석 대상에 포함되지 않는다. 또 이 글에서 분석하고 있는 영화는 주로 비디오로 출시된 영화 중, 현재 구입·대여 가능한 것을 중심으로 하되, 일부는 한국영상자료원 데이터베이스나 『한국영화연감』에 수록되어 있는 줄거리를, 일부는 영화진흥공사, 『韓國시나리오 選集』 제1권~제20권(집문당, 1992-2002), 그리고 『年刊씨나리오 編纂刊行會』(1960)에 수록되어 있는 시나리오를 참고로 했다.

〈표 1〉 '일본'을 키워드로 검색한 영화의 시대별·테마별 분류(단위: 편)

시대적 배경	전체	소분류		
		대일 항쟁	반공	스포츠·무술·주먹
전근대	10	3		3
개화기	18	14		4
일제시대	160	99		28
일제·해방 후	30	3	2	6
해방 후	138	3	33	22
합계	356	122	35	63

주: 시대 불명인 5편은 제외.
자료: 한국영상자료원.

첫째, 한국 영화의 소재로 등장하는 외국 중에서 일본이라는 소재가 압도적으로 중요한 비중을 차지하고 있음을 확인할 수 있다. 위와 같은 기준으로 데이터베이스상에 포함되어 있는 외국을 검색해 봐도 빈번히 등장하는 미국, 중국, 홍콩, 독일, 프랑스 등에 비해 일본이 압도적인 비중을 차지한다. 더구나 미국은 주로 새로운 가능성을 지닌 '신천지'로서 그려지는 데 반해 일본은 한국 근현대의 비극을 부각시키기 위한 일종의 '대항축'으로 그려지는 경우가 적지 않다.

둘째, 일본을 소재로 한 한국 영화 중 일제시대를 배경으로 한 영화가 가장 많은 160편을 차지하며, 일제시대와 해방 후를 동시에 다룬 영화 30편을 합하면 일제시대를 시대적 배경으로 다룬 영화가 일본을 소재로 한 영화 356편 중 190편(53%)을 차지한다. 따라서 한국 상업 영화 속에서 묘사되는 일본·일본인이란 적어도 식민지시대를 배경으로 한 일본·일본인 상을 빼놓고는 말할 수 없을 것이다. 따라서 한국 영화의 대일 인식을 분석할 때, 무엇보다도 일제시대를 그리는 과정에서 일본·일본인을 어떻게 묘사하고 있는지가 중요하다.

셋째, 전체적으로 대일 항쟁을 소재로 삼은 영화가 압도적인 비중을 차지한다. 대일 항쟁을 다룬 영화는 총 122편으로, 이 소재는 일제시대가 배경인 영화뿐만 아니라 전근대시대나 한말 시기를 묘사하는 영화에도 현저하게 나타난다는 특징이 있다. 예를 들면, 임진왜란을 소재 혹은 배경으로 한 〈서산대사〉(전조명 감독, 1972), 〈일본해적〉(이만희 감독, 1972), 〈난중일기〉(변강문 감독, 1997), 〈풍운〉(권영순 감독, 1968), 〈무정한 검객〉(심우섭 감독, 1969), 〈삼국대협〉(임권택 감독, 1972), 〈쥬리아와 도꾸가와 이에야스〉(이성구, 1973) 등에서 묘사되는 일본·일본인은 전형적인 침략자의 모습이며, 김옥균의 일생을 그린 〈三日天下〉(신상옥 감독, 1973), 명성황후를 그린 〈경복궁의 여인들〉(정진우 감독, 1971), 〈민비와 마검〉(임원식 감독, 1971), 〈전하 어디로 가시나이까〉(이규웅 감독, 1969), 친일파 배정자를 다룬 〈요화 배정자〉(이규웅 감독, 1966), 〈요화 배정자〉(속)(정인엽 감독, 1973), 안중근 의사를 소재로 한 〈안중근 史記〉(이구영 감독, 1946), 〈고종황제와 의사 안중근〉(전창근 감독, 1959) 등에서 묘사되는 일본·일본인도 메이지 유신 후 한반도 침략에 나선 간교한 일본인의 모습이다. 일제시대를 배경으로 한 대일 항쟁 영화는 총 99편인데, 후술하는 바와 같이 주로 독립군의 무력 항쟁을 다루고 있다. 이와 같은 영화에서 일본·일본인은 독립운동가의 '영웅적이고도 타협 없는 무력 항쟁'을 부각시키기 위한 대항적 소재로 등장한다. 따라서 이들 영화에 등장하는 일본인은 주로 헌병, 경찰, 지주와 같은 권력 집단으로 그려진다.

넷째, 대일 항쟁 못지않게 중요한 비중을 차지하는 것이 스포츠 영웅이나 조직폭력배를 주인공으로 한 활극도 중요한 비중을 차지해, 총 66편에 달한다. 이는 일제시대뿐 아니라 해방 후의 한일 관계를 다루는 데도 중요한 소재이다.

이와 같이 주로 독립항쟁이나 조직폭력배를 비롯한 활극 영화는 한국 근현대의 비극이 외세 개입으로 인해 끊임없이 재생산되었다는 역사적 전제하에서 그 비극을 강조하기 위한 일종의 대항 축의 역할로 일본·일본인을 등장시키고 있다는 공통점이 있다. 이는 식민지화, 해방, 분단, 전쟁으로 이어지는 한국 근현대의 역사적 현실에서 확인되는 '비자주적' 역사 전개에 대한 '회한'이 상업 영화의 일본 인식의 전제를 이루고 있기 때문이다. 일본의 마루야마 마사오(丸山眞男)가 전시기에 전쟁을 저지하기는커녕 전쟁에 대한 반대 의견조차 표명하지 못했던 것에 대한 일본 지식인들의 후회를 '회한(悔恨)공동체'(丸山眞男 1982) 라고 표현했듯이, 한국의 상업 영화에 등장하는 공통의 역사적 전제란 외세에 끊임없이 휘둘려 왔던 한반도 근현대의 외세규정성에 대한 '회한'이다. 이 회한의 기초는 역사에서 확인되는 '약자의 비극'이며, 이는 '강자로의 지향'으로 나타난다. 그리고 이와 같은 '회한'에 기초한 '약자의 비극'과 '강자에 대한 지향'은 일본에 대한 '바꿔 읽기' 혹은 '부조적'(浮彫的) 방법을 통해 증폭된다. 일종의 '대체 역사'(alternative history)적인 수법이 다수 동원되는 것도 이 때문이다.

'강한 국가·강한 민족'에 대한 바람은 미래에 대한 규범적 가치의 문제로 끝나지 않고 일제시대를 포함한 과거를 그려 내는 과정에 역설적으로 강하게 투영된다. 다시 말하면, '강한 민족·강한 국가'를 미래에 대한 규범적 가치로 설정하고 이 가치체계에서 과거를 재해석해 낸다는 것이다. 일본을 소재로 한 상업 영화의 대부분이 신출귀몰하는 영웅적 한국인 남성 지도자를 중심으로 하고 그 대극점에 항상 헌병이나 경찰, 그리고 야쿠자로 대표되는 일본인 남성을 자리매김함으로써 한국인 남성의 타협 없는 대일 항쟁 의지를 부각시키고 있는 것은 이와 같은 이유 때문이다. 이는 한편에서는 제국주의-식민지 관계가 정치적·외교적 타협 없는 적대적 모순일 수밖에 없다는 역사관을 반영하고 있지만, 다른 한편에서는 한국 근 현대에서 발견되는 '외세규정성'에 대한 회한을 대체 역사라는 형태를 통해 '대리만족'하려는 욕구가 반영된 결과이기도 하다.

Ⅲ. 한국 영화 속에 나타나는 일본·일본인의 특징

1. '힘'에 대한 신봉과 재일조선인을 통한 대리 실현

일제시대를 배경으로 하는 영화는 주로 타협 없는 무장 독립운동이나 주먹 대결을 통한 묘사 방식에 쏠려있다. 해방 직전의 폭압적인 상황에서 벌어지는 젊은 청년들의 암울한 현실과 이에 대한 무장 저항을, 해방 후의 감격과 대비시키는 수법을 통해 해방을 '자유'로 묘사한 〈자유만세〉(최인규 감독, 1946)를 효시로, 1936년 상해 홍커우 공원의 폭탄 투척 사건을 다룬 〈윤봉길 의사〉(윤봉춘 감독, 1947), 〈일본 천황과 폭탄 의사〉(이용민 감독, 1967), 유관순의 일대기를 그린 〈유관순〉(김기덕 감독, 1974) 등과 같이 실존 인물을 중심으로 한 영웅적 투쟁기나 가공의 독립운동이 영화의 중심 소재로 사용되는 것은 이 때문이다. 이 과정에서 등장하는 일본인은 식민지 조선의 민중이나 독립운동의 대척점에 위치하는, 헌병, 총독부, 경찰, 지주 등으로 대표되는 '교활하고도 잔인한 일본인'이며, 이들은 조선 독립운동가의 영웅적 투쟁을 부각시키기 위한 보조축의 역할을 한다.

실존한 주먹 영웅을 통해 일제시대를 묘사하고 그 대극에 일본·일본인을 자리매김하는 영화로는 〈김두한〉(고영남 감독, 1975), 〈협객 김두한〉(김효천 감독, 1975), 〈시라소니〉(이혁수 감독, 1979), 〈김두한 형 시라소니 형〉(김효천 감독, 1981), 〈장군의 아들〉(임권택 감독, 1990), 〈장군의 아들 2〉(임권택 감독, 1991) 등이 있다. 특히 실존 인물인 김두한의 일제시대 활약상을 다룬 〈장군의 아들〉은 그 전형이다. 이 영화에서는 김두한이 벌이는 활극이 단순한 주먹 싸움이 아니라 '힘'을 통한 나라 되찾기의 일환이라는 점을 부각시키기 위해 몇 가지 장치가 등장한다.

하나는 주먹 싸움을 철저하게 민족의 논리로 포장하는 방식이다. 이는 김두한이 독립운동가 김좌진 장군의 아들이라는 설정을 통해서만 이루어지는 것은 아니다. 세력 다툼의 무대가 되는 종로를 일종의 국가의 축소판 혹은 해방구로 설정해 종로 바닥에서 벌어지는 일본인과의 세력 다툼이 단순한 주먹 싸움이 아니라 민족운동에 버금가는 독립운동의 일환이라는 일종의 '바꿔 읽기'를 통해 주먹 싸움을 민족의 논리로 포장한다. 다시 말하면 종로는 '조선인이 활개치고 다닐 수 있는 유일한 공간'인 '해방구'이며 따라서 이를 지키는 것은 나라를 지키는 '독립운동'이라는 것이다. 영화에 등장하는 다음과 같은 대사는 이를 잘 보여 준다.

> 종로는 우리나라의 심장이야. 종로가 일본 놈들한테 먹히면 우리 민족의 숨결은 어디에도 없는 거야. 독립군들은 만주 벌판에서 싸우고 있지만 우리들은 종로 한복판에서 싸우고 있단 말이야!

둘째, 지식인들의 '나약함'을 김두한의 '힘'과 대비시키는 방식을 통해 '주먹'의 정당성을 각인시키는 방식이다. 예를 들면, 부인을 술집에서 일하게 하는 도쿄대학 출신의 지식인이나, 학병으로 끌려가기 전에 김두한에게 '지식으로 이 나라를 구하기는 틀렸어'라고 말하는 경성제대 출신 인텔리의 고백은 김두한의 주먹 쟁탈의 정당성을 입증하기 위한 소도구로 등장한다.

이와 같은 김두한 영화를 비롯한 주먹 활극 영화에 등장하는 일본인은 말할 것도 없이 흉악하고 간교한 일본 야쿠자다. 그러나 야쿠자는 단순한 주먹패로 등장하는 것이 아니다. 야쿠자와 경찰, 헌병으로 대표되는 총독부 권력과의 유착을 확인시켜 주는 장면을 통해 야쿠자는 다름 아닌 일본 제국주의 그 자체를 상징하는 일종의 알레고리(allegory)의 역할을 한다. 따라서 일본 야쿠자와 처절하게 대결하는 한국인 주먹패의 '힘'은 단순한 '힘'이 아니라 '정의의 힘'이 된다.

이와 같은 '힘'에 대한 지향성은 일제시대를 배경으로 한 영화에 그치지 않고 전후 한국사회나 일본을 그려내는 상업 영화에도 많이 등장한다. 앞의 〈표 1〉에서 보는 것처럼 스포츠나 주먹을 소재로 상업 영화가 많은 것 또한 이 때문이다. 여기서 특이할 만한 점은 많은 영화에 등장하는 대일 응징의 주인공이 주로 재일조선인으로 설정되어 있는 점이다. 이는 일반적인 역사 연구나 사회적인 관심에 비추어 볼 때 아주 의외다.

스포츠 영웅을 그린 영화로는 신장염을 앓아 일본과의 경기에서 결정적인 실수를 범해 방황하다 콩팥 이식 수술 후 일본과의 경기에서 승리하는 〈어머니의 영광〉(김기 감독, 1973), 프로 권투 세계 챔피언을 지낸 유제두의 실화를 영화화한 〈눈물 젖은 샌드백〉(김기 감독, 1976), 재일조선인 야구선수 장훈(張勳, 일본 이름 張本勳)의 일대기를 다룬 〈터질 듯한 이 가슴을〉(이상언 감독, 1979), 일본 프로야구팀과의 시합에서 극적인 승리를 거두는 한국 프로야구팀을 다룬 〈이장호의 공포의 외인구단 2〉(조민희 감독, 1988), 무도인 최배달[崔倍達, 일본 이름 오오야마 마스다쓰(大山倍達)]의 일대기를 그린 영화 〈바람의 파이터〉(양윤호 감독, 2004), 역도산(力道山, 한국 이름 김신락)의 일대기를 다룬 〈역도산〉(송해성 감독, 2004)등이 대표적이다.

또 일본을 배경으로 한 야쿠자 이야기를 소재로 삼은 영화로는 〈잠바Q〉(고영남 감독, 1969), 〈동경의 호랑이〉(최영철 감독, 1971), 〈두 사나이〉(김효천 감독, 1972), 〈마지막 다섯 손가락〉(김선경 감독, 1974), 〈오사카 대부〉(이혁수 감독, 1986), 〈일본 대부〉(김효천 감독, 1989년), 〈위대한 헌터 GJ〉(이두용 감독, 1995), 〈김의 전쟁〉(김영빈 감독, 1992)등이 있다.

이 같이 스포츠 영웅이나 야쿠자로 재일조선인을 묘사하는 것은 일본 내의 차별받는 존재로서의 재일조선인상을 식민지의 연속선상에 묘사하면서, 일본의 주류 사회와의 적대적 대립을 그리고 싶어 하는 한국사회의 욕구 때문인 것으로 보인다.[2] 이와 같은 욕구는 재일조선인의 삶의 역정(일본과의 적대적 관계)에서 자신의 삶과의 역사적 공통성을 찾고자 하는 기대로 연결된다. 이런 의미에서 보면 전후 한국사회에게 재일조선인이란 추상적인

2) 이하의 내용은 한국의 대중만화에 나타난 일본·일본인 상을 분석한 권혁태(2005)와 Kwon(2005)의 논문과 중복되는 부분이 많다는 점을 밝혀둔다.

일본관을 구체적인 현장 속에서 아무런 비용도 지불하지 않고 무료로 체험해볼 수 있는 일종의 '대일 시뮬레이션 게임의 주인공'이었을지도 모른다. 따라서 야쿠자나 스포츠 영웅으로 묘사되는 재일조선인은 항상 일본의 주류 사회의 '타협 없는' 전면 대결을 벌이는 고독하면서도 영웅적인 존재로 묘사되고, 또한 이들은 일본의 식민지지배의 가장 심각한 피해자의 연장선상에서 그려진다.

다시 말하면 재일조선인은 여전히 '식민지'하에 있거나 있어야만 하는 존재로 그려지며, 따라서 지금도 일본과의 타협 없는 '해방전쟁'을 '숙명적으로' 벌여야 하는 존재로 묘사된다. 이 같은 욕구는 식민지화, 해방 과정, 그리고 그 후의 역사 전개 속에서 일본과의 비타협적 대결을 회피한 실제의 역사 과정과, 규범적으로 있었어야 할 '역사적 순결성'(무력 투쟁에 의한 '자력 해방', 그리고 완전한 과거청산) 사이에서 느끼는 격차를 재일조선인을 통해 해소하고자 하는 욕구 때문일 것이다.

이와 같이 스포츠 영웅이나 야쿠자가 재일조선인의 표상 기호로 등장하는 것은, 일본사회로부터의 차별을 국가로부터 버림받은 고립무원의 존재의 조건으로 삼음으로써, 오직 고립무원의 존재로부터의 탈피가 철저히 힘의 논리에 의해서만 가능하다는 점을 강조하기 위한 것이다.

따라서 한국의 상업 영화에 묘사되는 일본 속의 재일조선인이란 일본사회라는 거대한 바다 속에 홀로 떠 있는 고립무원의 '섬'이다. 이는 일본사회로부터 차별을 극대화시키는 형상화의 한 기법이지만 인상적인 것은 재일조선인 집단에 일본 주류 사회를 대립시키는 방식이 아니라 일본 주류 사회 속에서 철저히 '개인'으로서 고립되어 있는 존재로서 묘사된다는 점이다. 따라서 재일조선인의 '홀로서기'란 재일조선인이라는 집단의 자각을 통해서가 아니라 일단은 고립된 개인의 '힘'에 의해서 묘사되고 있다.

예를 들면 일제시대 때 과실치사죄로 복역 중, 일본의 패전으로 석방된 재일조선인 주인공이 야쿠자 두목으로 성장하기까지의 과정을 그린 〈일본 대부〉에서 주인공이 "여기는 일본 땅이야! (주먹)세계에서만은 차별은 없을 거야!" "차별과 멸시뿐인 이 땅에서 살아남으려면 힘이라도 길러야지! 힘을 기르자!"라고 내뱉는 독백은 일본 속에서 철저히 개인으로서 고립된 재일조선인의 존재 양식을 전형적으로 보여 준다. 또 김희로의 인생 역정을 그린 〈김의 전쟁〉에서도 일본이라는 사회 속에 재일조선인이 어떻게 놓여 있는지를 보여 준다. 예를 들면 도쿄 올림픽 여자 배구 우승에 열광하는 술집의 일본인 손님들이나, 그리고 신칸센 개통에 들끓는 일본 열도에 섞이지 못하고 '개인'으로 부유하는 김희로의 모습은 재일조선인이 일본 속에서 어떻게 존재하고 있는지를 보여 준다.

이와 같은 묘사 방식은 재일조선인 사회가 가지고 있는 비극적 상황을 더욱 부각시키는 효과를 지닌다. 이는 재일조선인이 식민지시대의 연속선상에 놓여 있고 또한 식민지 조선을 지배한 일본의 패전에도 불구하고 여전히 '식민지'라는 상황이 변하지 않고 있다는 인식에서 비롯된다. 따라서 고립무원의 상황 속에 재일조선인이 택할 수밖에 없는 것은 '힘'을 통한 '홀로서기' 밖에 없는 것이다. 그렇다면 재일조선인의 개인으로서의 '홀로서기'와 '조국'과의 접점은 어떻게 묘사되고 있는가?

〈터질 듯한 이 가슴을〉이라는 영화는 재일동포 야구선수 장훈의 일대기를 그린 영화이다. 이 영화에 대해 요모타 이누히코(四方田犬彦)가 "주인공(장훈)은 항상 그 내면을 지배하는 어머니의 음성을 통해 그 배후에 있는 관념적인 대한민국이라 불리는 조국으로 귀속하도록 강요하는 영화"(요모타 이누히코 2001)라고 평하고 있듯이 재일조선인을 다룬 많은 영화에서 묘사되는 민족적 차별과 정체성 혼란[3] → 개인으로서의 '홀로서기' 과정은 조국으

3) 〈김의 전쟁〉에서 묘사되는 김희로의 다음과 같은 독백은 재일조선인의 정체성 혼란을 잘 보여 준다. "8.15엔 나도 눈물을 흘렸고 …… 가장 존경하는 사람은 도쿠가와 이에에스 …… 누가 봐도 나는 일본 국민인데 …… 조국은 나에게 무엇일까? …… 차별만 안겨다 준 괴물일까?" 그러나 재일조선인의 정체성 혼란을 영화 속에서 정면으로 묘사하는 경우는 많지 않다. 왜냐하면 한국 영화 속의 재일조선인이란 이미 '민족의식으로 무장한 훌륭한 한국인'을 전제로 하기 때문이

로의 감격적인 귀환을 필연화시키기 위한 전제로 묘사되는 경우가 많다.

이와 같은 점에서 보면 재일조선인을 그려내는 방식은 식민지 지배의 연속 → 극심한 차별 → 개인으로서의 의지 → 민족으로서의 자각이라는 도식으로 정리할 수 있다. 다시 말하면 개인으로서의 수난은 오직 민족으로의 귀속을 필연화시키거나, 혹은 민족으로서의 자각을 극대화시키기 위한 일종의 배경으로서만 이해될 뿐이다. 따라서 재일조선인은 일상생활 없는, 오직 일본과 투쟁하기 위해 일본에서 살고 있는 투사로 그려지거나, 아니면 일본사회의 엄청난 차별에 굴하지 않고 한국인으로서의 자긍심을 잃지 않고 성공한 인물로만 그려진다. 이와 같은 구도는 특히 역도산이나 최영의를 일본사회의 극심한 차별 속에서도 한국인으로서의 긍지를 잃지 않고 일본사회에서 성공을 거둔 민족의식으로 무장한 한국인으로 그려내는 것으로 연결된다. 이 과정에서 역도산의 장기인 가라테 춉과 최영의의 극진 가라테는 한국 민족을 상징하는 '태권도'로 둔갑하기도 한다.[4] 재일조선인은 반일 투사이거나, 아니면 최소한 일본의 차별 때문에 병들어 있는 비극적인 불쌍한 한국인이어야 하는 것이다.[5]

다. 이런 점에서 〈런투유RUN2U〉(강정수 감독, 2003)라는 영화는 대단히 예외적이다. 주인공인 재일조선인이 죽음을 앞두고 서울 역 앞에서 "갈 데까지 가고 올 데까지 왔다. 나는 더 이제 더 이상 어디에도 갈 수 없을까? 이젠 나도 모르겠다"는 독백은 디아스포라(diaspora)로서의 재일조선인의 존재를 극명하게 보여 준다.

4) 「대한뉴스」(1967/12/15) 제653호는 '태권왕 귀국'이라는 제목하에 최영의를 태권도 8단으로 묘사하고 있다. 이 같은 경향은 한국의 대중만화의 세계에서 더욱 분명하게 나타난다. 이에 대해서는 앞의 권혁태(2005)를 참조하라. 역도산을 미국과 일본을 때려잡는 '민족을 대표하는 영웅'으로 각색하는 대표적인 예는 북한 측의 역도산에 대한 묘사 방식에서 더 명확하게 드러난다. 이에 대해서는 김남훈(2003), 김진아(1995)를 참조하라.

5) 재일조선인 소설가 이양지(李良枝)가 소설 『유희』(由熙)에서 한국 유학 중인 재일조선인 유학생의 신경질적이고 신경쇠약증적인 모습에, 전혀 교감이 없는 하숙집 식구들이 당혹해 하면서도 일정한 이해를 표시하는 것으로 그려내는 것은 재일조선인과 한국인의 상호 교감에 대한 작자의 기대라기보다는, 유학생의 갈등(아이덴티티)의 원인이 일본사회의 혹독한 차별에 있기 때문이라는 이들 가족(한국사회)들의 시점, 즉 오직 '일본'으로부터 차별이라는 코드를 통해서만 재일조선인을 해석하려는 한국사회를 말하고 싶었기 때문이었으리라.

2. 파국적 미래와 화해할 수 없는 양국: 한국 민족주의와 일본 국가주의와의 만남

역사의 무게가 미래에 어떻게 투영되는가? 이 과정에서 일본·일본인은 어떻게 묘사되는가? 한일 관계의 미래를 화해할 수 없는 극단적 충돌을 통해서 그려내는 대표적인 작품으로는 〈무궁화 꽃이 피었습니다〉(정진우 감독, 1995)와 〈유령〉(민병천 감독, 1999), 그리고 〈2009 로스트 메모리즈〉(이시명 감독, 2002)가 있다.

먼저 〈2009년 로스트 메모리즈〉는 20세기 전반부에 벌어졌던 한일 양국의 운명을 공유할 수 없는 두 가지 역사적 경로를 통해 진단하고 있다. 하나는 2002년 현재 한국이 일본의 지배하에 있다는 역사적 가정을 통해 한일 양국의 미래를 진단하는 일종의 대리 역사의 형식이다. 안중근 의사의 이토 히로부미 사살 실패로 시작된 가정은, 3·1운동 거사 실패, 윤봉길 폭탄 거사 실패를 거쳐 일본이 미국과 손을 잡음으로써 미국과의 전쟁을 회피한다는 가정으로 이어진다. 이 결과, 히로시마·나가사키를 대신해 베를린에 원폭이 투하됨으로써 일본은 조선을 계속 지배하게 되고 일본은 1960년에 국제연합 상임이사국이 되며, 1988년에는 나고야에서 올림픽이 열리고 2002년에는 일본 단독으로 월드컵이 개최된다는 가정으로 연결된다. 일장기를 단 일본 축구 국가 대표팀 유니폼을 입은 이동국의 모습은 2002년 현재 한국이 여전히 일본 지배하에 있다는 것을 상징적으로 보여 준다. 이와는 다른 또 하나의 역사 전개는 안중근의 이토 히로부미 사살 성공에서 시작하는 우리가 실제로 경험한 역사적 전개이다. 안중근의 이토 사살 여부가 그 후의 역사 전개에 갈림길의 역할을 했다는 가정에는 동의하기 힘들지만, 영화 속에서는 이 두 가지 역사 경로를 결정하는 것은 '시간의 문'이다. 실제의 영화는 전자의 가정하에서 전개되는 역사를 후자로 되돌리려는 조선인들과, 이를 저지하려는 일본인들의 '시간의 문'을 둘러싼 쟁탈전으로 묘사된다. 즉 일본이 '시간의 문'을 확보하게 되면, 역사는 전자로, 조선이 '시간의 문'을 확보하면 후자로 역사가 전개된다는 설정이다. 문제는 양국의 운

명이 결코 공유할 수 없는 '시간의 문'에 의해 결정되는 것으로 설정됨으로써 양국의 미래가 과거를 둘러싼 제로섬 게임의 양상으로 묘사된다는 점에 있다. 이는 양국이 결코 역사를 공유할 수 없을 뿐 아니라, 역사의 선점이 양국의 미래를 파국인가 번영인가를 결정짓는 일종의 전환점으로 설정되어 파국적 관계가 양국에게 피할 수 없는 숙명으로 묘사되고 있다는 점에 가장 큰 특징이 있다. 죽음을 앞둔 일본인 형사가 "평화를 공유할 수는 없어" "둘 중 하나는 죽어야 해"라고 내뱉는 대사를 통해 이 영화는 공존이 불가능한 양국의 파국을 숙명적으로 받아들일 것을 암시하고 있다.

이와 같은 파국적 양국 관계에 대한 불안은 〈유령〉에서도 나타난다. 〈유령〉은 한국에서 비밀리에 건조된 핵잠수함이 일본 잠수함을 어뢰로 공격하고 일본을 핵미사일로 공격하려다가 실패로 끝난다는 설정이다. 일본에 대한 핵미사일 공격을 둘러싼 두 사람의 주인공은 각각 한국 민족주의의 대표적인 두 입장을 보여 준다. 강력한 민족주의로 무장한 주인공은 일본에 핵미사일을 발사할 것을 주장하면서 다음과 같이 말한다.

> 유령이 침몰하는 것은 (일본 측이 발사한-인용자) 저 어뢰 때문이 아니야! 스스로 강해지는 것을 두려워하는 우리 자신 때문이야. 강하지 않으면 짓밟히며 살아갈 수밖에 없어. 오래전 일도 아니야. 우리의 역사가, 온갖 굴욕을 버티며 살아온 것이, 그게 반복되지 않을 거라 생각하나? 하루아침에 달라질 거라고 생각하나? 언제까지 이렇게 치욕스럽게 살아갈 건가? 저 교만한 코쟁이들이나 쪽빠리들 앞에서 우리의 5천년 역사를 빼앗길 수는 없어! 내가 유령이고 내가 한이야!

다시 말하면, 한국의 근 현대를 관통하는 외세규정성에 대한 회한이 한국 민족주의의 강력한 구심점이며, 외세규정성의 역사는 '힘'에 의해서만 '응징'될 수 있으며, 이것이야말로 한국 민족의 유일한 생존전략이라는 것이다. 이에 대해 일본에 대한 공격을 반대하는 다른 주인공은 다음과 같이 말한다.

> 핵을 날린다고 해서 역사가 바뀌지는 않아! 우리에게 돌아오는 것은 보복뿐이야. …… 누구를 위해 전쟁을 일으키는 거지? 우리는 아직 준비가 안돼 있어! …… 어떤 명분을 들이대더라도 지금 이 행동은 또 다른 침략 행위에 불과해! 한 사람이 세상을 모두 바꿀 수는 없어. 그건 살아있는 모든 사람들의 몫이야! 우리는 그저 준비하면 돼! 다시는 그런 역사가 반복되지 않도록!

이 같은 두 영화에 나타나는 극단적인 파국적 한일관은 한국 민족주의가 일본의 국가주의와 어떻게 만나는지를 여실히 보여 준다. 1987년 이래 지속된 한국의 민주화가 가져다 준 열린 정치 공간과 한국 자본주의의 양적 성장이 기존의 한국 현대사 속에 잠재·억제되어 있던 민족주의적 정서를 자극하고 이와 같은 정서가 '따라잡기'의 대상으로서뿐만 아니라, 평등적 대일관에 입각한 '타도'의 대상으로서의 일본관을 만들어 낸 것으로 보인다.

3. 전통과 근대: 문화적 우열로 파악하는 한일 관계

물론 '힘'에 의한 응징의 논리만을 다루는 것은 아니다. '힘'의 열패를 문화적 우월성에 대한 새로운 발견을 통해 식민지시대와 현대 한일 관계의 실제적인 힘의 우열을 전도시키거나 그 부당성을 설명하려는 작품도 다수 눈에 띈다. 이런 작품에 등장하는 일본인은 주로 한국의 전통문화에 매료된 '회개한 일본인'이다. 예를 들면 궁중무용의 계승자인 한국인 기생을 사랑하던 일본인 청년의 비극적 죽음을 그린 〈이조잔영〉(신상옥 감독, 1967), 고려청자를 복원한 한국인의 모습에 감동하는 일본인을 그려내는 〈파라문〉(박우상 감독, 1975), 일본 아악(雅樂)의 기원이 한국의 가야금에 있다는 것을 일본인 아악 명인의 입을 통해 밝혀내는 〈문〉(유현목 감독, 1977), 족보로 대표되는 조선의 전통과 일제 권력 사이에서 갈등하는 일본인 화가의 고뇌를 창씨개명을 소재로 그려내는 〈족보〉(임권택 감독, 1978), 일본 도예가의 문하생으로 활약하던 한국인 도예가가 아버지의 죽음을 계기로 청자 불상의 맥을 잇기로 결심한다는 내용의 〈비색〉(최하원 감독, 1979), 청자제조 비법을 빼앗으려는 일본인과 이에 맞서는 조선인 청년을 그린 〈돌아온 쌍룡(雙龍)〉(남기남 감독, 1981), 이조백자를 둘러싼 한일 간의 갈등을 그린 〈비황〉(秘煌)(문여송 감독, 1992)은 그 대표적 작품이다.

〈문〉의 줄거리는 다음과 같다. 일본 아악의 원류를 찾으려는 일본인 '고토'(琴)의 거장이 일제시대 때 고문으로 손가락을 못 쓰게 된 한국인 가야금 연주자를 찾아와, 가야금 연주를 듣고 죽음에 이른다. 그러자 일본인 거장의 아들이 아버지의 죽음의 흔적을 찾아 한국을 방문, 가야금 연주자의 딸을 만나 자신의 음악 세계를 새롭게 깨닫는다. 영화 속에서 일본 아악의 거장은 다음과 같이 말한다.

> 일본에선 나를 두고 일본의 아악과 서양의 양곡을 융화시켜서 일본의 전통 음악을 혁신한 당대의 천재라고 하지만, 내가 해 놓은 건 혁신이 아니라 일본음악의 타락이었소. …… 가야금의 가락을 들으면서 신의 계시라고 생각했소. …… 나는 거기서 지금껏 고토의 원류를 잊어버리고 있었던 나를 깨달았소!

여기서는 서양식 근대화의 길을 걸어 일본의 원류를 잊은 일본 근현대의 역사적 전개가 잘못된 것을 '일본 음악의 타락'이라는 표현을 통해 비판하면서, 그리고 이로 인해 피해를 입은 한국인 가야금 연주자와의 만남과 깨달음을 통해서만 양국의 화해가 가능하다는 점을 암시하고 있다. 여기서 묘사되는 한국이란 동양적 전통을 지키는 사회이고, 일본이란 동양적 전통을 파괴한 주범이다. 따라서 양국의 화해란 동양적 전통에 대한 일본사회의 재발견과 이에 대한 일본의 자각·반성을 통해서만 이루어질 수 있다는 설정이다. 이와 같은 전통=한국=선, 근대=일본=악이라는 도식을 통한 한일 관계의 묘사 방식은 〈족보〉에서도 나타난다. 700년 동안 이어 내려오는 족보를 지키기 위해 창씨개명을 거부하는 조선인과, 이에 대해 공감하면서도 총독부 권력으로 상징되는 일본 제국주의의 창씨개명 정책 사이에서 고민하는 일본인 화가. 이 과정에서 일제 권력의 부당성은 오직 전통을 부수는 근대 권력의 이미지로, 그리고 조선 사회의 저항은 국가나 민족적 차원의 저항이 아니라 집안이나 가문, 혹은 전통의 영역으로만 묘사된다. 따라서 영화 곳곳에 등장하는 일제 말기의 폭압적 정책인 징용이나 정신대 문제도 전통 파괴를 일삼는 일제 권력의 부당성을 각인시키는 일종의 보조 장치로서만 이해된다.

〈비황〉은 서기원의 '사금파리 무덤'을 일본에서 태어난 문여송 감독이 영화화한 작품이다. 이 영화는 식민지시대를 배경으로 하고 있으면서도, 독립 운동과 같은 소재가 아니라 이조백자를 둘러싼 민족 간의 갈등을 소재로 하고 있다는 점에서 매우 특색이 있다. 일찍부터 이조백자의 아름다움과 그 가치에 눈을 뜬 일본인이 이조 마지막 도공의 아들을 도굴꾼으로 이용해 조선 내에서 많은 수의 도자기를 도굴해 일본에 반출하려 하는데, 뒤늦게 이런 음모에 자신이 이용당한 것을 깨닫게 된 마지막 도공의 아들이 이를 막는다는 줄거리이다. 이 과정에서 등장하는 두 가지 모티브가 매우 인상적이다.

하나는 한국인의 전통문화에 대한 무지와 무관심을, 일본인을 통해서 깨우치려는 수법이다. 이 같은 시점은 일제시대를 통해 잃어버린 것이 '근대'가 아니라 '전통'이었다는 점을, '근대'의 폐해를 선험한 일본인을 통해 보여 주려는 작자의 의도가 반영된 결과일 것이다. 그러나 동시에 조선인들의 자각, 즉 '돈이 없고 힘이 없어 도굴에 가담해 일본인에게 빼앗겼던 백자를, 고생해서 스스로 번 눈물 젖은 돈으로 되찾으려는' 조선인들의 노력이 총독부 권력과 유착된 일본인의 음모로 좌절되는 과정을 통해 묘사함으로써 '나라를 잃은 식민지 백성'의 개인적인 노력의 '덧없음'을 동시에 보여 준다. 즉 자본과 권력의 양성, 즉 '힘'을 통해서만 '전통'이 '문화'로 자리 잡을 수 있음을 보여 주는 것이다.

4. '반공' 회로판으로서의 일본

한국 상업 영화의 일본 인식에서 또 하나 빼 놓을 수 없는 요소는 '반공'이라는 회로판이다. 일본을 소재로 한 영화 속에 등장하는 반공이라는 소재는 356편 가운데 35편, 약 10%로 적지 않은 비중을 차지한다. 일견 한국의 일본 인식과 관계없는 것처럼 보이는 '반공' 문제는 주로 다음과 같은 몇 가지 방식을 통해 한국사회에 구체적인 형태로 다가온다.[6]

첫 번째 경로는 해방 정국의 좌우 대립적인 정치적 혼란기의 갈등 속에서 공산주의에 대한 증오를 부각·강조하기 위한 수단 혹은 경로로서 일본 혹은 일본인을 등장시키는 방식이다. 예를 들면 소련에 억류되었다가 일본으로 귀환하는 일본인들과의 좌담을 통해 공산주의의 '악랄한 만행'과 '비참한 생활상'을 폭로하는 세미다큐멘터리 형식인 〈무너진 38선〉(윤봉춘 감독, 1949), 제2차 대전 종결 직후 만주 대륙에서 팔로군의 학대에 시달리는 패전 일본군 포로들을 한국과 중국의 지사들이 인도주의의 기치 아래 팔로군을 격퇴하고 일본인 포로들을 석방시킨다는 〈대지의 지배자〉(정창화 감독, 1963), 해방 직후 북조선에 진주한 소련군에 의한 일본인 학대 장면을 등장시키는 〈불꽃〉(유현목 감독, 1975) 등은 공산주의에 대한 '증오'를 일본에 대한 '역사적 증오'에 우선시키는 작품 세계를 보여 주고 있다. 또 해방 직후의 좌우 대립 속에서 지식인의 갈등과 사회주의 이념의 허망함을 그린 〈깃발 없는 기수〉(임권택 감독, 1979)에서는 사회주의를 일제시대와의 연관 속에서 다음과 같은 방식으로 희화화시키고 있다. 첫 번째 공산주의에 대한 이념적 신념 때문이 아니라 일본에 대한 증오 때문에 공산당 활동을 했다는 설정을 통해, 두 번째는 일제시대의 전향 경력을 숨기기 위해 자식에게 공산주의 활동을 강요하는 아버지의 모습을 통해, 세 번째는 일제시대의 얼치기 공산

---

6) 일제시대를 묘사하는 영화 속에 직접적으로 반공 회로판이 작동되는 경우는 많지 않다. 다만 일제시대를 배경으로 한 많은 영화가 「아나키스트」(유영식 감독, 1999)를 예외로 하면 주로 우파 중심의 운동사만을 다루고 있다는 점만은 지적해 두고 싶다.

주의 활동으로 인한 검거 경력을 해방 후 화려한 투쟁 경력의 하나로 둔갑시키는 해방 후의 좌파의 얼굴을 통해,[7] 사회주의란 독립이념이 아니라 일종의 기생이념이라는 것을 말하고 있다. 여기서 등장하는 일본 혹은 일제시대란 오직 사회주의 이념의 허망함을 증명하는 증거 혹은 기억으로만 인식되고 있을 뿐이다.

두 번째 경로는 반공이라는 소재와 일본을 연결시키는 고리로서 재일조선인을 등장시킨다는 것이다. 재일조선인을 소재로 한 반공 영화는 1963년 「검은 장갑」(김성민 감독, 1963년)을 처음으로 1969년까지 5편, 1970~75년 12편, 1975~79년 5편, 1980~86년 4편으로 총 26편에 달한다. 이는 반공을 소재로 한 영화 총 35편의 74%에 달할 정도로 압도적이다. 재일조선인을 매개로 한 반공 영화는 1963년을 효시로 해서 1970년대에 전성기를 맞이한 다음, 1986년을 마지막으로 영화 작품 소재에서 자취를 감추게 된다.

이는 1959년부터 개시된 한국에서는 '북송 사업'으로 불렸던 '재일조선인 귀국 사업'의 본격적인 전개에 대한 한국사회의 위기감, 그리고 1970년대 유신 체제하에서 빈번히 일어났던 재일조선인 유학생 간첩단 사건과 같은 시대상을 반영하고 있는 것으로 보인다. 재일조선인에 대한 이데올로기적인 필터의 극치는 〈그 여름의 마지막 날〉(이원세 감독, 1984년)이라는 작품인데, 줄거리는 다음과 같다. 대학 지하서클의 멤버인 주인공은 학원 소요사태의 주범으로 퇴학 처분을 당한다. 일본에 밀항, 조총련계 인물을 통해 세뇌당한 뒤 이북으로 간다. 그러나 북한의 처참한 생활을 목격한 주인공은 마지막 세뇌공작 학습장인 지하건물에서 탈출을 시도하나 실패한다. 밀폐

---

7) 영화 속에 등장하는 사회주의자에 대한 다음과 같은 일화는 사회주의 이념 희화화의 대표적인 사례이다. '일자무식인 고향 사람이 일제시대 때, 우연히 사진을 찍게 되었는데, 사진 속에 멋을 내기 위해 소품으로 사용한 『공산주의와 사회주의』라는 책 때문에 일본 경찰에 사상범 용의로 체포되었다. 사정을 알게 된 일본 경찰은 이 사람을 석방시켰지만, 해방 후에는 이를 화려한 투쟁경력을 지닌 사상범 출신이라는 것을 증명하는 경력으로 내세움으로써 인민 적위대의 부대장 자리에 앉게 되었다.'

된 사회, 억압받는 사회에서 주인공은 새 삶을 시작하는데, 결국은 DMZ분계선에서 자유가 아니면 죽음을 달라고 외치는 장면으로 마무리된다. 재일조선인과 반공 문제를 연결시킬 수 있는 최근의 작품으로는 〈흑수선〉(배창호 감독, 2001)이 있지만 이 작품에 등장하는 재일조선인은 빨치산 출신으로 일본인으로 완전히 '호적 세탁'한 자산가의 모습일 뿐이다. 결국 반공 영화에 등장하는 일본이란, 북한과 한국을 이어주는 이데올로기적 매개자의 모습을 가지게 되고 이 과정에서 조총련 등으로 대표되는 재일조선인은 오직 한반도 정치 상황의 단순한 대변자로 그려질 뿐이다. 이와 같은 재일조선인을 매개로 한 반공 회로판은 일본에 대한 '공포'와 동시에 '자유로운 정치공간에 대한 이데올로기적 동경'을 낳아 한국인의 일본사회 인식에 적지 않은 영향을 미친 것으로 보인다.

5. 한일 관계와 전도된 남녀 관계

그런데 특이할 만한 점은, 일본을 소재로 한 상업 영화에 등장하는 일본인은 일제시대를 배경으로 한 영화에서는 지주, 헌병, 경찰, 총독부 관리이고, 또 해방 후를 배경으로 한 영화에서는 야쿠자나 호색한 자산가이며 이는 대체로 일본인 남성이라는 형태로 등장한다는 것이다. 그리고 조선이나 한국에 공감하는 일본인은 대체로 '영웅적 조선인 남성'에 공감하는 헌신적인 일본인 여성의 형태로 등장한다.

예를 들면, 〈바보〉(전범성 감독, 1965)에서는 일본인 순사의 첩으로 끌려간 조선인 양반집 규수를, 〈황토〉(김수용 감독, 1973)에서는 일본인 경찰과 조선인 빈농의 딸의 결합을, 〈평양 맨발〉(남기남 감독, 1980)에서는 일본인 거부 남성의 애첩이 되는 조선인 여성을, 〈물목〉(조명화 감독, 1985)에서는 조선인 소녀를 겁탈하려는 일본인 순사를 각각 그린다. 다시 말하면 제국주의 일본과 식민지 조선이라는 정치적 관계를 일본인 남성과 조선인 여성과의 관계를 통해서 표현하고 있는 셈이다. 이와 같은 구도는 해방 후를 배경으로 한 작품에서도 나타난다. 〈外人들〉(고영남 감독, 1980)에 등장하는 일본인 남성은 한국에 현지처를 둔 거부 호색한으로 묘사되며, 〈한쪽 날개의 천사〉(김성남 감독, 1987)나 〈빨강 바다〉(김한성 감독, 1989)에 등장하는 일본인 남성은 한국인 여성을 인신매매하는 파렴치한 일본인이다. 또, 〈東京아리랑〉(손창호 감독, 1990)에 등장하는 일본인 남성은 한국인 젊은 여성을 탐하는 돈 많은 호색한이거나, 한국인 여자를 농락하기 위해 가짜 결혼도 서슴지 않는 사기꾼의 모습이다.

이와 같은 구도는 우연한 것이 아니다. 일본인 남성과 조선인 여성의 '결합'은 사랑이 개입되지 않는 비정상적 권력관계이며 따라서 일본인 남성과 조선인 여성은 각각 일본 제국주의의 '탐욕스러움'과 조선의 '순결'을 상징하는 표상기호로 등장한다. 결국, 이는 한국의 남성성을 자극함으로써 한국의 구원은 한국인 남성상의 복원을 통해서 회복될 수 있다는 암시로 이어진다. 물론 일본인 남성의 조선인 여성에 대한 사랑을 그리는 작품이 없는 것은 아니다. 〈이조잔영〉(신상옥 감독, 1967)에서는 일본인 청년의 조선인 여성에 대한 사랑을 그리지만, 한국인 여성이 독립운동을 하는 조선인 청년을 사랑함으로써 일본인 남성은 자살하는 형태로 매듭지어진다.

이에 대해 조선인 남성과 일본인 여성과의 관계를 묘사하는 방식은 전혀 다르다. 일반적으로 초월적인 신념과 능력을 지니고 강한 민족의식으로 무장한 조선인 남성에 대해 헌신적인 사랑을 바치는 일본인 여성으로 묘사된다. 〈삼일천하 김옥균〉(신상옥 감독, 1973)에서는 청년 지사 김옥균을 흠모하는 일본인 여성의 헌신적인 사랑을, 〈일본인〉(김수용 감독, 1968)에서는 조선인 독립투사의 아들을 사랑하는 일본인 검사 딸을, 〈장군의 아들 2〉(임권택 감독, 1991)에서는 김두한을 흠모하는 일본인 여성을, 〈명자 아끼꼬 소냐〉에서는 조선인 독립 운동가를 사랑하는 일본인 여성을, 〈현해탄은 알고 있다〉(김기영 감독, 1961)에서도 조선인 학도병을 사랑하는 일본인 여성을, 또 위에서 말한 〈김의 전쟁〉에서도 김희로를 사랑하는 일본인 여성을 등장시킨다.

이는 지배자로서의 남성과 피지배자로서의 여성이라는 전제하에 피지배자로서의 조선인과 지배자로서의 일본인이라는 현실상의 구도를 남녀 관계로 전도시키고 이를 통해 실제 역사에서 경험해 보지 못한 '승자의 기쁨'을 남성성의 복원을 통해 대리만족하려는 욕구로 보인다. 다시 말하면 민족 간의 지배/피지배 관계를 젠더 간의 지배/피지배 관계의 역전을 통해 해소하려 한다는 것이다.

6. '선진국'으로서의 일본

일제시대의 일본을 단순한 증오대상만으로 삼는 것은 아니다. 소설가 이상의 전기를 영화화한 〈금홍아! 금홍아〉(김유진 감독, 1995)에서 묘사되는 일본은 지배자이면서도 다른 한편에서는 도쿄로 대표되는 새로운 근대 문명의 산실로 묘사된다. 예를 들면, 이상의 절친한 친구이며 꼽추 화가로 유명한 구본웅은 '도쿄 유학 후 전시회를 개최해 장안의 화제가 된 천재 화가'로 묘사된다. 또한 "동경 가서 전기기술자가 되어 돌아오겠어!" "동경 가서 5개 국어가 능통해서 돌아오겠어!" "나 동경 가겠네! 다시 시작하겠어"라고 말하면서 작별 인사를 고하는 이상에게 도쿄로 상징되는 일본이란 새로운 '문명의 신천지'이다. 이는 근대 문명을 상징하는 '술집, 카페, 양복' 등과 같은 일본식 근대를, 전통적인 낡은 한옥과 남루한 한복으로 대표되는 조선식 전근대에 대비시킴으로써 한층 더 부각된다. 따라서 일본 제국주의에 대한 증오는 직접적인 형태가 아니라 식민지 조선의 처참한 현실과 문명지 일본과의 격차를 담아내는 방식으로 표현된다.

이와 같은 '세련된 선진 근대로서의 일본'과 '식민지 지배하의 전근대 조선' 사이에서 느끼는 열패감이나 갈등은 성악가 윤심덕의 비극적 일생을 그린 〈사의 찬미〉(김호선 감독, 1991)에서 더 명료한 형태로 나타난다. 이 작품에서도 조선 사람이라는 이유로 심덕을 싫어하는 도쿄음악대학의 일본인 여선생, 도쿄 유학생들의 조선 순회공연을 검열하는 일본인 순사, 불온한 학생 모임에 참석했다는 이유로 반성문 제출을 요구하는 일본인 선생, 조선총독이 초대한 자리에서 '울 밑에 선 봉선화야'를 열창하는 윤심덕에 떨떠름한 표정을 보이는 일본인, 그리고 교원 채용 시 일본인을 우선 채용한다는 말을 아무런 거리낌 없이 설명하는 일본인 등을 등장시켜 식민지하에서 벌어졌던 민족차별에 대한 묘사가 부분적으로 등장하기는 한다. 하지만 이와 동시에, 심덕과 아무런 거리낌 없이 일상적 사랑이야기를 나누는 일본인 친구, 길을 가르쳐 주는 친절한 일본인, 그리고 평화롭고 아름다운, 그리고 근대적인 일본의 풍경이 묘사된다. 윤심덕의 갈등과 좌절(자살)은 어디까지나 일본에서 체득한 서양적 근대와 조선의 전근대성 사이의 격차로 묘사되고 있을 뿐, 제국주의 일본과 식민지 조선 사이의 갈등은 부차적인 복선으로 깔려 있는 듯하다. 따라서 윤심덕은 일본제국주의와의 대결 속에서 고민하는 지식인으로서가 아니라 어디까지나 심덕의 지인이 내뱉듯이 '개화의 씨앗'으로만 그려질 뿐이다. 이와 같은 구도는 화가 이중섭의 일생을 그린 〈이중섭〉(곽정환 감독, 1974년)에도 나타난다. 이 영화에서 이중섭이 일본 유학생 출신이라는 점을 강조할 때, 여기서 말하는 일본이란 식민지 지배자로서의 일본이 아니라 문명지인 선진 일본일 뿐이다.

이는 해방 후의 일본을 묘사하는 방식에도 드러난다. 한국과 일본을 '반공'이라는 소재로 이어 주는 회로판으로 재일조선인이 등장한 것처럼 한국과 일본을 이어주는 일종의 '선진국 회로판'으로도 등장한다. 예를 들면, 경제적으로 성공한 재벌 재일조선인과, 구 만주 지역에서 활동하던 마적 두목과의 대결을 그린 〈심야의 대결〉(임원식 감독, 1969)이나, 오르간 연주자 재일조선인 여성의 한국 공연과 한국인 청년과의 사랑을 그린 〈가슴 아프게〉(박상호 감독, 1967), 재일조선인 거부 아들의 신부 찾기를 그린 〈사랑은 파도를 넘고〉(고영남 감독, 1967), 재일조선인 아버지의 도움으로 결혼에 성공하는 한국인 남성을 그린 〈빙우〉(고영남 감독, 1967), 〈순정산하〉(조웅대 감독, 1968), 재일조선인 재벌 2세와의 결혼이야기를 담은 〈낙엽 따라 가버린 사랑〉(김기덕 감독, 1970), 일본에서 경제적으로 성공한 한 노인의 고향 찾기를 그린 〈엄마 결혼식〉(조문진 감독, 1973) 등에서 묘사되는 재일조선인은 일본이라는 배경에서 경제적으로 성공한 재벌이다. 또, 〈나와 나〉(이원세 감독, 1973), 〈매일 죽는 남자〉(이원세 감독, 1981)와 같은 영화에서는 재일조선인이 직접 등장하지는 않지만 '성공한 교포 행세'로 '사기 행각'을 벌이는 한국인을 그림으로써 재일조선인=부자라는 등식을 전제로 하고 있다. 또 〈일본 대부〉에서도 일본에서 성공한 조선인 야쿠자의 경제적 윤택함과 한국의 빈곤한 농촌 고향을 대비시킴으로써 한일 간의 경제력 격차를 가감 없이 보여 준다.

따라서 재일조선인을 경유한 일본 인식이란 '현존하는 경제력'이라는 회로판을 통해 재일조선인의 배후에 있는 일본사회를 바라보고 있다는 것을 뜻한다. 재일조선인 부자를 통해 일본사회를 '선진국 일원'으로 바라보는 시각은 한일 간의 경제력 격차와 이에 따른 국가 간 서열화라는 개발주의적 시각을 전제로 한다. 이와 같은 시각은 한국의 경제 개발에 필요한 자본 조달을 위해서 재일조선인의 경제력이 가장 현실적인 대안으로 등장한 1960년대부터 일반화되기 시작했을 터이고 이 과정에서 '재일조선인=잘사는 선진국 주민'이라는 등식이 형성되기 시작했을 것이다. 이 결과, 재일조선인이란 한편에서는 민족과 국가를 위한 '애국적 국민'으로, 다른 한편에서는 일본 자본의 '하수인'이나 '오만한 선진 자본가'로 각인된다.

이와 같은 개발주의적 시각은 당연히 '선망'의 대상으로서의 일본이라는 인식과 함께 '따라잡기'의 대상으로서의 일본이라는 소위 실력양성론에 입각한 '극일론'적인 인식의 배경을 이룬다. 예를 들면, 식민지 지배에 울분을 느낀 조선인 청년이 일본인과의 비행 경쟁에서 승리하고 해방 후 항공 개발과 후진 양성에 힘쓴다는 내용의 〈안창남 비행사〉(노필 감독, 1949)나, 일본인 기술자와의 의견 대립을 이겨 내고 포항공업단지 건설을 위한 방파제 공사를 성공리에 마친다는 한국인 엔지니어의 불굴의 투혼을 그린 〈해벽〉(이성구 감독, 1973)에 등장하는 일본·일본인이란 '따라잡기'의 대상인 선진국이다.

그러나 선진국으로서의 일본은 한편에서는 새로운 가능성을 지닌 신천지이지만 다른 한편에서는 한국 범죄자의 도피처이기도 하다. 도피처로서의 일본을 그린 대표적인 영화로는 〈형제〉(김상민 감독, 1958), 〈명동의 왕과 박〉(변장호 감독, 1970), 〈깡패수업〉(김상진 감독, 1996), 〈삿갓 쓴 장고〉(최영철 감독, 1985), 〈어디로 가야 하나〉(이두용 감독, 1972), 〈짧은 여행의 끝〉(유진조 감독, 1992) 등인데, 이곳에서 등장하는 일본이란 한국인 범죄자가 가장 손쉽게 택할 수 있는 가장 가까운 '기회'의 나라이다. 〈깡패수업〉(김상진 감독, 1996)은 살인 사건을 저지르고 도피처로 일본행을 택한 한국인 조폭과 나이트클럽 웨이터를 그만두고 돈을 벌기 위해 일본에 건너간 평범한 한국의 젊은이가 일본의 야쿠자 조직과 관련을 맺으면서 겪게 되는 일상사와 비극적인 종말을 그린 작품이다. 이 영화에서는 재일조선인 야쿠자를 등장시키고는 있지만, 여기서의 재일조선인은 2개 국어를 말할 수 있는 '편리한' 존재로서 묘사되고 있을 뿐이고, 전체적으로는 도피처이면서 출세를 위한 '신천지'로서 일본을 그려내고 있다. 일본인 여성과의 사랑을 그려 내면서도 민족적 앙금이나 역사 인식의 차이를 암시하는 설정이나 대사는 어디에도 나오지 않는다. 쌍둥이 자매가수의 일본 공연을 다룬 〈동경의 밤하늘〉(이성구 감독, 1970)이나, 〈인간시장2, 불타는 욕망〉(김효천 감독, 1985)에서 그려지는 일본은 돈을 벌기 위해 댄서로 일본에 건너간 한국인 처녀를 매음굴로 팔아넘겨 정신병자로 만들어버리는 곳이기도 하다. 세 한국인 여성의 일본 불법체류기를 그린 〈오사카의 푸른 밤〉(정명 감독, 1993)에서 묘사되는 일본이란 불법체류자인 세 여성을 괴롭히는 악마의 나라이다. 〈東京아리랑〉은 돈을 벌기 위해 일본의 밤거리에 뛰어든 한국인 여성들의 수난기를 기록한 영화인데, 이 영화에 등장하는 일본인은, 위에서 말한 바와 같이, 호색한이고 사기꾼이다. 따라서 한일 간의 어두운 관계를 그려내는 방식도 두 사회의 경제적 격차를 반영한 사회현상, 즉 불법체류, 기생관광, 유학생 문제 등이 주된 소재로 등장할 뿐, 역사의 '그림자'를 직접 담아내는 방법과는 거리를 두고 있다고 볼 수 있다.

7. 탈역사화된 '개인'과 '개인'의 만남

1990년대 이후 '개방화 시대'가 도래하고 정보화가 급속하게 진전함에 따라 한일 교류에 소요되는 인위적 장벽의 높이가 낮아지고 교류 코스트가 급속히 낮아지게 된다. 따라서 무차별적인 교류가 게릴라식으로 각 분야에서 확대됨에 따라 기존의 일본관과의 '충돌' 가능성이 현실화된다. 다시 말하면 한국의 근현대라는 역사적 흐름 속에 갇혀 있던 일본관과, 개인의 체험을 통한 일본관과의 사이에 긴장 관계가 생긴다. 이 같은 경향은 한국사회에서 나타나는 젊은 세대의 탈역사화·탈정치화·개인화라는 추세와 맞물리면서 더욱 증폭된다. 이와 같은 시대적 변화는 일본과의 만남을 경제력 격차나 역사의 무게와 일견 무관한 개인과 개인의 만남으로 묘사하려는 욕구로 연결된다. 물론 이와 같은 인식의 변화에는 한국 자본주의의 양적 성장이 전제되어 있다. 따라서 아래와 같은 영화에 등장하는 한국·한국인은 더 이상 빈곤에 허덕이는 빈국·빈민이 아니라 풍족한 생활과 근대화된 생활로 무장한 새로운 한국인이다.

예를 들면, 〈한 줌의 시간 속에서〉(백일성 감독, 1993)는 일제시대를 배경으로 하고 있지만 제국주의-식민지라는 구도는 등장하지 않는다. 일본 유학과 독일 유학을 거쳐 독일 대학의 고고학 교수로 성공한 한국인 주인공의 고향 방문기를 그린 이 작품에 등장하는 일본인이란 아버지와 바람을 피우는 일본 여인네, 테니스장에서 한가롭게 운동을 하는 일본인일 뿐이다. 한국인 어머니와 이혼하고 일본 여자와 새로 결혼한 아버지와의 관계를 통해 가족 문제를 그려내는 〈눈꽃〉(박철수 감독, 1992)에 나오는 일본·일본인의 모습은 식민지 체험과 전혀 무관한 영화의 배경일 뿐이다. 일본어는 '어머니가 일본 책을 읽는 것을 부러워하는' 주인공 딸이 배우고 싶어 하는 많은 외국어 중의 하나일 뿐이다. 또 일본은 신혼여행지로 가고 싶어 하는 여러 지역 중의 하나이며, 신칸센과 고층빌딩이라는 첨단의 도시 문화가 사쿠라 꽃, 오사카 성, 그리고 유카타(浴衣)와 기모노(着物)라는 전통적 기호와 잘 어울리는 장소이다. 이와 같은 표현 방식이 한국과의 문화적·경제적 격차를 암시하기 위한 플롯이 아니라는 점이 기존의 영화와 다른 점이다. 왜냐하면 이 영화에 등장하는 한국도 새로운 문화적 기호 — 현대적인 가옥, 소파, 위스키, 파이프 담배, 서양화 등의 서양 문화 — 를 통해 표현되고 있기 때문이다. 따라서 이 영화는 전통적으로 한일 관계를 표현하는 경제력 격차와 역사의 '그림자'로부터 벗어나 개인과 개인의 만남으로 한국과 일본을 묘사하고 있다는 점에 큰 특징이 있다고 볼 수 있다. 이와 같은 방식은 미국을 배경으로 한 〈투 타이어드 투 다이〉(To tired to die. 진원석 감독, 1998년)라는 영화에도 나타난다. 이 영화에 등장하는 일본인 남성은 '역사'와 무관한 미국 속의 동양인일 뿐이며, 이와 같은 구도는 영화의 본래의 주제와 관계없이 미국이라는 시선을 통해 한국인과 일본인은 '동양인'이라는 범주로 유형화될 수밖에 없다는 점을 암시한다.

또 한국에 온 일본인 여성과 한국인 청년과의 사랑을 그린 〈게임 오버〉(박용준 감독, 2001), 〈몽중인〉(夢中人. 이경영 감독, 2002), 〈그림일기〉(고영남 감독, 1999) 등에서도 경제력 격차나 역사의 무게로부터 자유로운 개인과 개인의 만남으로서 한일 간의 만남을 묘사한다.

가야금을 배우러 한국에 오게 된 두 일본인 여성의 한국인 남성과의 사랑을 다룬 〈몽중인〉에서는 일본인 여성과 한국인 남성 사이의 결혼을 둘러싼 민족적 갈등이 거의 묘사되지 않으며 또한 한국에서 생활하는 일본인 여성에 대한 주위 한국인들의 거부 반응도 거의 보이지 않는다. 더구나 일본인 여성과 한국인 남성 사이에서 태어난 어린 딸의 이름도 '꿈'이라는 뜻의 일본식 이름인 '유메'이고, 이 아이는 양국 말을 자유롭게 구사하는 바이링

걸 키드로서만 묘사된다. 또한 영화 곳곳에 등장하는 일본 여성이 사용하는 일본어는 남성적이고 권위적인 표상기호가 아니라 선하고 부드럽고 헌신적인 언어 기호로 등장할 뿐이다. 이와 같은 묘사 방식은 한국에 유학 온 일본여성과 무능력한 한국인 청년과의 동거를 그린 〈그림일기〉에서도 마찬가지다. 일본인 여성이란 귀엽고 발랄하고 당당한 인물로 묘사되며, 따라서 일본인 여성이 사용하는 일본어란 지배의 언어도 아니고 차별의 언어도 아니며, 그저 생기발랄한 현대적인 커뮤니케이션 수단으로만 묘사된다. 이 같은 영화에 나오는 일본인은 대체로 한국 음식을 좋아하며, 한국말을 유창하게 사용할 줄 알고 한국 문화에 관심이 많은 한국에 우호적인 일본인 여성으로 그려진다. 젠더적 표상 방식이 과거와는 역전된 형태로 등장하는 것이다. 즉 한일 관계를 새로운 시각으로 담아내고 있음에도 불구하고, 그 방식은 구래의 젠더적 시각에서 벗어나지 못하고 있는 셈이다. 〈위대한 헌터 GJ〉(이두용 감독, 1995)에 등장하는 청부살인업자 재일조선인은 탈 역사화된 '개인'으로서만 등장하며, 또한 한국에서 살인을 저지르고 일본 야쿠자 조직으로 피신한 한국인 깡패의 일본 생활을 그린 〈깡패 수업〉(김상진 감독, 1996)에 등장하는 재일조선인은 다소 한국말이 서툰 개인으로만 등장할 뿐이고 한국인 남성과 일본인 여성 간의 민족적 갈등도 거의 묘사되지 않는다.[8)]

Ⅳ. 맺음말을 대신하여: 일본에 소개되는 한국 영화

그렇다면 일본에서는 영화를 통해 한국을 어떻게 인식하고 있는가? 맺

8) 물론 「째즈빠 히로시마」(강구택 감독, 1992년)에서처럼 일견 '역사'로부터 자유로운 한일 간의 사랑이 결국은 '역사'에 대한 기억을 둘러싼 '갈등' 때문에 파탄에 이른다는 플롯이 없는 것은 아니지만, 이 영화에서 조차 한일 간의 만남을 일단 개인으로서의 만남으로 설정하고 있다는 점이 다른 영화에는 좀처럼 나타나지 않는 새로운 현상이다.

음말을 대신하여 다음과 같은 두 가지 방식으로 이 문제에 접근해 보자.

첫 번째로 일본에 수출된 한국 영화를 통해 일본이 한국의 어떤 모습을 보려고 하는가이다. 이를 분석하기 위해 한국영상자료원 데이터베이스에 수록되어 있는 작품 중, 수출지가 일본으로 기재되어 있는 작품을 분류한 결과, 총 111편에 달하는 작품이 추출되었다.[9] 이 111편을 분석한 결과, 다음과 같은 몇 가지 특징을 추출할 수 있다.

첫째로 일본에 수출된 한국 영화로 분류된 총 111편 중 61편이 각종 영화제 출품작이거나 수상작이다. 따라서 일본의 수입업자가 한국 영화 수입의 기준을 영화제 출품이라는 기준에 따라서 판단하고 있었던 것으로 보인다.

둘째로, 111편 가운데 앞에서 살펴본, 일본을 소재로 한 영화와 중복되는 경우를 거의 찾아볼 수 없다는 점이다. 일반적으로 한국 영화의 일본 수출이 일본 내 수입업자(배급업자)의 의향을 강하게 반영하고 있다는 점을 고려하면, 일본 측이 한국 영화에 무엇을 기대하고, 무엇을 회피하려고 했는지가 여실히 드러난다. 다시 말하면 한국 제작 영화 중 일본을 소재로 한 영화는 가급적 일본에서 수입하려 하지 않았다는 것이다. 이는 본문에서 언급한 바와 같이 일본을 소재로 한 한국 영화 대부분이, 일제시대를 배경으로 일본·일본인을 비열한 침략자의 모습으로 그리거나 강한 민족 차별로 무장한 인종차별주의자, 혹은 요모다 이누히코가 '이두용 영화'를 평하면서 언급한 '일본도를 휘두르는 비열하며 코믹한 인간'(마에까와 미찌히로, 1992)으로 묘사하고 있는 것과 무관하지 않다. 문제는 이와 같은 한국 영화에 나타난 일본·일본인 관을, 수입 한국 영화를 통해 일본사회가 경험할 기회가 차단되어 있었다는 것이다.

그렇다면 일본에 수출된 한국 영화는 어떤 종류의 영화가 주종을 이루

9) 물론 이 작품 모두가 수출을 통하여 일본의 상업 영화관에서 공개 개봉되었다고 보기는 힘들다. 데이터베이스상의 '수출'이라는 분류의 기준이 불명확하기 때문이다. 따라서 이 글은 한국영상자료원 데이터베이스상에 수출지가 일본으로 분류되어 있는 작품만을 대상으로 하고 있을 뿐, 실제 수출, 개봉된 작품을 대상으로 하고 있는 것이 아니라는 점을 밝혀 둔다.

었나? 가장 눈에 띄는 영화는 주로 성인 관련 영화이다. '일부 한국 영화의 에로틱한 표현이 한국 영화에 대한 저속한 이미지'(마에까와 미찌히로 1992, 509)를 만들어 냈다는 지적이 있는 것처럼, 일본사회가 한국 영화에 무엇을 기대하고 있었는가, 그리고 이를 통해 한국사회를 어떻게 이해하려고 했는가가 여실히 드러난다. 그리고 이와 같은 성인 영화는 특히 한국의 고전과의 결합을 통해 한국 여성의 성적 대상화가 마치 전통적 배경의 산물인 것 같은 이미지를 일본 남성 고객에게 심어 준다. 이와 같은 일부 장르에 편중된 한국 영화의 이미지에 변화의 조짐이 보이기 시작한 것은 한국 영화 붐이 불기 시작한 극히 최근의 일이다. 문제는 최근의 변화가 현대 한국 영화 속에서 축적되어 온 일본·일본인 상과 어떤 관련을 맺는지이다.

두 번째로 일본 영화 속에 나타난 한국·한국인(조선·조선인)에 대한 묘사 방식을 다루어야 하지만,[10] 여기서는 한국과 일본의 유명 배우가 출연한 〈Seoul〉[나가사와 마사히코(長澤雅彦)감독, 2002]이라는 영화를 예로 들어 보기로 하자. 범인 호송 업무차 한국을 방문한 일본 경시청 일본인 형사가 우연히 현금 수송 강도 사건에 말려들어, 한국 경찰과의 협력하에 범인을 쫓는 과정에서 일어나는 에피소드를 한일 간의 문화적 차이를 중심으로 엮어나가는 이 액션 영화에는 일본인 감독이 표현하고 싶어 하는, 그리고 일본사회가 보고 싶어 하는 한국사회의 모습이 고스란히 담겨 있다. 여기서 묘사되는 한국이란 군대, 국가, 남성, 연장자, 예의이다. 예를 들면 명령을 따르려 하지 않은 일본인 형사에게 한국인 형사는 명령에 무조건 복종하는 법을 '우리는 그것을 군대에서 배운다'고 말하게 하거나, 연장자 앞에서 담배를 피우려 하는 일본인 형사에게 주먹질을 하게 하거나, 연장자가 숟가락을 들기 전에는 절대로 연하자가 먼저 들어서는 안 되지만 여성 앞에서는 가능하다는 식의 묘사 방식이 등장한다. 유교, 남성, 군대라는 시각으로만 한국사

10) 일본 영화 속에 나타난 한국·한국인에 대해서는 佐藤忠男(1995, 64-68)을 참조.

회를 '문화상대주의'라는 이름하에 이해하려는 천편일률적인 일본사회의 한국관을 보여 준다. 이와 같은 시각은 인질을 둘러싼 한일 간의 시각차를 통해서 절정에 달한다. 인질 교환 조건을 둘러싸고 국가의 위신이 걸려 있는 문제이기 때문에 인질범에게 돈을 주어서는 안 된다는 한국 측의 견해에 대해, 사람의 목숨이 달려 있는 문제이니 돈을 주자는 일본 측의 주장을 대비시키는 방식은 한편에서는 한국사회의 국가, 군대, 유교 문화에 대한 희화화된 비판의 성격도 담지만, 다른 한편에서는 '개인주의'와 '중성화' 현상으로 남성의 '유약화' 현상이 나타나고 이에 따라 '국가성'과 '남성성'을 잃어버린 일본사회(감독의 관점)를 국가, 군대, 남성을 중시하는 한국사회를 끌어들여 비판하려는 의도인 것처럼 보인다.[11)]

이상 살펴본 바와 같이 양국 사이에 나타나는 '어긋남'은 단순히 식민지 경험을 둘러싼 문제 때문만은 아니며, 역사에 대한 기억과 관련된 기억 장치·전승 장치의 문제이기도 하다. 따라서 문화 교류가 반드시 양국 이해의 필요조건일 수는 있지만 충분조건이 아니라는 점은 명확하다. 중요한 것은 폐쇄된 조건하에서 '보고 싶어 하는 것만 보려 하고, 전하고 싶은 것만 전하려 했던' 기억 장치·전승 장치에 대한 성찰적 사색이 필요하다. 따라서 한국의 일본 문화 개방 조치나 일본 내의 한국 영화 붐은 폐쇄적 정보 전달 장치를 개선하는 데 획기적인 변화이기는 하지만, 그렇다고 해서 해방 후 50년 동안 쌓아 올린 상대방 인식에 대한 성찰의 필요성이 자동적으로 해소되는 것은 아니라는 점은 지적해 두고 싶다.

최종 탈고 : 2006년 12월

---

11) 한국사회에 대한 '왜곡'은 다음과 같은 신에서 최절정에 달한다. 일본인 형사의 활약에 고마움을 느낀 한국인 형사가 일본인 형사의 귀국을 위해 별도의 여객기를 내주고, 출국 수속도 없이 비행기에 탑승하게 해 주면서 '우리 한국인은 반드시 은혜에 보답한다'는 대사를 한다. 이는 한편에서는 한국이 '법치주의' 국가가 아니라 권력자의 의향에 따라 움직이는 사회라는 것을, 다른 한편에서는 강인한 남성의 결단과 리더십의 국가라는 것을 표현하고 싶었기 때문일 것이다.

참고문헌

권혁태. 2001.「평화, 인간 그리고 일본: '맨발의 겐'과 '바람계곡의 나우시카'」.『당대비평』 2001년 봄.

_____. 2005.「815는 어떻게 기억/해석되어 왔는가: 대중만화를 통해 본 한국의 일본인식」.『한·중·일 3국의 8·15역사 인식』. 역사비평사.

김남훈. 2003.『역도산이 왔다』. 아이디오.

김진아. 1995.「김일성이 총애한 북한의 영웅 역도산」.『월간 사회평론 길』 95권 2호.

마에까와 미찌히로(前川道博). 1992.「일본에서의 한국 영화의 소개 경위와 반응, 그리고 평가: 1960년부터 1991년까지」. 이중거 외.『한국 영화의 이해』. 예니.

年刊씨나리오 編纂刊行會(4293).『年刊 씨나리오 選集 1959』. 成文閣.

영화진흥공사. 1992-2002.『韓國시나리오 選集』 제1권~제20권. 집문당.

요모타 이누히코(四方田犬彦). 2001.『우리의 타자가 되는 한국』. 삼각형북스.

최은봉. 2003.「영화를 통해서 본 한국인의 일본과 일본 인식에 대한 이미지와 인식」.『日本研究論叢』 제17호.

한국예술종합학교 한국예술연구소 엮음. 1999-2004.『한국 현대 예술사 대계』(전 4권). 시공사.

權赫泰. 2003.「集團の記憶, 個人の記憶」.『現代思想』(2003年 8月). 青土社.

門間貴志. 1996.『アジア映畵に見る日本II: 韓國·北朝鮮·東南アジア』. 社會評論社.

佐藤忠男. 1995.『日本映畵史 4』. 岩波書店.

丸山眞男. 1982.「近代日本の知識人」.『後衛の位置から』. 未來社.

Kwon, Heok-Tae. 2005. Memory and interpretation of August 15, 1945: korean preception of Japan as reflexed in comic books, *The Review of korean Studies* Vol.8. No.1. The Academy of Korean Studies.

대일인식의 간극

정보교류를 중심으로

원지연

Ⅰ. 들어가는 말

해방 후 60년이 지나고 국교회복 후 40년이 지난 2006년 지금도 한일 관계는 악화상태이다. 한일 관계의 악화는 연례행사처럼 언급되어 온 것이라 새삼스러운 일이 아닐지 모르지만 최근의 한일 관계의 상황은 독특한 면이 있다. 이제까지 한일 관계는 국민감정이라는 분야에서 엉킴이 발생하면 정부 간 채널을 통해 문제를 봉합하는 방식으로 진행되어 왔다. 그러나 2006년의 상황은 일본 수상의 야스쿠니 신사 참배와 독도 문제로 정부 간의 대화가 단절된 상황에서 민간의 문화 교류로 통로가 유지되는 극히 기묘한 상황이 벌어지고 있다.

한일 관계의 엇갈림은 새삼스러운 사실이 아닌 만큼 많은 선행 연구가 있어 왔다. 그 원인에 대해서도 거의 공통된 결론이 내려진 상태다. 일본의 입장에서는 한국 내의 지나친 내셔널리즘이 원인이고, 한국의 입장에서는 일본의 전후 처리의 불충분함이 문제이다. 한일 간 내셔널리즘이 충돌하려할 때 완충 역할을 해 주던 아시아 지역의 안전보장이라는 공동의 목표가,

냉전체제의 붕괴와 함께 기능을 상실한 것이 최근의 상황 악화의 배경이다.

그렇다면 이처럼 반복되는 정치적 타협과 국민감정 악화의 상황 속에서 한일 관계는 악화될 수밖에 없는가. 어떠한 축적도 없었던 것일까. 필자는 그렇지 않다고 본다. 한일 관계는 냉전과 국가적 관계라는 큰 틀에 의해 제약을 받아 왔지만, 인적 물적 교류를 통해 일정 정도 상호이해가 축적되어 왔다. 이 글에서는 해방 이후부터 현재까지의 출판물을 통한 정보교류가 한일 간의 상호 인식을 어떻게 형성하고 반영해 왔는지 한일교류에 관한 각 분야의 연구들을 정리하여, 그간 축적된 상호이해의 지점을 드러내고자 한다.

II. 해방에서 국교 수립까지

1945년 한국이 독립해 1965년 한일기본조약을 통해 국교가 재개되기까지 20년간 한국과 일본 사이에 공식적인 교류는 없었다. 이 시기의 일본인에게, 한국과 조선이란, 재일조선인 문제처럼 자신들의 눈앞에 문제가 드러날 때 외에는 전혀 의식하지 않아도 되는 존재였다. 식민지시기 한반도에서 거주한 일본인들이 귀국했으나, 이들은 식민지에서 일본인들만의 특수한 생활 세계를 형성하고 있었기에 '한국'에 대한 이미지는 그다지 강력한 것이 아니었다. 그들의 향수는 식민지 사람들이 아닌, 고향의 풍토에 대한 향수로만 발현될 뿐이었다(木村健二 1989).

한편 한국인에게 이 시기는 한국 내에 남아있는 식민지의 상흔을 치유하는 시기였다. 일본식으로 보이는 요소들(신사, 일본어의 어휘, 일장기, 일본식 지명 등)은 금지하면서도 보편적·근대적으로 보이는 것(한자의 개념어, 법률, 제도 등)은 그대로 온존시켰다(정대균 2000). 여기에 바로 우리의 근대가 어디까지 일본의 경험이고 어디부터가 스스로의 것인지에 대한 회의가 훗날 발생하는 원인이 있다.

식민지기에 교육을 받은 연구자가 주류를 점하는 학계와 문화계에서 근대적 학문의 훈련이 일본학계의 방법론에 의지하고 있었으나, 이는 '보편적인 근대 학문'으로 간주되었을 뿐이었다. 학문적 훈련을 일본에서 받은 이들에게는 '일본에 대한 지식'은 기본적 교양에 불과했으며, 전문성을 인정받는 연구 대상으로는 평가되지 못했다. 근대의 눈으로 세계를 인식하고 있다고 여겼으나 거기에는 일본적 방법론이 무의식적으로 작용하고 있었다.

교육받은 이들의 상당수가 일본어에 능통했기에 일본에 관한 지식은 일본의 출판물을 통해 직수입되었고, 한국어로 집필된 일본에 대한 연구가 가능할 토대가 없었다. 출판물 통계를 검토한 결과, 이 시기 한국에서 쓰인 일본 연구는 매우 제한적이었다(최정태 2003). 일본 관계 저술은 연구서가 아니라, 주로 『사상계』나 『동아일보』, 『조선일보』등의 언론에서 특집 기사를 통해 소개되는 정도였다고 볼 수 있다.

〈표 1〉을 통해 알 수 있듯이, 1950년대 이전 한국에서 출간된 일본 관련 서적은 식민지와 전쟁에 관한 연구였다. 일본의 전쟁 범죄와 침략의 전쟁과정, 전범처리 등 일본의 전쟁 책임에 대한 추궁에 깊은 관심을 보였고 일본에 반환을 청구하기 위한 약탈문화재 목록 조사도 있었다. 휴전이 성립된 1953년 이후에는 실업보험제도의 성립 과정, 금융정책과 경제 부흥의 관계, 외환 관리 제도 등의 주제에서 알 수 있듯이 전후 국가 재건에 필요한 행정제도의 모델로 일본이 사용되기 시작했음을 알 수 있다.

역사학 분야에서는 일본 측의 자료를 이용해 한국의 고대사, 한일 관계사, 비교사 등의 연구가 미약하나마 등장했다. 그러나 학술 출판의 사정이 열악하고 대학과 같은 학문적 기반이 취약한 상태에서 한국 내 연구의 수준에는 한계가 있었고 일본에 대한 정보의 흡수는 여전히 일본 서적을 직수입하는 것으로 충당되었다.

근대 학문의 틀로는 설명할 수 없는 일본에 대한 한국민의 애증, 근대적

〈표 1〉 한국에서 1964년 이전에 출판된 일본 관계 연구 목록

발행연도	서명	저자명	발행사
1946	일본 전쟁 범죄사	연합군사령부편	동양서원
1946	한일합방사	이기범	민중조선사
1947	일본 전범재판기	김철우	조선정경연구회
1948	전후의 일본	조정환	동지사
1948	대일청구 한국예술품 목록	대한민국정부	대한민국정부
1948	전후 일본 문화의 현실과 비판	계림사편집부	계림사
1948	일본 법무부의 조직과 기능	법무부 법무실	법무부
1949	현행 일본 법규	법무대신	관방사법법제조사부
1949	일본 극동 침략 비사	김창헌	서울신문사출판국
1949	대일배상 요구 조서: 현물 반환 요구	대한민국정부	대한민국정부
1950	일본 극동 침략 폭로기	박치수	동북문화사
1953	일본 실업 보험 성립 과정	노동청	노동청
1953	일본에 與함	조경호	대한전시국민 문화사
1954	전후 일본경제 부흥상 : 경제 부흥과 금융정책에 관한 연구	이필석	금룡도서주식회사
1954	일본 : 민주화의 좌절	김철우	부흥서원
1954	일본서기소재 고구려관계기사고	이홍직	사상계
1954	대일 배상 요구 조서	외무부	외무부
1954	일본 내막기	이승만	자유당 선전부
1954	日本之裏面	이승만	우현사
1955	버마국 일본국 외환 관리 및 외자관계 법령집	외무부	외무부
1955	일본의 한국 침략사	김정주	신한학술연구회
1955	아세아정치론	조효원	문종각
1955	한일회담약기	외무부	외무부
1956	일본의 진상	선일구	새문화출판사
1956	청일 노일 전쟁사	병학연구회	병학사
1958	한국과 일본	선일구	일본문제연구소
1958	국제법상의 한일 관계	함순용	발행처불명
1958	제4차 한일회담회의록	외무부	외무부
1959	조선 전기 대일 교섭사 연구	이현종	한국연구원
1960	여명기의 한일 관계와 전설의 검토, 국사상의 제문제6	이홍직	국사편찬위원회
1960	조선총독부 기구 해설	서울대학교행정대학원편	서울대학교 행정대학원편
1960	극동 국제정치사	서중석	신아사
1960	아메리카 합중국과 일본국 간의 상호협력 및 안전보장조약 및 기타 관계 문서	외무부	외무부
1960	일본 극동 침략 폭로기	박태영	동방문화사
1960	제5차 한일회담 예비 회담 회의록	외무부	외무부
1960	일본 외무공무원법 및 동관계 점령성령	외무부	외무부
1961	일본의 기업 번영상 : 제1차 생산성 관찰 보고서	한국생산성본부	한국생산성본부
1961	대일타개의 기본 문제	선일구	한일평론사

1961	일본 현대사회	이정윤	영미출판사
1961	패전국의 호운 : 패전 일본의 재건15년사	이정윤	영미출판사
1961	제6차 한일회담 위원회 회의록	외무부	외무부
1961	한일회담의 개관 및 제문제	외무부	외무부
1962	(시찰을 통해서 본) 일본의 중소기업	박동규	한국생산성본부
1962	일본의 대동남아제국과의 기업 제휴의 문제점	한국은행	한국은행
1962	일본의 식량 관리제도의 변천	한국은행	한국은행
1962	일본의 중소기업금융	강연규	중소기업은행
1962	한국이 본 일본경제	김용기	한국생산성본부
1962	5.16혁명 이후 한일 관계 논조 총평	공보부	공보부
1964	일본 중소기업의 성립 과정과 관계법령8	국회도서관	국회도서관
1964	일본 중소기업기본법의 성립 과정과 관계법령8	국회도서관 입법조사국	국회도서관
1964	근세일본의 조선침략사	문정창	백문당
1964	사요나라의 나라 : 일본은 이렇게도 볼 수 있다	김낭중	문화각
1964	일본사	전해종, 민두기	지문각
1964	일본 상륙기	오소백	세문사
1964	선거제도 연구 자료1: 일본국편	내무부	내무부
1964	전후 일본국의 대외평화조약 배상협정 경제 및 기술협력 협정예	국회사무처 입법조사국	국회사무처 입법조사국
1964	파시즘 비판 :이/독/일(추축국)의 경우를 중심으로	송택구	청구출판사
1964	한일국교정상화 문제	민주공화당 선전부	민주공화당 선전부

자료: 최정태(2003)의 자료를 기초로 일부를 수정해 작성함.

제도의 모체이면서도, 식민지의 상흔에 근거한 복합적 감정을 표현한 것이 김소운(金素雲)의 일련의 작업이었다. 1951년 일본의 『중앙공론』(中央公論)에 게재된 「목근통신」(木槿通信)이 대표적이었으나, 1952년 이후 귀국하지 못하고 일본에 남아야 했던 그의 역정은 역으로 그의 저작 배경이 일본의 문화계에 힘입고 있음을 더욱 강조하고 있다.

한일협정 이전까지 한국과 일본 사이에 존재한 인식상의 거리는 당시 일본에서 출간된 한국 관련 연구의 분야를 살펴봐도 알 수 있다(최정태 외 2003). 일본의 한국에 대한 연구가 앞서 있다는 상식과 달리 1965년 이전 일본에서 출간된 한국 관련 단행본은 71권에 불과하다. 그중에서 상당수가 조선총독부 관계자가 행한 식민지 행정에 관한 연구[1])이며, 한국전쟁에 관한 르포와 군사적 분석이 8권, 재일조선인 연구가 9권, 도자기에 대한 연구가 4권 등에 불과하다.

즉, 일본사회는 식민지에서 벗어난 한국에 대해 무관심했다. 한국은 한국전쟁처럼 일본인의 일상생활에 위협을 주는 사건이 발생하거나 눈앞에서 소요 사태를 벌이며 존재를 주장하는 재일조선·한국인으로 나타나기 전에는 잊혀진, 아니 잊고 싶은 존재였다. 식민지시기에는 조선 지역 내 산업경제 분야의 보고서가 다수 생산되었음에도 불구하고 해방 후에는 한국전쟁 이후 노동 사정과 무역 입문서, 실업인명록의 3종의 경제 분야 서적밖에 생산되지 못한 것처럼, 축소된 양국의 경제 관계가 그러한 무관심을 지탱했다.

III. 모범으로의 복귀: 정부와 민간의 거리

1965년 한국과 일본 사이에 국교가 회복되었다. 그러나 1965년의 국교회복은 한일 양국의 주체적 판단보다는 미국의 적극적 개입으로 비로소 가능했다. 미국은 냉전체제하에서 동일한 자유주의 진영에 있는 한국과 일본의 대립 상태가 아시아의 안보체제 강화에 불안정 요소라고 판단하고, 한국과 일본의 관계 강화가 일본의 기술 자본과 한국의 저렴한 노동력이 결합함으로써 경제적 이익을 증대시킬 수 있다는 설득과 함께 그렇게 하지 않을 시에는 원조가 삭감될 수 있다는 위협을 가했다. 이런 특성상, 한일 관계는 안전보장문제를 미국을 매개로 한 틀에서 해결하되 경제협력과 전후 처리와 같은 주제는 한일 양국에서 해결한다는 이중구조가 탄생하였고, 후자가

1) 다보하시 기요시(田保橋潔)의 작업이 대표적이다.

전자의 영역에는 영향을 미치지 않는다는 암묵적 합의가 이루어졌다(기미야 타다시 2004).

이처럼 인공적인 틀이 외부에서 주어졌다는 한계는 있지만 한국과 일본에서는 더 이상 서로를 보이지 않는 존재로 치부하는 것에서 벗어나 양국 문제가 사회적 이슈로 부각되기 시작했다. 한국에서는 박정희 정권이 의욕적으로 추진한 '경제발전'의 모범국으로 일본이 화려하게 복귀하며 정부 주도하의 일본 학습이 이루어졌다.[2)]

대학에서는 일본 기업에 취직을 기대하고 일본어 학습을 주요 목적으로 하는 일어일문학과가 설치되기 시작했다. 1961년에 한국외국어대학을 필두로 일본 관련 학과가 설치된 이래, 1984년까지 44개의 대학에 설치되었다. 그 결과, 일본어 교육에 대한 연구가 증가했다. 1964년 이전에는 2종에 불과했던 일본어 문학 저술이, 1965년부터 1984년까지 17권, 1985년부터 2000년까지 72권으로 증가했다. 연구의 분야 면에서도 1970년대부터는 고전문법, 음성학, 비교언어학 등 다양한 분야에서 연구가 이루어졌다(박정길·김용원 2002). 일본의 대외관계, 군사정책과 산업정책에 관심이 집중되어 있었으며, 연구의 주체도 대한무역진흥공사, 한국은행, 한국외환은행, 국제경제연구원등의 준 정부기관이었다. 1980년대에 들어오면서 건설부, 국토개발연구원 등 정부의 각 부서에서 『일본의 주택정책』, 『일본의 국토개발』 등 일본의 모델을 대상으로 하는 자료도 많이 생산되었다.

반면, 정부기관을 중심으로 하는 일본 배우기 열풍과 대척되는 흐름도 있었다. 한일회담 반대운동에서 시작된 박정희 정권에 비판적인 지식인들과 학생 세대의 반일 정서가, 일본에 '경제·문화적 종속'될지도 모른다는 우려로 연결되었던 것이다. 민간 차원에서 한일 관계는 희박했고 국민감정은

2) 이원덕은 '65년체제'라는 개념을 사용해 냉전 논리와 경제 논리가 지배해 온 65년 한일협정 체결이후의 한일 관계를 설명하고 있다. 「한일 관계 65년체제의 기본성격 및 문제점: 북일수교에의 함의」, 『국제지역연구』 9권 4호(2000.12), 서울대 국제지역원.

회복되지 않았다. 이런 우려는 과거사에 대한 학문적 관심을 불러 일으켰다. 고대와 조선시대의 한일 관계사에 대한 연구가 출간되었고, 일본사에 대한 개설서와 시대사도 등장했다.[3] 이 시기의 일본 역사 연구는 한국사와의 관계 속에서 진행되었고, 이때의 관계란 침략과 가해자로의 일본이라는 이미지를 보강해 주는 역할을 했다.

1965년 한일협정 이전까지 양국의 정치와 관련된 출판물은 한국 21종, 일본 24종에 불과했으며, 그중 상당수가 한일협정을 준비하는 과정에서 생산된 것이었다. 그러나 일본에서는 한일협정이 체결된 다음해인 1966년부터 1975년까지 46권, 1976년부터 1985년의 사이에는 무려 137권이 출간되어 같은 기간 내에 22권, 67권의 단행본이 출간된 한국에 비해 월등한 생산성을 보였다(최정태 외 2003). 그러나 이 시기 출판물의 증가가 일본사회의 한국에 대한 이해가 높아졌다는 것을 의미하는 것은 아니다. 1973년 일어난 김대중씨 납치 사건을 계기로 한국의 군사정권을 비판해 일본의 신제국주의 부활을 견제하려고 하는 일본의 국내 상황이 주요 원인이었다고 볼 수 있다.

이처럼 양국의 정부 간에는 안전보장과 경제협력이라는 공동의 목표하에 긴밀한 관계가 유지되어 왔으나, 민간 차원에서 상호 인식은 미진한 전후 처리에 대한 불만과 군사 독재국가라는 추상적 이미지를 반영할 뿐이었다. 이러한 부정적 상호 인식을 더욱 심화시킨 것이 1982년의 일본 교과서 검정 문제였다.

일본 내에서 한국 문화에 대한 지식은 식민 통치를 위해 총독부의 지원하에 이뤄진 기초문화 연구에 뿌리를 두고 있다. 1945년 이전에 일본에서 쓰인 한국 불교 관계의 저술, 논문, 잡문, 기행문, 보고서 등 모두 470건에 이른다. 그러나 그 관심은 매우 특정한 분야에 집중되어 있다. 예를 들어, 불교 관계 연구 중 불교 미술에 대한 저술만도 100편이다. 이처럼 한국 문

3) 이현종의 『조선전기 대일교섭사연구』(한국연구원, 1959), 민두기의 『일본의 역사』(지식산업사, 1976), 한배호의 『일본근대화연구』(고려대 아세아문제연구소, 1973) 등이 그 예이다.

화에 대한 관심은 회화, 자기 등의 전통 예술에 집중되어 있으며 이러한 경향은 해방 후에도 계승되었다. 한국 예술에 대한 일본의 연구는 해방 이전에 이미 45종이 출판된 바 있으며, 1965년 이후 2000년 사이에 144종이 출판되었다. 주로 조선의 공예, 서화, 미술사 등의 분야이며, 특히 도자기 분야에 대한 서적이 전체 서적의 50%를 넘었다(박정길 2003).

1982년 6월 일본 문부과학성이 교과서에 중일전쟁과 식민지 문제에 관한 부분을 교과서의 수정하도록 지시한 사건이 한국 언론에 보도되면서, 한국 내에서는 이를 일본의 전전(戰前)사회에 대한 긍정으로 받아들이며 반일 여론이 확산되었다. 초기에는 언론 매체에 일본의 행태를 비판한 기사가 다수 게재되고 8월 중순 들어 전국적으로 궐기대회가 벌어지는 등 반일 여론이 대중운동으로 발전할 태세를 보이자 정부는 무마를 시도했다. 이전부터 정부는 한미일의 공동안보체제를 위협할 가능성에 대해서는 적극적으로 개입해 왔다. 더구나 억압적 정치체제하에서 대중운동의 존재는, 비록 그 운동이 민족주의적인 슬로건으로 진행된다하더라도 용인될 수 없었다. 어디로 향할지 모르는 대중의 에너지 자체가 위험 요소였기 때문이다.

초기에 일본 비판 기사를 주로 게재했던 매스컴은 비판의 방향을 한국 사회에 대한 자기반성으로 전환했다. 일본이 역사 왜곡을 거듭할 수 있는 배경은 한국 연구가 풍부하게 축적되어 있기 때문이며, 한국에서 일본 연구가 일본을 넘어설 정도로 축적되지 않는 한 과거사 문제는 해결되지 않는다는, 이른바 '지일(知日)로 극일(克日)'하자는 방법론이 이때부터 본격적으로 시민의 동의를 얻기 시작했다. 정부는 같은 해 8월에 문화공보부와 교육부를 통해 각기 '(가칭)민족박물관 건립계획안'과 '(가칭)민족광복관 건립계획안'을 발표해 대중운동의 단기적 목표를 '한국인에 의한 독립기념관의 건설'로 전환시켰으며, 반일 집회를 주도한 민간단체들도 8월 27일 모임에서 독립기념관 건립과 발기대회 추진에 합의했다. 이후 대중적 여론의 표현 방법은 독립기념관 건립을 위한 국민 성금만 남겨짐으로써 문제는 봉합되었다.

그 후 인적 통로를 통한 외교적 타협으로 일본 정부가 '반성'을 표명했다. 그러나 그 반성은 추상적으로 남아 있었다. 양국에서 전후 처리의 문제는 민간 차원에서 인식이 공유되지 못한 채 외교적 타협으로 봉합됨으로써 불안정한 상태로 남아있었다. 한국 대통령과 일본 수상이 양국을 방문할 때마다 침략과 식민지배에 대한 사죄의 표현을 놓고 외교의 현안으로 부상하는 것이 반복되었다. 한국 측은 일본이 공식적 입장에서 사죄하기를 원했으나 외교적 줄다리기 끝에 일본 수상이 유감을 표명하더라도 곧이은 각료들의 반대 발언(이른바 망언)은 어렵게 나온 사과 발언의 의미를 희석시키는 결과를 가져왔다.[4)]

Ⅳ. 정보의 공급과 소비자 간의 거리

이처럼 한일 관계를 둘러싸고 한일 양국 정부의 정책과 국민 의식 사이에는 엄청난 간극이 존재했다. 양국의 정부는 '국민감정'이 납득할 수 있는 선을 찾아 외교적 절충을 거듭했으나 국민감정이라는 것 자체가 국제정세의 급격한 변화 속에서 진화를 거듭했다. 한국 정부에 의해 북방정책이 시행되는 상황에서 냉전체제에 근거한 기존의 '진영' 논리는 더 이상 힘을 발휘하지 못했다. 기존의 한일 관계를 강고하게 지탱하던 냉전체제가 붕괴하기 시작하면서 한국과 일본 국내 정치도 변화하고, 양국 정부 내부의 입장 차이도 커졌다. 양국 정부의 외교적 행위에 대해 '국민감정'뿐 아니라 심지어 정부의 고위 관료까지도 반발을 보이는 상황은 종래의 한일 관계를 규정해 온 요소가 더 이상 원활하게 기능하지 못한다는 증거이다.

4) 이른바 망언 문제에 대한 자세한 설명은 다카사키 소지(1996) 참조.

교과서 문제가 방아쇠를 당긴 한일 관계를 둘러싼 인식의 격차는, 역설적으로 이 시기를 통해 새로운 통로를 만들어 냈다. 한국과 일본은 교과서 문제를 통해 사회적 차원에서 양국 사이에 존재하는 인식의 간극을 확인했고 '전후 처리' 문제가 비로소 학문적 과제로 인식되기 시작했다. 현재 한국의 학회 등 연구기관에서 일본에 대한 연구를 수행하는 인력의 절반가량이 1980년대 후반부터 일본 연구에 뜻을 두고 일본에 유학을 시작했다. 이전까지의 일본 연구가 현지체재 경험이 없는 한국학 연구자에 의해 간헐적으로 생산되거나 미국에서 비교연구의 훈련을 받은 이에 의해 이루어졌던 상황 속에서 일본 유학생의 증가는 새로운 상황을 만들었다. 종래의 일본 연구가 주로 한일비교, 대외정치, 한일 관계처럼 한국의 발전에 도움이 될 수 있는 모델로 일본을 인식하거나 한국에 미치는 영향을 중심으로 하는 일부 분야에 집중되어 있었다면, 1990년대 이후에는 비교나 관계를 벗어나 일본을 하나의 독립된 연구 대상으로 삼는 새로운 흐름이 등장했다(김용덕·송주명·원지연 1999).

한편 일본 국내 문제에 집중하며 외국의 전후 처리 문제에 눈을 돌리지 못했던 일본 시민사회의 다양한 그룹들이 역사교과서 문제에 대한 해외의 비판 속에서 전후 처리에 직접 발언하기 시작했다. 학계에서도 전통적 조선사의 분야가 아닌 일본사의 연구 분야에서 일본 제국의 존재를 자각하기 시작해 식민 통치와 전쟁 범죄에 대한 연구가 증가했다. 같은 시기 한국의 민주화로 시민사회가 형성되기 시작하면서 종래 정부와 재계의 특정한 통로에 독점되었던 양국 교류에 시민사회라는 새로운 통로가 형성되면서 민간 차원의 교류도 급격히 증가했다.

그러나 정부로부터 자유로워졌다고 하더라도 이 시기의 일본에 대한 정보는 정보를 제공하는 그룹과 정보를 소비하는 그룹 사이에 아직도 일정한 거리가 존재했다.

1965년의 국교정상화 이후 일본 서적이 대량으로 번역되었으나 1987

년 국제저작권협약에 가입하기 이전에는 종합적인 기록이 남아있지 않다. 저작권협약 가입 후 1988년에서 1992년까지의 5년간의 기록을 보면 미국이 602권(전체의 44%), 일본이 578권(37%), 유럽이 256권(17%)으로 나타나는데, 이를 통해 일본어 서적의 번역이 상당히 많아졌다는 것을 미루어 짐작할 뿐이다. 또한 1980년대 사회과학 출판의 황금기에 '편집부 편역'이라는 명의로 출판된 서적의 대부분은 일본어 서적의 짜깁기였다. 존재하나 인정하지 않는 상태는 문화계에서도 마찬가지였다.

이런 자료상의 한계를 감안하여 문학분야를 중심으로 분석한 결과 한국에 번역된 일본어문학의 경우,특정한 작가에 번역이 집중되어 있으며 동일한 소설의 중복출판도 많다고 김채수는 지적한 바 있다(김채수 2000). 한국에서 가장 많은 번역본을 가진 일본어 작가는 동일한 소설의 중복 출판을 포함해 275권이 번역된 미우라 아야코(三浦綾子)이다. 그 뒤를 가와바타 야스나리(川端康成), 아쿠다가와 류노스케(芥川龍之介), 미시마 유키오(히라오카 키미타케, 平岡公威), 이노우에 야스시(井上靖), 모리무라 세이치(森村誠一), 오에 겐자부로(大江健三郎), 마쓰모토 세이초(松本清張), 무라카미 하루키(村上春樹), 엔도 슈사쿠(遠藤周作) 등이 잇고 있다.

작가가 아닌 작품을 기준으로 번역 횟수를 보면, 가와바타 야스나리의 『설국』이 무려 65회나 번역됨으로써 수위를 차지했고, 그 뒤를 미우라 아야코의 『양들의 언덕』, 아쿠다가와 류노스케의 『라쇼몬』, 미우라 아야코의 『빙점』, 미시마 유키오의 『금각사』, 가와바타 야스나리의 『이즈의 무희』, 야마오카 소하치의 『도쿠가와 이에야스』, 가와바타 야스나리의 『천우학』, 아쿠다가와 류노스케의 『코』, 이노우에 야스시의 『돈황』 등이었다.

위의 리스트를 통해 유추할 수 있는 것은 한국에 유통되는 일본 문화에 대한 정보가 매우 제한적이라는 사실이다. 미우라 아야코와 엔도 슈사쿠처럼 기독교 신앙이라는 점에서 대중적 이해의 코드를 가진 작가를 제외한다면, 일본에 특수한 미의식을 탐구의 대상으로 삼는 순문학의 작가들이 거듭 번역된 것은 노벨문학상을 수상하거나 정치적 사건과 관련되어 특별한 명성을 가진 작가가 선택적으로 소개되어 왔을 뿐이다. 김채수는 이 리스트를 한국 내 일본문학의 논문 주제들과 비교해, 독자들은 일본 소설을 통해 '성'(性)과 '죽음'의 문제와 같은 생물학적 '자연'의 문제를 다룬 전후의 작품계열을 읽어 왔는데, 연구자는 근대화 과정 속에서 자아확립의 문제를 다룬 근대 이전의 작품들을 연구해 왔다는 점을 들어 연구자와 대중의 욕구 사이의 엇박자를 지적하고 있다(김채수 2000). 일본 문학을 통해, 대중이 필요로 하는 것은, 보충 설명 없이 이해가 가능한 '보편적 주제'임에도 불구하고, 일본 연구자가 연구로 소개하려는 것은 '일본의 특수한 상황'이었던 것이다. 이렇게 정보를 제공하는 측과 소비자의 욕구 사이의 거리는 비단 문학 번역에 국한되지 않고 한국 내 일본 연구의 상당 부분에 적용할 수 있다.

동시에 위에서 언급한 정보 제공자와 소비자 사이의 간극을 가로지르는 새로운 흐름이 등장하기 시작한다. 그것은 바로 민간 교류의 증가이다.

해외여행이 자유롭지 못하던 시기, 해외생활 체험 자체를 담은 책이 출판되어 지역 정보를 제공하는 역할을 했다. 해방 후에 태어나 일본에 대한 식민지적 교양에서 자유로운 '한글 세대'가 사회의 주류로 등장하면서 일본은 비로소 '이문화'(異文化)적 관심의 대상에 포함되었다.

아시안게임과 올림픽 유치를 계기로 1980년대 중반 무렵 해외여행과 자비 유학이 자유화된 결과 한국인의 해외여행이 가장 급격히 증가한 곳이 바로 일본이었다. 일본 생활 체험자 계층이 다양해졌고 그들이 경험하는 생활도 다양해졌다. 일본의 유학생 유치 정책과 한국의 사비 유학 자유화라는 정책 변화로 인해 일본에 거주하는 한국인이 급격히 증가했다. 위와 같은 한국인의 일본 체험 증가는 동전의 양면처럼 일본사회 내에 한국의 생활문화 확산을 가져왔으며, 일본 거주 한국인의 증가는 일본의 일반 서민들에게 근거리에서 한국 문화를 접할 수 있는 기회를 제공했다. 서울올림픽 개최와 민주화 운동으로 일본이 한국에 대해 가지고 있던 독재와 억압이라는 어두운 이미지가 불식되면서 한국인은 더욱 가까운 존재로 다가오기 시작했다.

이 시기에 한국과 일본에서 생활 체험을 담은 문화론이 많이 쏟아져 나오는데, 그 내용이 반드시 서로에게 우호적인 것만은 아니었다. 민간교류의 증가가 단기간에 '국가 우호의 강화'로 연결될 수는 없었던 것이다.

이미 앞에서 지적한 바와 같이 한국과 일본에서 양국 문화에 대한 서적이 있었다. 1970년에 일본사회에 대한 한국의 궁금증이 어디에 있는가를 직설적으로 보여 주는 제목의 『일본견문기: 그들은 왜 잘사는가』(이채구 지음, 제일문화사, 1973)를 필두로 전전(戰前) 세대적 교양을 잇는 이어령의 『축소지향의 일본인』, 김용운의 『일본인과 한국인』이 큰 인기를 끌었다. 그 뒤를 이어 1980년대의 '지일'(知日)붐의 연장선에서 발간된 1990년대의 일본 문화 체험기의 특징은 집필자가 분과 학문의 훈련을 받지 않은 일반 시민이었다는 점이다.

일본에서는 『추한 한국인』(醜い韓國人, 朴泰赫,光文社, 1993), 『치맛바람』(スカートの風, 呉善花,三交社, 1990)[5]이 객관적 한국론이라는 이름으로 등장하고, 한국에서는 주일특파원의 일본 생활 체험기인 『일본은 없다』(전여옥, 지식공작소, 1993) 같은 책이 베스트셀러 목록에 올랐다. 이처럼 특정 국가에 대한 반감을 직설적으로 표현하는 출판물이 대중적 호소력을 갖출 수 있었던 배경은, 일본에서는 끊임없이 과거사에 대한 사과를 요구하는 한국에 대한 거부감을 가지고 있었고, 한국에서는 제대로 과거사를 매듭지으려 하지 않는 일본에 실망하고 있었기 때문이다.

그러나 이들 반일(反日)·혐한(嫌韓)상품은 공통적으로 민족주의적 정서를 토양으로 하지만, 비판의 논리에서 차이가 있다. 일본에서 출간된 혐한 서적은 한국인 저자를 내세운다. 이는 일본인이 아닌 한국인의 입을 빌림으

---

5) 『치맛바람』의 저자 오선화의 경우, 대학에서 문화 연구를 전공하고 있으나 적어도 이 책에서는 분과 학문적인 방법론을 적용하지 않고 한국과 일본에서의 자신의 생활 체험을 논리를 전개하는 데 축으로 사용한다는 점에서 생활 체험담에 포함했다.

로써 한국사회 비판의 논리에 객관성을 부여하려 한다. 또한 한국사회의 반일론이 한국 정부가 취약한 정치적 정당성을 보충하기 위해 조작, 이용하는 것이고, 한국사회 내에는 계층적 이해에 따라 전혀 동조하지 않는 이들이 존재한다고 주장한다. 예를 들면, 식민지 문제에 분개하는 것은 지배층일 뿐 한국의 서민은 긍정적으로 생각하며, 한국사회의 균일한 비판 여론은 세뇌의 결과라는 논리이다.

한편 『일본은 없다』, 『일본의 빈곤』에 나타난 일본 비판의 논리는 기존의 식민지책임론과 차이가 있다. 이전까지의 서적에서 일본 비판의 이유가 식민지 문제에 대한 책임 회피라는 한국과 일본의 양자의 문제에 집중하고 있다면, 이들은 일본인의 일상생활의 억압성을 지적한다. 물론 이들의 논리가 학술적인 독창성이 없고, 1980년대에 유럽과 미국학계에 등장했던 '재팬배싱'(Japan bashing)론에 상당부분 의거하고 있다. 그들은 구미의 눈으로 일본 문명 비판론을 전개하고 있는 것이다. 이러한 책이 팔리는 배경에는 올림픽을 성공적으로 개최한 이후 팽창한 한국민의 내셔널리즘이 일차적 원인이지만, 그 외에 한국의 대중차원에서 이전까지는 일본의 부강함의 근원으로 긍정적 평가를 내려온 공동체의 강조와 개인의 희생에 대해 비판을 가하는 것이 신선하게 받아들여졌기 때문이다. 이는 단지 내셔널리즘의 팽창 외에도, 사회운동의 발전 속에 개인의 자기주장을 시작한 한국사회의 '모범국'에서 일본이 퇴장하기 시작했음을 알려 준다.

생활 체험담의 활황은 '한국인'이 일본과 한국사회라는 국가적 단위의 문제를 사고하며 재단한다는 점에서 내셔널리즘의 틀을 돌파하지는 못했지만, 기존에 주어진 해외의 정보에 대한 선택적 소비자로만 등장했던 대중이 직접 발언을 시작했다는 점에서 특별한 의미를 가진다.

V. 대중문화와 정보 발신

한국사회의 일본문화에 대한 인식은 1998년을 계기로 획기적 변화를 맞이한다. 1990년에서 1996년 사이, 교보문고와 종로서적의 베스트셀러 목록에서 영어권 서적은 60%를 점하고 있고 일본어 서적은 3%에 불과했다. 이 3%도 1995년과 1996년에 베스트셀러 각 7위와 6위에 오른 『상실의 시대』의 선전에 힘입은 바가 크다. 그러나 1998년에는 스즈키 고지의 『링』, 구리 료헤이의 『우동 한그릇』, 무라카미 류의 『한없이 투명에 가까운 블루』 등이 연이어 베스트셀러가 되었다. 무엇이 이런 변화를 가져왔을까. 바로 21세기 파트너십 공동선언과 대중문화 시장 개방에서 원인을 찾을 수 있다.

1998년의 21세기 파트너십 공동선언은 기존의 한일 관계에서 볼 때 획기적인 일이다. 한국과 일본의 정부 당국은 공동선언을 통해 논리적으로 과거사를 정리했다. 국민감정이 항상 외교의 행동반경을 제한해 온 1980년대 이후의 한일 관계로 미루어 볼 때 '과거사 정리'를 선언하는 것은 일종의 모험이었으나 일단 성공적으로 기능했다. 일본의 1999년도 『관광백서』에 따르면 일본인 여행자의 주요 여행지 순위는 미국이 484만 명으로 1위이며 이어 한국이 211만 명으로 2위를 기록했다.

2002년의 월드컵 공동 개최를 앞두고 우호적 여론 조성을 위해 시행된 대중문화 시장 개방은 한국 내의 일본에 대한 인식에 커다란 영향을 미쳤다. 일본에 대한 정보가 다양한 채널을 통해 들어오기 시작했다. 1990년대 동아시아와 동남아시아 지역 내에 수출되어 급격히 인기를 높이고 있던 일본의 대중문화에 대한 호기심은 이미 시장을 형성하고 있었다. 김지룡의 『나는 일본 문화가 재미있다』는 폭발적 관심을 불러일으키며 문화 현상으로까지 발전했다. 일본의 인디 밴드와 애니메이션 사정을 소개한 이 책의 성공 배경은 아직 대중문화의 영역에서 유일한 금기로 일본이 금지되어 있던 시대에, '금지된 것에 대한 호기심'으로 일본에 대한 관심이 폭발한 것이 일차적인 배경이었으나, 한편으로는 지금까지의 일본 문화론이 '한국인으로의 일본 인식'이라는 틀에서 벗어나지 못했던 데에 비해 자신의 취향에 따라 문화를 선택할 수 있다는 당연한 선언이 공감을 얻었다고 볼 수 있다.

이 시기에 일본을 소재로 하는 출판물이 대량으로 쏟아져 나왔다. 일본 문화에 대한 관심을 수량적으로 보면, 1900년부터 2000년까지 한국 내에서 출판된 일본 문화를 대상으로 하는 단행본 총 275권 중 50권이 일본 대중문화개방이 이슈였던 1997년과 1998년의 2년간 간행되었다. 유학생이나 대학과 연구소에 소속된 전문적인 일본 연구자 외에 대중문화의 연예인조차 일본에 단기간 체류한 경험을 소재로 일본 문화에 대한 저작을 생산했다. 그러나 어느 것도 이전의 전여옥과 김지룡의 책과 같은 상업적 성공을 거두지 못했다(박정길 2003). 해마다 수백만 명의 일본인과 한국인이 양국을 방문하는 상황에서 일본 문화에 대한 총체적 해석을 책에서 얻으려는 시기는 지나갔다. 국내에서 대중문화의 향유자로 소비 경험을 축적한 개인은, 자신의 취향을 명확히 파악하고 자신의 취향에 적합한 전문 분야의 '정보'의 제공만을 요구했다. 황의웅[6]과 이명석[7]등이 대표적인데 주로 애니메이션과 만화부분에서 자신들의 소비 경험에 근거한 평론들이 일본 문화와 관련한 출판에서 하나의 흐름을 형성하기 시작했다.

대학에 개설된 일본 관련 강좌도 문화 강좌로 변신했다. 강의에 출석하는 학생들은 이전의 학생들과는 달리 역사 문제에 대한 관심이 거의 없다. 그들이 대학 입학까지 정규 교육과정을 통해 얻은 일본의 이미지는 제한적이었다. 중국사를 중심으로 이루어지는 세계사 수업 시간에 일본에 대한 내용은 매우 취약하고 국사교과서에 묘사된 일본은 고대사와 조선통신사의 문

---

6) 황의웅, 『미야자키 하야오의 세계』(예솔, 1997); 『아니메를 이끄는 7인의 사무라이』(시공사, 1998); 『미야자키 하야오는 이렇게 창작한다!』(시공사, 2000); 『1982, 코난과 만나다』(스튜디오 본프리, 2003).

7) 이명석, 『이명석의 유쾌한 일본만화 편력기』(홍디자인출판부, 1999); 『만화, 쾌락의 급소찾기』(시지락, 2002).

화전파, 왜구, 임진왜란, 침략 행위 등이 중심으로 등장할 뿐이다. 거기에 한국사와 세계사의 교육이 서로 분리된 차원에서 이루어져 구조적 이해는 역시 어려움이 있다. 한일 관계는 여전히 특수한 사례로 처리될 뿐이다.

그렇다고 일본 대중문화에 열광하는 학생들이 가부키(歌舞伎)나 다도(茶道)와 같은 일본 전통문화에 대한 관심을 가지는 것도 아니었다. 그들은 일본 대중문화의 무국적성에 끌리고 있다고 할 수 있으며 서브컬처 문화에 대한 관심이 그 열기를 지탱해 왔다. 때문에 국사 교육을 통해 형성된 일본 인식과 개인의 흥미에서 출발한 문화적 취향이, 동일한 개인의 내부에서 충돌하지 않고 공존하고 있다.

1998년의 제1차 대중문화 개방이 시작되고 2004년의 제4차 개방도 이루어졌으나 출판만화를 제외하고는, 우려한 만큼 '일본의 문화 침략'도 벌어지지 않았고 '대중문화 시장의 잠식'도 심각하지 않았다. 이러한 기대 밖의 상황에 대해 한국 대중문화 시장의 보이지 않는 장벽[8)]에서 원인을 찾기도 하지만 지금까지처럼 문화의 공급자와 소비자의 욕망 사이의 거리에도 원인이 있을 것이다. 더 이상 '일본 문화'라는 단일한 소비 단위는 존재하지 않는다. 호러나 SF, 판타지처럼 더욱 세분화되어 가는 취향에 따라 원하는 정보의 단위도 세분화하면서 정보교류의 장은 이제 서적을 떠나서 인터넷으로 이동을 시작했다.

Ⅵ. 대일인식의 현재와 미래

지금까지 필자는 한일 양국이 서로의 존재 자체를 부정하는 해방직후

8) 예를 들어, 일본 방송컨텐츠의 공중파 방송 제한에 대한 지적 등이 그것이다. 『일본 내 한국 대중문화 콘텐츠의 유통현황과 파급효과』, 한국 문화관광정책연구원 주최 한일대중문화포럼, 2004년 7월 15일.

의 상황에서, 정부의 주도하에 안전보장과 경제협력을 최우선으로 삼는 '65년 체제'를 거쳐, 시민사회의 성장과 함께 민간의 교류가 발전 과정을 정리했다. 일본에서 고이즈미 정권이 성립한 후 한국과 중국의 반발에도 불구하고 현직 수상의 야스쿠니 신사 참배가 거듭되면서 경색되기 시작했던 한일 관계는 2005년 시마네 현이 '다케시마의 날'을 조례로 제정한 이후 회복의 통로를 찾지 못하고 있다. 영토 문제라는, 내셔널리즘이 정면으로 충돌하는 소재로 정부 간의 통로는 기능 부진에 빠졌다.

반면 민간의 문화 교류는 혁혁한 성과를 거두었다. 2005년은 '한일 우정의 해'였다. NHK의 〈겨울연가〉 방영과 '욘사마 붐'은 지금까지 일본 내에서 몇몇 전문가의 영역에 국한되어 있던 한국에 대한 정보 수용의 층을 일반 시민에까지 확대했다. 그에 앞서 진행된 동아시아 지역의 한류 붐으로 문화제국주의적 피해 의식에서 벗어나기 시작한 한국사회는 일본 내의 한국 문화 붐을 통해 처음으로 (일방적 학습이 아니라) 쌍방향 문화 교류를 피부로 접했다.

양국의 국민감정이 충돌할 때 정부가 개입해 타협책을 찾아 온 지금까지의 해결 방식과는 다르게, 정치권이 앞장서서 문제를 확산하고 민간의 교류가 양국 관계를 지탱하는 상황이 벌어진 것이다.[9] 그러나 민간 교류가 악화되어가는 양국 관계를 계속 지탱할 수 있을 것인가.

지금까지의 전개 과정만을 보자면 그 가능성은 매우 취약하다. 한국과 일본은 장기간 문화 교류를 시행했으나 정책적으로 학습하고 보여 주는 단계의 기간이 매우 길었다. 1998년 이후 비로소 한국과 일본사회 내에서 서로의 문화에 대한 시장이 형성되기 시작했을 뿐이다. 이제까지 서로에 대한 무지와 정보의 부족에서 오는 반작용이 '새로운 문화의 환상'으로 발전했으나 접촉의 폭이 확대될수록 호감이 지속되는 것은 어렵다. 현실이 늘 아름

9) 「'독도의 날' 1년. 한일 관계 냉랭」, 『연합뉴스』(2006/02/22).

다운 것은 아니기 때문이다. 그렇다면 지금까지의 상황에 비추어 '안전보장'이라는 공동의 이해가 흔들리는 상황에서, 새로운 이해관계나 지향점으로 서로를 연결할 수 있을 것인가. 과제는 아직도 남아 있다.

최종 탈고 : 2006년 04월

참고문헌

김영명. 1994.『일본의 빈곤』. 미래사.

김용덕·송주명·원지연. 1999.「한국의 일본 연구의 동향과 전망」.『한국의 일본 연구 1999년』. 서울대학교 국제지역원 일본자료센터.

김용운. 1981.『일본인과 한국인』. 뿌리깊은 나무.

김지룡. 1997.『나는 일본 문화가 재미있다』. 명진출판.

김채수. 2000.「한국인들은 일본의 어떤 문학작품을 접해왔는가」.『일본어문학』제9호.

다카사키 소지. 1996. 최혜주 역.『일본 망언의 계보』. 한울.

박정길. 2003.「문화분야에 있어서 지식정보의 생산과 흐름」. 최정태 외저.『20세기 한·일간 지식정보의 생산과 흐름』. 부산대학교출판부.

박정길·김용원. 2002.「한일 간 지식정보의 생산과 흐름분석: 문화분야를 중심으로」.『한국도서관 정보학회지』제33권 제2호.

이어령. 1982.『축소지향의 일본인』. 고려원.

전여옥. 1997.『일본은 없다』. 지식공작소.

정대균 저. 2000. 이경덕 역.『한국인에게 일본은 무엇인가』. 강.

최정태 외저. 2003.『20세기 한·일간 지식정보의 생산과 흐름』. 부산대학교출판부.

기미야 타다시. 2004.「일본의 대한정책: 그 구조적 제약과 변용의 역학」.『일본의 東아시아전략』. 세종연구소.

木村健二. 1989.『在朝日本人の社會史』. 未來社.

제3부

동아시아의 역사적 관점

1910~20년대 중국 동북부 지역(구 만주)의 수전 발전

벼농사 문화의 전개로 살펴본 조선·일본·중국 간 관계

에나쓰 요시키

Ⅰ. 들어가면서

중국은 역사적으로 화이허강 유역을 경계로, 주로 남쪽 지역은 쌀, 북쪽 지역은 밀, 잡곡 등을 주식으로 하는 농경문화가 발달했다. 이 글에서 살펴볼 중국 동북부 지역[랴오닝성(遼寧省), 지린성(吉林省), 헤이룽장성(黑龍江省) 3성으로 이루어진 지역, 흔히 '구 만주'(舊滿洲)라 일컬음]도 조, 수수, 옥수수 등의 잡곡을 주식으로 삼는 문화권이었다. 그러나 오늘날 중국 동북부 지역은 쌀 대량 생산지로 바뀌었을 뿐만 아니라 이제는 이 지역에서 쌀밥을 먹는 것도 일상이 되었다. 만약 헤이룽장성의 싼장(三江)평원 등지를 여행한다면 논(水田)이 점점 드넓어져 가는 풍경을 한눈에 볼 수 있을 것이다. 그렇다면 중국 동북부 지역에서는 언제부터 본격적으로 논농사(水田耕作)와 쌀 문화가 도입되었을 까. 여기에는 조선인, 일본인, 중국인 간의 복잡하며 흥미로운 관계가 전개되어 있다는 사실을 확인할 수 있다. 즉 쌀을 주식으로 삼는 조선인과 일본인이 이주하면서, 이전까지 쌀을 생산한 적이 없었던 중국 동북부 지역의 농업 생산 체계에 거대한 변동이 초래된 것이다.

중국 동북부 지역 남부에 위치한 펑톈성(奉天省, 현재는 대략 라오닝성에 해당한다-필자주)에 논농사가 본격적으로 도입된 것은 20세기 초 무렵으로, 그 후 수전 개발(水田開發)은 중국 동북부 남부에서 북부 지역으로 확대되었다. 당시 중국 동북부 지역은 '만주국' 시기로 수많은 일본인이 현재의 헤이룽장성 각지로 이주해 수전 개발에 관여했다. 이에 관한 연구는 이미 많이 이루어졌다. 그러나 중국 동북부 지역의 근현대사에서 수전 개발은 주로 한반도에서 이주한 조선인과 그 지역에 살고 있던 조선족이 담당했다. 이 지역의 수전 개발 과정을 밝히는 것은 다름 아닌 이 지역의 조선인, 조선족 사회의 역사를 고찰하는 것을 뜻한다.

한반도에서 중국 동북부 지역으로의 농업 이주는 꽤 오랜 역사를 가지고 있다. 당시 이주 농민의 대다수는 밭농사에 종사하고 있었다. 한편, 중국 동북부 지역에서 수전 개발이 본격적으로 진행되기 시작한 것은 청일전쟁, 한일병합 이후로 이때 일본이 정책적으로 관여한 사실을 확인할 수 있다. 일본 정부는 수전 농장(水田農場)을 경영하는 회사를 설립하고 농장의 소작인으로 많은 조선인을 고용하려고 했다. 즉, 일본의 자본, 조선인의 노동력, 중국의 토지를 결합해 중국 동북부 지역에 논농사를 도입시키려고 한 것이다. 일본은 중국 동북부 지역을 쌀 생산 거점으로 구축해 일본 국내의 쌀 부족 문제를 줄이는 동시에 중국 동북부 지역에서 자신들의 이권을 확대하려고 한 것이다. 여기에서 회사 농장(會社農場)이라는 새로운 형태의 조직으로 논농사를 중국 동북부 지역에 도입시키고자 한 사실에 주목할 필요가 있다. 이 글에서는 이와 같은 수전 개발의 실마리를 만든 일본 정부 정책과 동아권업주식회사[東亞勸業株式會社 이하 동아권업(東亞勸業)]이라는 일본 국책 회사의 농장 설립 과정을 중심으로 벼농사 문화의 도입을 둘러싸고 펼쳐진 조선인, 일본인, 중국인 간의 관계를 밝히고자 한다.

II. 근대 중국 동북부 지역의 논 확대와 조선인 농민의 이주

중국 동북부 지역의 수전 개발의 역사, 이와 관련한 조선인, 일본인, 중국인의 관계에 대해서는, 적어도 다음 세 가지 영역에서의 연구 성과를 확인할 필요가 있다. 첫째, 중국 동북부 지역으로 이주 및 거주한 조선인[이른바 '재만조선인'(在滿朝鮮人)]과 조선족의 역사에 관한 연구이다. 이에 관해서는 일제의 조선, 만주 지배하에서 조선인, 조선족의 역사, 이를테면 이주, 항일 운동 등에 조명을 맞춘 연구가 많이 있다. 둘째, 중국 동북부 지역의 근대 농업사에 관한 연구이다. 남만주철도주식회사[南滿洲鐵道株式會社이하 만철(滿鐵)], 만주국 등이 실시한 전전기(戰前期)의 만주 지역의 농업에 관해서는 수많은 조사가 있다. 또한 최근에는 만주국 시기의 농업경제를 새롭게 거시적으로 접근하는 연구도 발표되고 있다. 쌀 생산 문제를 포함해 만주국 시대의 농업경제에 관한 연구는 많은 편이다. 그러나 만주국 시기 이전 중국 동북부 지역의 농업 역사에 관한 연구는 충분히 축적되어 있지 않으며 앞으로 더 많이 연구되어야 한다. 셋째, 이 글의 자료와 직접 관련 있는 것으로, 중국 동북부 지역의 논농사 전개 과정에서 조선인, 조선족의 역할에 관한 연구이다. 이에 대한 전전기 연구는 만철 조사부의 『재만조선인 농민의 이주과정과 수전 경영 형태(전편)』[在滿鮮農ノ移住過程ト水田經營形態(前編)](滿鐵調査部 1941)등이 있고, 최근에는 이바오중(衣保中)이 『조선 출신 이주 농민과 동북지구의 수전 개발』(朝鮮移民与東北地區水田開發, 1996)을 발표했다. 이 연구는 중국 동북부에서의 수전 개발과 조선인 농민과의 관계에 대한 기초 자료를 수집해 분석하고 있다. 이 글에서는 이들 연구를 참조하면서 20세기 초기 중국 동북부에서 논농사가 어떠한 과정을 통해 도입됐는지를 중점적으로 고찰한다.

이 장에서는 우선 위의 세 가지 영역의 연구 성과를 참조하면서 20세기 초 이후 중국 동북부의 쌀 생산의 확대와 수전 개발의 주역이었던 조선인의 인구 증가 과정을 수량적으로 살펴본 후, 몇 가지 문제를 제시하고자 한다.

1. 근대 중국 동북부 지역의 쌀 생산

앞서 언급한 바와 같이 중국 동북부 지역에서 쌀을 생산하기 시작한 것은 새로운 일이다. 20세기 초 무렵에는 이 지역에서는 논농사를 거의 짓지 않았으나, 그 이후 논농사는 급속도로 퍼져 나갔다. 그러나 근대 중국 동북부 지역에서 농업 생산이 전개된 과정을 수량적으로 명확히 나타내는 것은 쉽지 않다. 그 이유는 만주국이 세워지기 전까지는 농업 생산에 관한 통계를 거의 실시하지 않았기 때문이다. 이런 조건에서 선(SUN 1973) 등은 농업 부문을 포함한 만주에서의 경제성장의 과정을 수량적으로 추계(推計)했다. 근년에는 야마모토 유조(山本有造)도 만주국이 걸었던 경제적 발자취를 통계 수치로 검증했다. 야마모토는 만철 경제조사회(滿鐵經濟調査會)에서 편찬한 『만주경제연보 1935년판』(滿洲經濟年報 1935年版), 『만주농업물수확예상 각 연도판』(滿洲農産物收穫予想 各年版)과 만철 펑텐조사실조사과에서 편찬한 『만주농업통계(滿洲農産統計)쇼와17년판』, 그리고 동북인민정부농림부계획처(東北人民政府農林部計畫處)에서 편찬한 『동북농업통계자료』(東北農業統計材料)등의 자료를 이용해 1924년부터 1945년에 걸쳐 이 지역에서의 농업 생산, 구체적으로 콩, 수수, 조, 옥수수, 밀, 벼, 밭벼 등의 곡식 생산 통계를 정리했다. 야마모토(山本 2003, 98-99)에 따르면 1924년과 1929년의 이 지역에서의 쌀 생산량은 각각 년 9만 4,000톤, 15만 톤 정도였다고 한다. 장쉐량(張學良) 정권 때 정리된 『민국20년 동북연감』(民國20年 東北年鑑)자료에도 1928~29년 중국 동북부 지역에서의 쌀 생산량은 연 18만 톤으로 기록되어 있어, 일본 측 자료에 따른 야마모토의 연구와도 대체로 부합하고 있다(東北文化社年鑑編印處 1931, 131). 한편, 만주국이 세워진 이후 쌀 생산량은 비약적으로 증가해 1935년에는 29만 8,000톤, 1945년에는 76만 3,000톤을 넘어설 정도였다(山本有造 2003, 98-99).

쌀 생산의 확대는 수전 면적(水田面積)이 증가한 것에서도 확인할 수 있다. 야마모토의 연구도 중국 동북부 지역의 쌀 작부 면적(作付面積)이 1924년에는 약 5만 7,000헥타르에서 1935년, 1945년에는 그 수가 각각 12만 1,000헥타르, 34만 9,000헥타르에 다다를 정도로 증가했음을 보여 준다(山本有造 2003, 98-99). 이 수치는 당시 중국 동북부 지역에서 쌀 생산이 확연히 증가한 사실을 보여 주고 있다. 반면 20세기 초 무렵, 중국 동북부 지역의 주요 농업 생산물은 콩, 수수, 밀, 옥수수 등의 잡곡이었다. 1945년 중국 동북부 지역의 쌀 생산량은 곡식 전체 생산량의 3.8%, 작촌 면적에서는 약 2% 정도 밖에 되지 않았다(山本有造 2003, 98-99). 곡식 전체 생산량에서 쌀이 차지하는 비율은 결코 크지는 않지만 이미 20세기 중반에 쌀 생산은 확실히 성장하기 시작했다.

현재, 중국 동북부 지역의 연간 쌀 생산량은 헤이룽장성을 중심으로 하여 1,700만 톤을 넘어섰다. 이는 중국 전체 쌀 생산량의 10% 정도를 차지하는 수치이다(中國硏究所 2003, 297). 작촌 면적은 동북 3성 전체에서 250만 헥타르를 넘어서고 있다(中國國家統計局農村社會經濟調査總隊 2001). 분명 20세기에 접어들어 중국 동북부 지역은 쌀 생산지로 탈바꿈했다. 이를 담당했던 사람은 다름 아닌 이 지역에 거주하고 있던 조선인과 조선족이었다.

2. 중국 동북부 지역의 조선인, 조선족의 인구 증가

한반도 북부에 살고 있던 농민이 압록강, 두만강을 건너 현재 중국 동북부 지역으로 건너간 역사는 오래되었다. 청나라 강희제(康熙帝)가 백두산 정상에 정계비를 세워 국경을 정비하던 무렵에도 이미 상당수의 조선인이 간도(間島), 둥볜다오(東辺道) 지역에 살면서 농사를 짓고 있었다고 한다(滿鐵調

查部 1941, 1). 20세기 초까지 중국 동북부 지역은 성징(盛京), 지린(吉林), 헤이룽장(黑龍江) 등지의 군벌이 지배하고 있었다. 청일전쟁(1894~1895년), 의화단 사건(1900년), 러일전쟁(1904~1905년)이 발발했을 때 중국 동북부 지역은 일본, 러시아로부터 군사적 침략을 받아 청나라 행정기구는 매우 혼란스러운 상태였다. 러일전쟁이 끝난 이후 청나라는 중국 동북부 지역의 행정기구를 군정에서 타 지역과 마찬가지로 민정으로 바꾸고 동북 3성이 중국 영토임을 확실히 표명했다. 1907년 이른바 '광서신정'(光緒新政) 이후 제1대 둥산성(東三省) 총독으로 쉬스창(徐世昌)이 펑텐에 부임한다. 쉬스창은 1907년부터 시량(錫良)에게 직위를 이어받아 둥산성의 행정기구의 재구축을 모색했다. 그러한 가운데 둥산성 각 지역 변경 조사, 행정기구 정비를 신속히 진행해 현재 옌볜(延辺) 조선족 자치주 지역도 옌지청(延吉廳), 그 후 옌지부(延吉府)로 정비했다. 많은 조선인이 이주한 지역에서 귀속을 둘러싼 문제는 조선과 중국, 이후에는 일본과 중국 간의 현안이 되었다. 쉬스창이 쓴 『둥산성 전략』(東三省政略) 등에도 20세기 초 압록강, 두만강 유역에는 이미 상당수의 조선인이 이주한 것으로 기록되어 있다(徐世昌 1911, 214; 같은 책 영인판 1989, 56-67).

그렇다면 20세기 초 무렵부터 얼마나 많은 조선인이 중국 동북부 지역으로 이주했던 것일까? 아쉽게도 정확한 수를 밝히기는 어렵다. 애당초 청나라 정부는 조선인이 중국 동북부 지역으로 자유롭게 이주하는 것은 엄격하게 제한하고 있었다. 그러나 수많은 조선인이 청나라의 금지령을 어기고 중국 동북부 지역으로 이주했다. 때문에 청나라도 중국 동북부 지역에서 거주하는 조선인 수를 정확히 파악할 수 없었다. 이 상황은 기본적으로 신해혁명 이후 장쭤린(張作霖), 장쉐량 정권이 들어선 이후에도 마찬가지였고, 1930년에 이르러서도 이 지역의 조선인, 조선족 인구는 정확히 알 수 없었다. 여기서 하나의 기준으로 일본의 '재만주'(在滿洲) 각 영사관에서 조사한 중국 동북부 지역에 거주하는 조선인 인구 추이를 살펴보자. 〈표 1〉은 1919년부터 1939년까지 재만조선인의 인구 추이를 나타내고 있다(滿鐵調查

〈표 1〉 재만조선인 연도별 인구(단위: 명)

연도	남성	여성	합계
1919			431,198
1920	261,870	197,557	459,427
1921	271,150	217,506	488,656
1922	285,494	231,371	516,865
1923	289,750	238,277	528,027
1924	292,769	239,088	531,857
1925	289,381	242,592	531,973
1926	298,110	244,075	542,185
1927	304,582	253,698	558,280
1928	313,599	263,453	577,032
1929	322,631	275,046	597,677
1930	325,781	281,338	607,119
1931	338,410	292,572	630,982
1932	360,174	312,475	672,649
1933	358,876	314,918	673,794
1934	383,435	336,553	719,988
1935	432,880	374,626	807,506
1936	468,034	407,874	875,908
1937			881,181
1938			951,229
1939			988,959

자료: 滿鐵調查部, 『在滿鮮農ノ移住入植過程ト水田經營(前篇)』, 13쪽.

部 1941, 13). 〈표 1〉에 따르면 1919년에는 43만여 명이었던 것이 1939년에는 98만 명을 넘어서는 등 만주에서 조선인, 조선족의 인구가 대단히 빠른 속도로 증가했음을 알 수 있다. 후나바시 한자부로(船橋半三郎)가 쓴 「조선인의 만주 및 내몽고 지역 이주사」(鮮人滿蒙移住史)에 따르면 1920년대 말 재만조선인, 조선족의 대다수는 농업에 종사하고 있었으며, 그중 30% 이상은 벼농사에 종사하고 있었다고 한다. 후나바시는 중국 동북부 지역의 쌀 생산은 전적으로 조선인, 조선족의 손에 맡겨진 점을 강조하고 있다(船橋半三郎 1930, 67).

만철조사부가 정리한 『재만조선인 농민의 이주 과정과 수전 경영 형태』

[在滿鮮農ノ移住入植過程ト水田經營形態(前編, 1941)]라는 보고서는 조선에서 중국 동북부 지역으로 이주한 농민의 역사를 고찰하는 데 귀중한 자료이다. 보고서는 농민의 이주 역사를 두 가지 형태로 나누어 살펴볼 필요가 있다고 주장한다. 첫 번째 형태는 토지가 척박한 한반도 북부, 구체적으로 함경도, 평안도에서 밭농사를 짓던 농민이 압록강, 두만강을 건너 중국 동북부 지역으로 이주한 역사가 있다. 앞서 말한 바와 같이 이러한 조선인 농민의 이주는 이미 오랜 역사를 가지고 있었다. 한반도 북부는 기본적으로 밭농사 지대로, 이 지역에서 중국 동북부 지역으로 이주한 농민은 대체로 이주 이후에도 밭농사에 종사했다. 두 번째 형태는 한반도 남부, 즉 논농사 지대 출신 농민이 이주한 역사이다. 한반도 남부에서 중국 동북부 지역으로 농민이 이주한 것은 20세기 이후이며, 위의 보고서에 따르면 1912년 무렵부터 본격화되었다고 한다. 이러한 이주는 한반도와 중국 동북부 지역 간의 철도망이 연결되면서 가능해졌다(南滿洲鐵道株式會社調査部 1941, 42, 69, 74).[1] 20세기 초 무렵, 이전과는 다른 새로운 이주 형태가 탄생한 것이다. 그리하여 이렇게 이주한 한반도 남부 출신 농민이 중국 동북부 지역에서의 수전 개발 실마리를 풀었다. 이후 논농사 기술이 만주에 거주하고 있던 조선인, 조선족 농민 사회로 퍼졌다. 이 글에서는 한반도 남부 출신 이주 농민이 초래한 논농사가 중국 동북부 지역에 뿌리내린 역사와 이와 깊은 관련이 있는 일본 정부의 정책을 검증하고자 한다.

1) 또한 조선의 논의 분포 등에 관해서는 樋口節夫(1988)를 참고함.

III. 중국 동북부 지역 논농사의 실마리

1. 중국 동북부 지역의 수전 개발에 대한 일본의 관심

일본 정부가 중국 동북부 지역의 수전 개발 문제에 깊은 관심을 보이기 시작한 것은 1912년 무렵부터이다. 그 해, 중국에서는 신해혁명으로 중화민국(中華民國)이 건국되었고, 일본과 러시아 사이에 동서 내몽고(東西內蒙古)에서의 특권을 상호 승인한 제3차 러일협약이 체결되었다. 1912년은 일본이 한국을 병합한 지 2년째이자 중국 동북부 지역에 대한 일본과 러시아 간의 세력권을 확인한 제2차 러일협약이 체결된 지 5년이 지난 시점이었다. 당시 일본은 중국 동북부 지역에서 자신들의 이권을 확대하려는 의지를 대조선 정책과 연계해 명백히 드러내고 있었다.

중국 동북부 지역의 쌀 생산 문제에 관해 우선 1912년 6월 13일 당시 재펑텐 총영사 오치아이 겐타로(落合謙太郎)가 외무대신 우치다 야스야(內田康哉)에게 보낸 「펑텐 안둥선 스차오즈역 주변 일본인의 농장 경영에 관한 보고건」(安奉線石橋子驛ニ於テ本邦人ノ農場經營報告ノ件)이란 문서를 살펴보자. 이 보고서는 외무성 기록 『남만주의 수전 경영에 관한 조사건(전3권)』[(南滿洲ニ於ケル水田經營ニ關スル調査一件(全3卷)]으로 정리된 문건 중에서 가장 오래된 것이다. 이 보고서에서 오치아이는 "최근 남만주 각지의 일본인과 중국인 사이에서 농장 경영 열기가 점점 뜨거워지고 있어, 각 지역에서 새로이 논, 밭 등이 개간되는 모습을 쉽사리 볼 수 있다. 번시후 허둥가(本溪湖何東街)에 사는 일본인 하마다(浜田)에 따르면 펑텐 안둥선 스자오즈(石橋子)역의 만철 부속지 북단에 위치한 토지 9,600평을 만철로부터 임대해 그 중 논 5,400평을 2년간 시험 경작을 한 후 그 결과에 따라 3년째부터 임대료를 지불하는 조건으로 10년간 임대하여 ……"라고 했다.[2] 이 시기에 일부 일본인이 '남만주'에서 논농사의 가능성을 모색하기 시작했으며, 실제로

만주철도가 지나가는 각 지역에서는 논농사가 시작되었음을 알 수 있다.

더욱이 같은 해 8월 6일과 8월 8일, 오치아이는 펑텐 총영사관 관내에서 논이 확대되는 상황에 대한 좀 더 상세한 보고를 외무대신 우치다에게 보냈다. 6일 공신(公信, 公第453호)에서는 훈허강(渾河: 길이 약 415km로, 중국 랴오닝성 동부를 흐르는 강-옮긴이) 유역의 첸진짜이(千金寨), 바오자둔(鮑家屯), 신빈바오(新濱堡) 부근,[3] 또 8일의 공신(公第454호)에는 시공타이바오즈(西公太堡子) 부근의 논에 대한 보고가 첨부되어 있다.[4] 이 보고는 펑텐 총영사관 서기 다케우치(竹內)가 조사하고 정리했다. 다케우치는 일본이 중국 동북부 지역에서 수전 개발을 진행하는 과정에서 부딪친 몇 가지 문제를 제시했다.

8월 6일 공신의 첨부 서류인 다케우치의 보고서에는 훈허강 유역의 위치, 지형, 풍토, 기온, 관개, 충해, 각종 농산물의 가격 비교, 또한 첸진짜이(千金寨), 바오자둔(鮑家屯), 신빈바오(新濱堡) 부근의 수전 경영의 상황에 대한 상세한 정보가 수록되어 있다. 그중에는 산둔(三屯)에서 확대되고 있던 논 면적(합계 217天池)과 그 경영자인 중국인 지주의 성(姓), 소작인 조선인(25호, 214명)의 호주명 등이 포함되어 있다. 다케우치는 보고서 말미에 「앞으로의 발전 전망」이라는 항목에서 다음과 같이 말한다.

> 만주 지방의 논농사는 과거 20년간의 역사를 지니는 것으로, 주로 조선인이 경작했는데 그 수확 성적이 좋다는 것은 굳이 말할 필요도 없다. 그러나 만주 지방에 거주하고 있는 중국인은 조와 수수를 주식으로 삼고 있으며 논농사의 이점을 그다

2) 1912년 6월 13일부 재펑텐 총영사 오치아이 겐타로가 우치다 야스야 내무대신 앞으로 보낸 공신(公信) 제255호, 「安奉線石橋子驛ニ於テ本邦人ノ農場經營報告ノ件」, 『日本外務省外交資料館所藏 外務省記錄』, 1, 7, 12쪽 ,「南滿洲ニ於ケル水田經營ニ關スル調査一件」(제1권)에 수록.

3) 1912년 8월 6일부 재펑텐 총영사 오치아이 겐타로가 우치다 야스야 내무대신 앞으로 보낸 공신 제453호 중에서 첨부서류인 다케우치의 보고만이 앞의 문서, 「南滿洲ニ於ケル水田經營ニ關スル調査一件」(제1권)에 수록되어 있다.

4) 1912년 8월 8일부 재펑텐 총영사 오치아이 겐타로가 우치다 야스야 내무대신 앞으로 보낸 공신 제454호「西公太堡子ニ於ケル水稻耕耘情況報告ノ件」, 앞의 문서, 「南滿洲ニケル水田經營ニ關スル調査一件」(제1권)에 수록.

지 모르고 있는 반면, 최근 일본인들은 만철 부속지 등에서 논농사를 짓는 사람이 점점 늘고 있다. 중국 관헌 역시도 논농사가 유망하다는 확신을 갖게 되어 농민 등에게 논농사가 유리하다는 사실을 고취시키고 있다. 그러므로 훈허강이나 랴오허강(遼河) 부근과 같이 관개가 용이한 지역이 넓어지면 만주에서 논은 대략 100만 정보(町步)로 넓어질 것이다. 특히 현재 펑텐 철도 부속지의 성홍(勝弘)농장처럼 센트리프유갈 펌프(centrifugal pump, 원심 펌프–옮긴이)를 이용하여 물길을 튼다면 만주 지방의 대부분은 논농사에 적합한 땅이 될 수 있다. 장차 만주에서의 논농사 발전은 전문가에게 굳이 조언을 구하지 않아도 알 수 있을 만큼 명백한 일이다.[5]

8월 8일 공신에 첨부된 보고서에서도 다케우치는 다음과 같이 말했다.

시공타이바오즈는 …… 펑텐 신민둔(新民屯) 사이 푸허강(蒲河) 좌측 강가에 자리 잡고 있으며 지형는 대체로 평탄하고 관개가 매우 편리해 논농사에 매우 적합하다. 중국인 자오하이윈(趙海雲)[신민부(新民府) 사람으로 기인(旗人)이였다고 한다]은 이 지역이 논농사에 유리하다고 판단해 1908년 4월에 조선인 김시정(金時偵) 외 5명과 힘을 모아 개간비 1,100위안(조선인 한 명당 100위안씩, 총 600위안과 자오하이윈의 500위안)을 지출해 지주에게 약 60천지(天地, 1天地는 6묘(畝), 1묘는 현재의 약 240평에 해당한다)를 빌려 논농사를 시작했다. 마침내 청나라 관헌은 1909년 4월에 해당 지역에 푸허강 수리국(蒲河水利局)이라는 경지감독소(耕地監督所)를 설치해 경작주 자오하이윈이 마음대로 조선인을 끌어들여 개간을 시작한 점을 문제 삼아 그를 투옥하고 거주 조선인을 전부 소작인으로 …… 그러나 1910년 8월 청나라 관헌은 갑자기 그들 조선인에게 퇴거를 명령했다. 당시 해당 지역에서 퇴거한 조선인은 남녀 합계 60~70명 정도이었다. …… 올해 들어 조선인 등이 재차 이 지역으로 들어오는 숫자가 늘고 있어 청나라 관헌은 그들을 귀화시키는 방법으로 거주 및 생업의 자유를 부여하고 있다.

또, 논농사의 전망에 대해서 다음과 같이 말했다.

해당 지역에서 논으로 개간된 면적은 합계 700천지이며 미개간지는 166천지이다. 미개간지는 내년 또는 내후년까지는 모두 논으로 개간될 예정이므로 개간지의 총 면적은 머지않아 866천지가 될 것이다. 하지만 원체 푸허강의 수량은 풍부하지 못해 …… 1,000천지 이상의 논에 물을 대는 것은 사실상 불가능하다 …… 물을 댈

5) 앞의 문서, 「南滿洲ニ於ケル水田經營ニ關スル調査一件」(제1권)에 수록.

수 있는 다른 방법을 찾지 않는 한 크게 발전하기 어려울 것이다.[6]

다케우치의 두 편의 보고서에는 중국 동북부 지역의 수전 개발의 가능성을 기대할 수 있다는 점, 중국 측도 수전 개발에 관심을 갖기 시작했다는 점, 다만 당시 이 지역의 일본인의 수전 경영은 일본이 조차(租借)하고 있던 만철 부속지 내로 한정되고 있어 조차지 이외의 지역에서 수전 경영은 매우 곤란하다는 점, 또 만주에서 주로 논농사를 담당했던 조선인들의 이주에 대해 중국 관헌의 단속이 매우 엄격한 점, 게다가 푸허강 등의 수계가 대규모의 수전 개발이 가능할 만큼 충분한 관개용수를 제공할 수 없는 점 등이 나타나 있다. 일본 정부가 자신의 주권이 미치지 않는 펑텐 땅에서 조선인, 조선족을 이용해 수전 개발을 진전시키기 위해서는 이러한 문제점을 하나씩 극복해 나가야만 했다.

펑텐 총영사관으로부터 위와 같은 보고를 받은 일본 외무성은 중국 동북부 지역의 논농사 실태 및 개발 가능성에 관한 조사에 본격적으로 착수했다. 1912년 10월 23일, 오치아이 재펑텐 총영사 앞으로 보낸 「반공신」(半公信)에서 외무차관 구라치 데쓰키치(倉知鐵吉)는 남만주에서의 수전 경영을 조사하기 위하여 농상무성(農商務省) 소속 기사(技師) 기노시타 야하치로(木下彌八郎)를 펑텐으로 파견할 것이며 총영사관은 기노시타의 조사에 협력하도록 명했다.[7] 이에 대해 오치아이는 우치다 외무대신에게 11월 5일자 긴급 전보를 보내 7일부터 기노시타가 총영사관 서기 다케우치와 함께 약 5주간의 조사차 여행을 떠날 예정임을 보고했다.[8] 여기에서 외무차관 구라치 데쓰키치의 이름이 나온 것은 흥미로운 사실이다. 구라치는 외무성 정무국장(外務省政務局長)으로 한일병합을 진행시킨 중심 인물이었으며 퇴임 후

6) 주4)와 동일.

7) 1912년 10월 23일부 외무차관 구라치 데쓰키치가 재펑텐 총영사 오치아이 겐타로 앞으로 보낸 반공신, 앞의 문서, 「南滿洲ニ於ケル水田經營ニ關スル調査一件」(제1권) 수록.

8) 1912년 11월 5일부 재펑텐 총영사 오치아이 겐타로가 우치다 야스야 내무대신 앞으로 보낸 공전(公電) 제439호, 앞의 문서, 「南滿洲ニケル水田經營ニ關スル調査一件」(제1권) 수록.

에는 후술할 동아권업 회사 설립을 담당하고 사장으로 취임했다.

1913년 3월 7일 재펑텐 총영사 오치아이는 외무대신 마키노 노부아키(牧野伸顯)에게 「남만주 각 지역의 논농사 상황에 대한 보고 송부건」(南滿洲各地ニ於ケル水田耕作情況報告書送付ノ件)을 보냈다. 여기에서는 전년도 기노시타와 함께 남만주 각 지역을 조사한 다케우치 서기가 정리한 「남만주 각 지역의 논농사 상황」(南滿洲各地ニ於ケル水稻耕耘情況)이란 보고서가 첨부되어 있다. 이 보고서는 남만주 지역의 논의 소재지, 면적, 수확고, 관개 상황, 경작자(耕作者)의 출신 민족 등이 기록되어 있으며 당시 남만주의 수전 개발 상황을 상세히 보여 주고 있다.[9] 기노시타도 1913년 2월 13일 농상무대신 나카소 지렌(仲小路廉)에게 「남만주의 벼농사 가능지역에 대한 조사 보고」(南滿洲米作可能地調査報告)를 제출했다. 그 내용은 남만주에는 3,600여 정보의 논이 있으며 그 대부분이 조선인이 경작하고 있다는 것이었다.[10] 다케우치와 기노시타가 작성한 보고 등을 기초로 하여 관동도독부 민정부(關東都督府民政部)와 만철에서 실시한 조사를 덧붙여, 이듬해 관동도독부 육군부(關東都督府陸軍部)가 「남만주 벼농사 현황(1914년3월)」[南滿洲水稻現況(大正3年3月)]으로 종합했다.[11] 그 내용을 정리한 것이 〈표 2〉와 〈표 3〉이다. 먼저 〈표 2〉를 보면 당시 남만주의 논 면적은 4,443정보 가량에 지나지 않았으며 그 수확량도 13만 9,000석 정도에 머물렀다. 게다가 논 면적의 64% 이상이 조선인이 경작하는 곳이며 일본인이 경작한 면적은 8% 정도뿐이었다. 〈표 3〉은 「남만주 벼농사 현황」 중에서 10정보 이상의 논의 소재지, 면적, 심은 벼의 종류, 수확량, 관개 상황, 경영자, 창업 연도를 정리한 것이다. 이

---

9) 1913년 3월 7일부 재펑텐 총영사 오치아이 겐타로가 마키노 노부아키 외무대신 앞으로 보낸 공신 제59호, 「南滿洲各地ニ於ケル水田耕作情況報告書送付ノ件」, 앞의 문서, 「南滿洲ニ於ケル水田經營ニ關スル調査一件」(제1권)에 수록.

10) 農商務省農務局, 「南滿洲米作可能地調査報告」, 앞의 문서, 「南滿洲ニ於ケル水田經營ニ關スル調査一件」(제2권)에 수록.

11) 關東都督府陸軍部 「南滿洲水稻現況」 1914년 3월, 앞의 문서, 「南滿洲ニ於ケル水田經營ニ關スル調査一件」(제1권)에 수록.

〈표 2〉 남만주 수전 경영자별(1913년 말)

경영자	수전면적(町步)	벼 수확량(石)	면적 백분비(%)
일본인	354.97	7,679.35	8
조선인	2,844.84	93,712.80	64.1
중국인	1,233.54	38,045.55	27.9
총계	4,433.35	138,937.70	100

자료: 關東都督府陸軍部, 「南滿洲水稻現況」(大正3年3月), 「南滿洲ニ於ケル水田経營ニ關スル調査一件」 수록.

를 통해 알 수 있듯이 당시 남만주의 논은 펑텐, 슝웨청(熊岳城), 신민둔(新民屯), 푸순(撫順), 싱징(興京), 퉁화(通化), 펑황청(鳳凰城), 안둥(安東), 타오루(掬鹿), 진저우(金州) 관내 부근에 있었고 창업도 메이지 말년 이후, 다시 말해 시작한 지 얼마 되지 않는 것이 많았다는 사실을 알 수 있다. 심어져 있는 벼도 재래 조선종이었다. 한편 경작자 중에는 가쓰히코 데이지로(勝弘貞次郞), 니시노미야 후사지로(西宮房次郞) 등의 일본인 이름도 보인다. 후술하는 바와 같이 일본인이 경영한 수전 농장은 이윽고 동아권업의 농장의 일부로 재편되었다.

위에서 언급한 펑텐 총영사관 및 관동도독부의 보고서는 남만주에서 이미 논농사의 실마리가 풀렸다는 점, 대부분이 조선인이 경작하고 있었던 점, 그리고 이 지역에서 수전 개발이 커다란 가능성을 가진 점을 명백하게 보여 주고 있다. 이러한 보고서를 계기로 일본 정부는 만주에서 수전 개발에 대해 한층 더 많은 관심을 기울이게 된다.

2. 수전 개발을 진행 과정에서 일본 정부가 직면한 문제

중국 동북부 지역의 수전 개발 가능성 모색, 더 정확히 말하면 일본인이

〈표 3〉 남만주 지역별 벼 수확량(1913년 말)

지역	장소	수전(단위:정보)	벼 종류	수확량(단위:석)	관개용수 급원	경영자	창업연도
창춘 부근	콴청즈(寬城子)	13.20	자황츠마오(札幌赤毛)	330.00	용출수	후지타 고이치로(藤田興一郎)	1911
철령 부근	티에링(鐵嶺)	14.41	조선종	215.00	석유 펌프를 이용한 양수	단지(緞治)	1913
	판자워펑(范家窩棚)	10.00	조선종	270.00	랴오허(遼河) 지류	니시노미야 후사지로	1913
펑텐 부근	펑텐	45.00	조선종	1,110.70	전기 펌프를 이용한 양수	가쓰히코 데이지로	1910
	펑텐	27.00	조선종	808.50	위와 같음	니시노미야 후사지로	1911
	베이링(北陵)	19.30	조선종	308.00	베이링자오카오(北陵沼尻)에서 흐르는 물을 이용	하기와라 마사히코(萩原昌彦)	1912
	베이링	20.00	조선종	(공백)	위와 같음	중국인	1913
	타오첸후툰(姚千戶屯)	28.00	조선종	840.00	훈허강(渾河) 지류	중국인	1910
	다스차오(大石橋)	46.80	조선종	2,033.00	실개천에서 관개	조선인	1910
	시쟈즈(西家子)	10.80	조선종	469.00	실개천에서 관개	조선인	1912
	우자황(吳家荒)	25.00	조선종	575.00	훈허강(渾河) 지류	니시노미야 후사지로	1913
	시궁타이바오즈(西公太堡子)	252.00	조선종	8,593.00	훈허강(渾河) 지류	중국인	1908
하이쳉(海城) 부근	판쟈툰(范家屯)	15.00	조선종	150.00	못물을 중국식 양수기로	중국인	1913
슝웨청(熊岳城) 부근	마쟈툰(馬家屯)	36.00	조선종	1,730.00	슝웨에허(熊岳河)강에서부터 자연개관	중국인	1897
	구쟈즈(古家子)	11.26	조선종	536.30	위와 같음	중국인	1897
	송수(松樹)	15.19	조선종	546.84	쓰핑지에(四平街)에서부터 흐르는 실개천	중국인	1903
신민툰(新民屯) 부근	다후산(打虎山)	420.00	조선종	12,600.00	양창허(羊腸河)강	중국인	1910
	장우(彰武)	20.00	조선종	400.00	랴오허강(遼河) 지류	중국인	1912
푸순(撫順) 부근	구청즈(古城子)	17.00	조선종	612.00	푸순 탄광의 내수	오오에 고레요시(大江惟慶)	1910
	바오쟈툰(鮑家屯)	39.00	조선종	1,404.00	훈허강(渾河)	중국인	1897
	다잉밍즈(打鶯鳴子)	24.00	조선종	864.00	훈허강(渾河)	중국인	1897
	산쟈즈(三家子)	12.00	조선종	432.00	훈허강(渾河)	중국인	1897
	사얼캉(沙兒康)	12.00	조선종	432.00	훈허강(渾河)	중국인	1897
싱징(興京) 부근	신빈푸(新賓府)	130.00	조선종	4,455.00	훈허강(渾河)	조선인	1897
	수즈허어우안(蘇子河右岸)	79.20	조선종	2,851.00	훈허강(渾河) 지류인 쑤쯔허강(蘇子河)	조선인	1897
	왕칭먼(汪淸門)	120.00	조선종	4,050.00	훈허강(渾河) 상류	조선인	1897
통화(通化) 부근	상뎬즈(上甸子), 샤뎬즈(下甸子)	1,160.00	조선종	29,000.00	압록강 지류	조선인	1897
	퉁화(通化)	30.00	조선종	4,050.00	상동	조선인	1897

번시후후(本溪湖湖) 부근	판자즈(范莊子)	15.00	조선종	540.00	타이즈허강(太子河) 지류	중국인	1913
펑황청(鳳凰城) 부근	탕산청(湯山城)	77.20	조선종	2,779.00	실개천 또는 용출수	중국인	1910
	탕산청(湯山城)	16.17	조선종	582.00	실개천 또는 용출수	중국인	1910
	펑황청(鳳凰城)	16.58	조선종	596.80	실개천 또는 용출수	조선인	1910
	우룽베이(五龍背)	58.99	조선종	2,124.00	실개천 또는 용출수	중국인	1910
안둥(安東) 부근	다둥거우(大東溝) 부근	900.00	조선종	45,000.00	압록강 지류	조선인	(공백)
타오루(掏鹿) 부근	사오청즈(小城子)	120.00	봉천산 조선종	1,320.00	상류허(上流河) 강	조선인	불명확
	야지베이(野鷄背)	90.00	봉천산 조선종	990.00	상류허(上流河) 강	조선인	불명확
	산다오허즈(三道河子)	12.00	봉천산 조선종	132.00	용출수	조선인	불명확
다거다(大疙疸) 부근	라오후워(老虎窩)	14.00	조선종	158.00	둥랴오허강(東遼河)	조선인	1911
하이룽 부근	다황거우(大荒溝)	18.00	조선종	198.00	둥랴오허강(東遼河)	조선인	불명확
	토우파리(頭八里)	36.00	조선종	396.00	둥랴오허강(東遼河)	조선인	불명확
진저우(金州) 관내	라오후산훼이(老虎山會)	30.00	(공백)	350.00	용출수	이누이 우시타로(乾丑太郎)	1910
	라오예먀오(老爺廟會)	26.46	(공백)	441.00	실개천 또는 용출수	중국인	1908
	산스리바오훼이(三十里堡會)	76.00	(공백)	1,393.70	실개천 또는 용출수	중국인	1900
	산스리바오훼이(三十里堡會)	30.00	조선종	350.00	실개천 또는 용출수	이누이 우시타로	1910
	푸란뎬훼이(普蘭店會)	14.50	조선종	292.00	실개천 또는 용출수	고이데 에이키치(小出英吉)	1909

자료: 關東都督府陸軍部, 「南滿洲水稻現況」(大正3年3月), 「南滿洲ニ於ケル水田経營ニ關スル調査一件」 수록.

논농사를 지을 수 있도록 하는 것이 일본 정부의 정책 과제로 되는 시점에서 해결해야 할 몇 가지 문제가 있었다. 1913년 5월 3일 재펑톈 총영사 오치아이가 외무대신 마키노 앞으로 보낸 공신 「만주 각 지역 미개방지의 일본인의 수전 경영사업에 관한 신청 건」(滿洲各地未開放地內ニ於テ本邦人ノ水田經營事業ニ關シ稟請ノ件)에 이 문제가 구체적으로 나와 있다. 조금 길지만 문제의 핵심을 찌르고 있기 때문에 일부 내용을 인용한다.

> 만주 각 지역 미개방지 가운데에는, 종래 조선인이 논농사를 짓는 경우가 적지 않았지만 최근에는 일본인이 만철 부속지 내에 논농사를 짓기 시작해 좋은 결과를 거두었다. 이 사실이 알려져 만주 각 지역에서 급속도로 논농사 열기가 일어나, 특히 올해는 재만중국인 지주들은 토지를 매각하거나 토지를 담보로 차용금을 신청하는 사람이 많아지는 한편, 일본인은 미개간지를 개간하려는 사람이 매우 증가했다. 최근 본관을 찾아와 만주에서 논농사가 이점이 있다는 사실을 상세히 이야기하면서 논농사용 토지를 매수하는 방법으로는 우선 중국인 명의로 토지를 매수한 다음 일본인과 중국인 간의 채권, 채무 관계를 맺어 농사는 주로 조선인, 중국인에게 시키고, 일본인은 뒤에서 조종하는 계획을 가진 사람이 있었다. …… 본관은 이에 대해서 조약 규정대로라면 외국인은 만주의 미개간지에 거주할 수 없음을 물론이거니와 미개간지 매매, 임대에 외국인이 관계하는 경우 중국 관헌은 이를 승인하지 않을 뿐만 아니라 소유에도 압박을 가하는 상황이므로 이와 같은 사업에 자본을 투자하는 것은 위험천만한 일이라고 했다. 그러나 이와 같은 조언에도 불구하고 들리는 바에 따르면, 최근 상황은 일본인 가운데서 비밀리에 중국인 등과 계약해 논 개간 사업을 경영하려고 나선 사람이 적지 않다. 이러한 경영은 언젠가 틀림없이 중국 관헌과의 마찰을 불러올 수 있기 때문에 걱정이 앞선다 …….[12]

펑텐 총영사관 오치아이는 만주에 거주하는 일본인 사이에서 '논농사 열기'가 불기 시작한 점에 대해, 그들 일본인은 중국인 명의를 차용해 토지를 구입한 다음 조선인과 중국인을 고용해 논농사를 짓게 했으나 외국인 토지 소유가 금지되어 있는 중국 동북부 지역의 미개방지(未開放地, 이른바 조차지 이외의 토지)에서 토지를 구입해 논농사를 짓는 것은 대단히 위험천만한 일이라고 말하고 있다. 즉, 오치아이는 일본인이 '소유권'을 합법적으로 취득하지 못한 토지에서 수전 개발을 진행시키는 것에 매우 신중한 입장을 보이고 있었다.

오치아이의 보고에 대한 외무성의 대응도 흥미롭다. 마키노 외무대신은 5월 26일 오치아이에게 「만주 각 지역 미개방지 내 일본인의 수전 경영에 대한

12) 1913년 5월 3일부 재펑텐 총영사관 오치아이 겐타로가 마키노 노부아키 외무대신 앞으로 보낸 공신 제118호, 「滿洲各地未開放地內ニ於テ本邦人ノ水田經營事業ニ關シ稟請ノ件」, 앞의 문서, 「南滿洲ニ於ケル水田經營ニ關スル調査一件」(제1권)에 수록.

건」(滿洲各地不開放地內ニ於ケル本邦人ノ水田經營ニ關スル件)이라는 공신을 보내 오치아이가 염려한 부분에 대해 차라리 만주에서 수전 경영의 가능성을 적극 모색하라는 명령을 내린다. 마키노는 만주에서의 수전 경영은 유리한 사업이며, 또한 그러한 사업을 열심히 할 일본인이 있다면 믿을만한 일본인이 이용해 다소 위험을 무릅쓰고라도 중국 측에 눈에 띠지 않은 형태로 일본인의 수전 경영을 지원하고 기회가 있다면 앞으로도 수전 경영을 확대할 수 있도록 할 것을 지시하고 있다.[13] 일본인의 만주 개발, 일본 국내의 쌀값 조절 등을 고려한 마키노는 만주에서의 수전 개발이 일본 국가 차원에서 중요한 정책 과제라고 인식하고 있었다. 여기에서 일본 정부가 중국 동북부 지역에서의 수전 개발 사업에 본격적으로 관여한 사실을 확인할 수 있다.

일본인이 중국 동북부 지역에서 수전 농장을 경영하기 위해서는 먼저 토지와 실제로 경작을 책임질 조선인 소작인을 어떻게 확보하느냐의 문제가 있다. 이에 대해 같은 해 7월 15일, 펑텐 총영사대리 이하라 마스미(井原眞澄)는 펑텐에서 대규모로 논농사를 짓고 있던 니시노미야 후사지로의 토지 매수 경위 및 경영 상황에 대해 니시노미야 본인이 기록한 문서의 사본을 외무성으로 보냈다.[14] 이에 대해 마키노 외무대신은 내용을 좀 더 구체적으로 설명한 보고서를 보내줄 것을 펑텐 총영사관 측에 요구했다.[15] 같은 해 8월 이후 펑텐 총영사관 오치아이는 일본인이 펑텐 근교 지역에서 경영하고 있는 수전 농장의 상황 및 토지 취득 경위를 보고했다. 우선 8월 25일 펑텐 총영사관 오치아이는 "올해 만주 각 지역에서 새로이 논농사를 시

13) 1913년 5월 28일부 마키노 노부아키 외무대신이 재펑텐 총영사관 오치아이 겐타로 앞으로 보낸 기밀 문서(機密送) 第86호, 「滿洲各地不開放地內ニ於ケル本邦人ノ水田經營ニ關スル件」, 앞의 문서, 「南滿洲ニ於ケル水田經營ニ關スル調査一件」(제1권)에 수록.

14) 1913년 7월 15일부 재펑텐 총영사대리 井原眞澄가 마키노 노부아키 외무대신 앞으로 보낸 공신 제177호, 「滿洲各地未開放地內ニ於テ本邦人ノ買收セル農耕地ノ耕耘機情況ニ關スル件」, 앞의 문서, 「南滿洲ニ於ケル水田經營ニ關スル調査一件」(제1권)에 수록.

15) 1913년 7월 24일부 마키노 노부아키 외무대신이 재펑텐총영사대리 이하라 마스미(井原眞澄) 앞으로 보낸 문서 제110호, 「滿洲各地不開放地內ニ於ケル本邦人ノ水田經營ニ關スル件」, 앞의 문서, 「南滿洲ニ於ケル水田經營ニ關スル調査一件」(제1권)에 수록.

작하려는 일본인, 조선인이 많이 있다. 따라서 각 지역에서 중국 관헌 또는 농민 등과 분쟁이 일어날 우려가 있다"라며 펑텐 안펑선(安奉線) 차오터우(橋頭) 부근, 신민현(新民縣), 장우현(彰武縣), 전안현(鎭安縣), 랴오양(遼陽)지방, 티에링(鐵嶺)지방 등의 수전 개발 상황을 보고했다.16) 보고에서 오치아이는 수전 경영 및 경작에 종사하는 일본인, 조선인이 증가하는 것에 대해 중국 측의 규제가 강화될 것이라며 재차 강한 우려를 표했다.

1) 토지 소유권을 둘러싼 문제

오치아이 총영사는 이어서 9월 8일에는 니시노미야 후사지로 농장에 관해, 또한 9월 20일에는 가쓰히코 데이지로 농장에 관해 상세한 보고를 외무대신에게 보냈다.17) 이하라와 오치아이의 보고를 토대로 하여 니시노미야 농장의 개요를 정리한 것이 〈표 4〉이다. 니시노미야는 펑텐 근교의 우자황(吳家荒), 난천자황(南陳家荒), 베이천자황(北陳家荒), 잉커우팅(營口廳)의 샤타이즈(下台子), 티에링현(鐵嶺縣)의 판자워펑(范家窩棚), 가이핑현(蓋平縣)의 산콰이스황량두이(三塊石皇糧堆) 7개소(난천자황에 두 군데 있음)의 9개 농장, 총 658정보의 논을 보유하고 있었다. 주목할 점은 외국인이라서 토지 소유권을 획득할 수 없었던 니시노미야는 왕바오팅(王寶亭), 양타이성(楊太盛), 호우저지우(候澤九) 등 부하 직원의 중국인 명의를 차용해 농장 용지를 매수하고 있었던 것이다. 즉, 니시노미야 농장의 명의상 소유주는 니시노미야 본인이 아닌 왕바오팅 등의 중국인이었다. 이러한 방법을 통한 토지 취득은

---

16) 1913년 8월 25일부 재펑텐 총영사 오치아이 겐타로가 마키노 노부아키 외무대신 앞으로 보낸 공신 제207호, 「滿洲各地ニ於テ本年新ニ水稻耕耘ヲ開始セルモノノ概要ニ關シ報告ノ件」, 앞의 문서, 「南滿洲ニ於ケル水田經營ニ關スル調査一件」(제1권)에 수록.

17) 1913년 9월 8일부 재펑텐 총영사 오치아이 겐타로가 마키노 노부아키 외무대신 앞으로 보낸 공신 제208호, 「滿洲各地不開放地ニ於ケル本邦人ノ水田經營ニ關スル件」, 1913년 9월 20일부 재펑텐 총영사 오치아이 겐타로가 마키노 노부아키 외무대신 앞으로 보낸 공신 제223호, 「未開放地ニ於ケル土地ニ關スル契約ノ認証方ニ關スル件」, 앞의 문서, 「南滿洲ニ於ケル水田經營ニ關スル調査一件」(제1권)에 수록.

〈표 4〉 니시노미야 농장 토지 취득 과정과 조선인 소작인

소재지	가격(은화 위안)	면적(天地)	토지 소유자 대표	토지 구입 명의인	구입 시기	조선인 소작인에 관한 기술
1. 承德縣大石橋南吳家荒	23,760	132	장신푸(張新甫)	왕바오팅(王寶亭)	1915년4월	조선인 김덕환 외 농부 24명과 그 가족 70여 명을 소작인으로 삼았다.
2. 承德縣大石橋南陳家荒	9,350	85	천(陳) 씨	왕바오팅		
3. 承德縣大石橋南陳家荒(羅家荒)	6,480	72	뤄(羅) 씨	왕바오팅	1913년3월	원래는 북릉부속지. 1914년부터 기계를 이용해 관개를 정비해 조선인 소작인을 이주시켰다.
4. 鐵嶺縣黃古洞	4,374	81	이(李) 씨 외 여러 명	양타이성(楊太盛)	1913년3월	아오야마 조고로(青山庄五郎)를 주축으로 조선인 양성근을 중심으로 한 조선인 농부와 그 가족 140여 명을 이주시켰다. 그 후 중국 관헌에 의해 조선인 농부들은 퇴거를 당한다.
5. 營口廳石橋子下土台子	17,119	126	샤타이즈(下台子) 주민 30여 명	순(孫), 방(解) 씨		
6. 蓋平縣三塊石皇糧堆	9,000	403	장(張) 씨	호우쩌지우(候澤九)		
7. 承德縣大石橋西北陳家荒	15,399	115	후시겅(胡錫庚)	왕바오팅		

자료: 1913년 7월 15일부 재봉천총영사대리 이하라 마스미가 외무대신 마키노 노부아키 앞으로 보낸 공전(公電) 177호, 「滿洲各地未開放地ニ於テ本邦人ノ買収セル農耕地ノ耕耘情況ニ関スル件」 등.

니시노미야의 토지에 대한 권리가 위태로운 것은 물론이거니와 중국 측은 이 점을 문제시했다. 더욱이 니시노미야가 토지 취득을 위한 자금을 만철로부터 빌렸다는 사실은 훗날 동아권업 설립 과정에서 밝혀졌다. 가쓰히코 의 경우도 마찬가지이다. 가쓰히코 데이지로도 슈슈펑(蘇秀峰)라는 중국인 명의를 차용해 농장토지를 취득했으며 그 자금 5만 엔 역시도 만철으로부터 빌린 것이었다.[18] 결국, 만철 부속지, 관동주 땅을 제외하고 일본인이 만주 땅에서 농장 용지를 구입하기 위해서는 중국인 명의를 빌리는 방법밖에 없었다. 이는 일본인이 만주에서 수전 개발을 진행하는 과정에서 커다란 걸림

18) 앞의 문서, 「未開放地ニ於ケル土地ニ關スル契約ノ認証方ニ關スル件」.

돌이 되고 있었다.

2) 조선 출신 이주 농민을 둘러싼 문제

일본 정부는 만주에서 수전 개발을 진행하는 데 조선 출신 이주 농민이 주요한 역할을 할지 가늠하고 있었다. 그러나 조선 출신 이주 농민에 대한 중국 측의 강력한 규제는 일본에게 또 하나의 장애물이었다. 조선 출신 이주 농민에 대한 중국 측의 태도 때문에 초조함을 나타낸 보고는 일본 외무성의 몇몇 기록에서 볼 수 있다.

예를 들면, 1913년 12월 4일 조선총독부 정무총감 야마가타 이사부로(山縣伊三郞)가 외무차관 마쓰이 게이시로(松井慶四郞) 앞으로 보낸 「재펑톈 조선인 김기창 외 5명의 출원 건」(在奉天鮮人金基昌外五名出願ノ件)이라는 문서와 거기에 첨부된 있는 조선인 김기창(金基昌) 외 5명이 평안북도 도지사 가와카미 조로(川上常郞) 앞으로 보낸 「청원서」(請願書, 大正2年11月)에 따르면, 같은 해 2월 김기창 외 5명은 펑톈성 판산팅(盤山廳) 제판서역(界盤蛇驛) 남부 주변 황무지 1,000묘 가량을 중국 돈 2,200원 정도에 광닝현(廣寧縣)에 소재하는 중국인 경영 회사에서 구입하고, 해당 토지의 중국 관헌에서 허가를 받았다. 당시 외국인이 토지를 구입하는 것은 금지되어 있었기 때문에 토지는 중국 국적을 보유한 조선인 김재황(金載晃)을 명의상 매수인으로 하여 구입했다. 같은 해 3월, 김기창 등은 김기홍(金基鴻)을 통솔자로 하여 조선인 농부 48명을 현지로 파견해 수전 개발에 착수했다. 그러나 4월경부터 드넓은 밭을 가진 고아닝현 통령(統領) 핑린거(馮麟閣)의 지시하에 다수의 농민이 김기창 등의 수전 개발을 거듭 방해했다. 이로 인해 김기창 등은 거액의 손해를 입고 수전 개발을 단념할 수밖에 없었다고 한다. 이러한 보고는 평안북도 도지사 가와카미 조로 앞으로 보낸 사건 설명에서뿐만 아니라 중국 외무부가 펑텐 관공서로 하달한 명령 내용에도, 조선총독부의 공신 「이주조선인에 관한 건(1913년 12월 4일)」(移住鮮人ニ關スル件 大正2年12月4日)에서도 나타나 있다.[19] 조선총독부의 보고에는 조선 출신 이주 농민이 둥산성에서 수전 개발을 담당하는 것에 대해 중국 외무부가 펑텐 관공서에게 조선인에게는 토지 매각을 철저히 금지할 것을 명령한 내용이 포함되어 있다. 여기서 가와카미 조로의 이름이 있는 것은 주목할 만하다. 가와카미 조로도 이후 동아권업 설립에 중심적인 역할을 해 이사로 취임했다.

당시 수전 개발을 시도하려는 조선인 농민과 이를 규제하려는 중국관헌과의 알력 다툼은 각처에서 일어났다. 그러한 가운데, 관동도독부 후쿠시마 야스마사(福島安正)는 1913년 8월 21일 마키노 외무대신에게 다음과 같이 전했다.

> 지난번 펑텐을 지났을 때 장쭤린이 밀담을 요청해 사토 중좌를 통역으로 하여 별실에서 만났는데 장쭤린은 다음과 같이 말했다. 시국은 나날이 악화되어 …… 본관(후쿠시마)은 이에 대해서는 특별히 언급하지 않고, 다음과 같이 말했다. 최근 일본에 대한 장쭤린의 성의를 의심하지 않을 수 없으며 유감을 금할 수 없다. 지방에 산재하는 일본인 상민을 압박하거나 평화롭게 농사를 짓고 있는 조선인에게 박해하는 일이 한 두 번이 아니다. 당신들은 이 상태를 보고도 구태여 지방관에게 한마디도 주의를 주지 않는데 본관은 이를 이해할 수 없다 …….[20]

조선인, 일본인이 중국 동북부 지역에서 합법적으로 토지 소유권을 얻을 수 없으며, 또한 조선인의 수전 개발에 대한 중국 측의 강력한 규제가 존재하는 가운데에서도 중국 동북부 지역에서의 수전 개발은 차근차근 진행되고 있었다.

3) 수전 개발을 위한 본격적인 조사 개시

1910년대 일본 정부는 중국 동북부 지역에서 수전 개발의 가능성 및 토

---

19) 1913년 12월 4일부 조선총독부 정무총감 야마가타 이사부로가 외무차관 마쓰이 게이지로 앞으로 보낸 공신 307호, 「在奉天鮮人金基昌外五名出願ノ件」, 앞의 문서, 「南滿洲ニ於ケル水田經營ニ關スル調査一件」(제1권)에 수록.

20) 1913년 8월 21일부 후쿠시마 관동도독이 마키노 외무대신 앞으로 보낸 공전(公電) 제455호, 앞의 문서, 「南滿洲ニ於ケル水田經營ニ關スル調査一件」(제1권)에 수록.

〈표 5〉남만주지역의 수전(논) 현황(1919~20년)

지역	기존경작지 (단위:정보)	가경작지 (단위:정보)	관개 방법	벼 종류	종사자
펑텐총영사관 관내	18,069.0	11,011.0	자연관개를 주로 한다	白籾, 紅籾, 衣笠	조선인 80%, 중국인 20%
신민부영사관 관내	960.0	720.0	자연관개	조선종	전부 조선인 (238호, 862명)
지린총영사관 관내	1,831.0	23,500.0	자연관개	札幌赤毛, 札幌白坊子, 朝鮮京租 등	조선인 90%(6~7천명), 중국인 10%
통화영사관 관내	2,418.0	2,760.0	자연관개가 중심	대부분이 조선종	전부 조선인
도록영사분관 (掏鹿領事分館)	1,384.8	18,000.0	자연관개	北海道産, 光頭, 京租, 山東, 麥租	조선인 90% 이상, 중국인 10% 이하
창춘영사관 관내	580.0	16,000.0	용수 및 하수	朝鮮 赤毛, 朝鮮 糯, 札幌赤毛	전부 조선인
눙안분관 관내	1.2	1,200.0	자연관개를 주로 한다	札幌赤毛 등	전부 조선인
정가둔관내	124.0	50,000.0	자연관개	조선종, 北海道二節	대부분 조선인
터우다오거우관내	2,000.0	4,000.0	자연관개	조선종(小田代 등)	기록 없음, 주로 조선인이었다고 추측
철령영사관관내 (鉄嶺領事管内)	2,900.0	20,456.0	자연관개	北海道 赤毛, 山頭, 正租, 麥租, 京租, 光頭 등	대부분 조선인, 일부 중국인
라오양(遼陽)	48.0	80,000.0	하수를 이용	日ノ出(히노데), 穀良稻	전부 조선인
쥐쯔제(局子街)	1,221.0	3,000.0	자연관개	조선종(小田代 등), 홋카이도종	대부분 조선인
안둥(安東)	3,474.6	9,418.0	용수 및 빗물	조선재래종	조선인 930호(63%), 중국인 590호(37%)
치치하얼	0				
훈춘(琿春)	0				
아이룽(海龍)	6,438.0	17,220.0	자연관개	光頭, 麥租, 北海, 大邱, 山頭糯	조선인 80%, 중국인 20%
젠다오(間島)	5,574.7	6,967.5	자연관개	조선종(小田代 등)	이주한 조선인 (80,873명)
하얼빈	(불명)	10수만 정보	자연관개	조선종	전부 조선인
합계	43,549.7				

자료: 1919~20년, 재만주 각영사관보고서, 「南滿洲ニ於ケル水田経營ニ關スル調査一件」(제2,3권)

지 소유권, 조선인 농민 문제 등에 대한 개별 조사를 진행했다. 이어 1919년 11월 24일 우치다 외대신은 재만 각 영사관으로 「관내의 논에 대한 조사건」(管內ニ於ケル水田ニ關シ調査方ノ件)을 보내 다음 사항을 중심으로 관할지 현황을 보고하도록 했다.[21]

(1) 관내의 논의 면적(기존 경지와 개발가능 경지)

(2) ① 기상, 토지생산력, 관개, 교통편, 철도와의 거리

② 지가, 임대료, 임금, 우마 이용 상황과 가격, 우마차 사용료

(3) 관할지의 논농사 상황

① 벼의 종류, 파종기, 제초·관개법, 수확 시기, 수확 방법, 저장법

② 1단(거리 약 10.9m, 면적 300평)의 수확량, 논농사에 종사하는 조선인·중국인의 비율, 쌀의 수급 관계

(4) 앞으로의 논농사에 대한 수확 예상, 기타 필요 시설 등

이듬해 7월에 재만 각 영사관은 위의 사항을 정리한 보고서를 외무성으로 보냈다. 이 보고서를 골자로 해 정리한 것이 〈표 5〉이다.[22] 이에 따르면 중국 동북부 지역에서의 논의 면적은 이미 4만 정보를 넘어섰으며, 1912~13년(〈표 2〉 참조)과 비교하면 10배가 넘는 수치이다. 소재지도 안둥, 간도뿐만 아니라 펑텐, 퉁화, 티에링, 하이룽(海龍) 등으로 확대되고 있었다. 조선인 농민이 여러 곳에서 경작했던 사실은 여기에서도 확인할 수 있다. 각지에서 생산된 쌀도 기본적으로 조선 재래종이었다. 각 영사관으로부터 만주의 수전 개발이 낙관적이라는 보고가 올라오는 가운데, 일본 정부는 중국 동북부 지역에서 본격적으로 수전 개발 사업을 준비했다.

---

21) 1919년 11월 29일부 우치다 야스야 내무대신이 재만 각 영사관 앞으로 보낸 공신 제383호 「管內ニ於ケル水田ニ關シ調査方ノ件」, 앞의 문서, 「南滿洲ニ於ケル水田經營ニ關スル調査一件」(제2권)에 수록.

22) 1919년 12월부터 다음해 여름에 걸쳐 재만 각 영사관에서의 보고는 앞의 문서, 「南滿洲ニ於ケル水田經營ニ關スル調査一件」(제2, 3권)에 수록되어 있다. 특히나 펑텐 총영사관, 지린 총영사관, 티에링 총영사관, 창춘(長春) 총영사관 등의 보고는 세부적인 내용까지 포함하고 있다.

Ⅳ. 동아권업주식회사의 수전 농장 경영 실패

1. 만주권업주식회사 설립 실패

1) 수전 개발 사업을 둘러싼 '국책'과 '영리'

중국이 주권을 보유한 중국 동북부 지역에서 일본 정부가 직접 수전 개발을 진행하는 것은 원래 불가능한 일이었다. 사업은 어디까지나 민간 개인 또는 기업이 주체가 된 경제활동이어야 했다. 실제로 1910년대 말까지 일부 일본인이 수전 농장 경영에 종사하고 있었다. 예를 들면, 앞에서 언급한 바와 같이 니시노미야 후사지로, 가쓰히코 데이지로 등은 만철에서 자금을 빌려 펑톈 근교에서 수전 농장을 경영하고 있었다. 또한 사사에 가키치(佐々江嘉吉), 미네 야소카즈(峰八十一), 나카지마 마사오(中島眞雄) 등은 동양척식주식회사(東洋拓殖株式會社, 이하 동양척식)에서 자금을 제공받아 동부 내몽고 지역에서 수전 농장을 세울 계획을 진행하고 있었다. 마찬가지로 오쿠라구미(大倉組)는 장쭤린과 제휴해 동부 내몽고에서의 수전 개발을 시도하고 있었다. 그러나 그들은 다음과 같은 몇 가지 난관에 부딪혔다.

그것은 일본 정부가 국책으로서 만주에서의 수전 개발을 계획하고, 그 사업을 민간이 담당하도록 한다 해도 과연 민간 '영리사업'인가 하는 문제이다. 수전 개발 사업에는 막대한 투자가 필요했다. 투자금은 당초 국가로부터 보조금 등으로 마련하더라도, 수전 경영이 민간 기업 활동으로 지속되기 위해서는 충분히 채산성에 걸맞은 목표가 필요했다. 또 이미 언급한 바와 같이 토지 소유권을 둘러싼 문제, 조선인 농민에 대한 중국 측의 규제 등은 개별 기업 차원에서 대응할 수 없었다. 만주의 수전 개발 사업을 민간이 담당해도 일본 정부는 이러한 문제에 깊이 관여해야 했다. 즉, 일본 정부는 국책을 수행하면서 경제적으로 채산성을 갖춘 회사를 설립해야 한다는 어

〈표 6〉 만주권업주식회사의 주요 발기인 및 창립위원

만주권업주식회사 발기인 명단					
거주지	씨명	인수예정 주식	거주지	씨명	인수예정 주식
도쿄	오자키 게이기(尾崎敬義)	3,000	중국	위원비오(于文溥)	3,000
	구라치 데쓰키치(倉知鐵吉)	3,000		톈쉬성(田緖聖)	3,000
	아라이 다이지(荒井泰治)	3,000	조선	백완혁(白完爀)	1,000
오사카	가와사키 스케타로(河崎助太郞)	3,000		가토 사다오(加藤定夫)	2,000
	야노 케이타로(矢野慶太郞)	3,000		조진태(趙鎭泰)	1,000
	기다 마타조(喜田又藏)	3,000		이완용(李完用)	3,000
펑텐(봉천)	이시다 미쓰지로(石田光次郞)	1,000		이윤용(李允用)	1,000
	하라구치 분이쓰(原口聞一)	1,000		가사이 아키라(笠井彰)	3,000
	데즈카 야스히코(手塚安彦)	1,000		가시이 겐타로(香椎源太郞)	1,000
	사사에 가키치(佐々江嘉吉)	1,000		조성구(趙聲九)	3,000
	마쓰이 우에몬(松井右衛門)	1,000		가토 후사요시(加藤房藏)	3,000
만주	이시모토 산타로(石本鑽太郞)	1,000		한상룡(韓相龍)	1,000
	이시즈 한지(石津半治)	3,000		구기모토 도지로(釘本藤次郞)	1,000
	오타니 마코토(庵谷忱)	3,000			
	니시노미야 후사지로	3,000			
	가쓰히코 데이지로	3,000			
	무라이 게이타로(村井啓太郞)	3,000			
	아이오이 요시타로(相生由太郞)	2,000			
	시키무라 시게루(式村茂)	1,000			
	오오에 고레요시(大江惟慶)	1,000			
	소메야 야스조(染谷保藏)	1,000			
	나카노 하쓰타로(中野初太郞)	1,000			

회사 창립위원	
총대표	구라치 데쓰키치(倉知鐵吉) 아라이 다이지(荒井泰治)
위원	오자키 게이기(尾崎敬義) 가와사키 스케타로(河崎助太郞) 야노 게이타로(矢野慶太郞) 가토 후사요시(加藤房義) 오타니 마코토(庵谷忱) 니시노미야 후사지로(西宮房次郞)

자료: 「滿洲勸業設立趣意書」, 「滿洲勸業株式會社關係雜纂」 수록.

려운 문제에 직면하고 있었던 것이다. 우선 만주권업주식회사(滿洲勸業株式會社, 이하 만주권업) 설립 계획의 실패 과정부터 살펴보자.

2) 만주권업주식회사 설립 움직임

1919년 11월부터 1920년 12월에 걸쳐 전 외무차관 구라치를 중심으로 만주권업 설립 계획을 진행했다. 회사의 설립 목적은 펑톈 근교 각지에 농장을 설립하고 그곳에 거주하는 조선인, 조선족을 소작인으로 고용해 대규모의 논농사를 짓는 것이다. 회사의 「설립취지서」와 「수지예산서」에 따르면 회사 농장의 설립으로 말미암아 쌀이 안정적으로 일본 국내에 공급되고 중국 동북부 지역에 살고 있는 대다수의 조선인을 경제적으로 '구제'할 수 있다고 한다.[23] 앞서 말한 바와 같이 만주권업 회사 설립은 이미 몇몇 일본인이 계획하고 있었다. 펑톈 총영사 아카쓰카 쇼스케(赤塚正助)가 외무대신 우치다 야스야(內田康哉) 앞으로 보낸 보고에 따르면, 외무성을 퇴임한 구라치는 몇 가지 계획을 하나로 종합해, 새로운 회사 설립 계획을 구체화했다고 한다.[24]

만주권업은 자본금 2,000만 엔으로 본점은 펑톈에 두었다.[25] 〈표 6〉은 회사 창립위원 및 주요 발기인 명단이다. 회사 창립위원 총대표는 구라치 데쓰키치와 타이완, 만주 등에서 타이완저축은행(台湾貯蓄銀行) 및 남만주제당(南滿洲製糖) 등의 회사를 경영하던 아라이 다이지가 취임했다.[26] 창립위

23) 「滿洲勸業設立趣意書」, 「同企業目論見書」, 「同企業予算書」, 「同收支予算書」, 「同定款」, 『日本外務省外交史料館所藏 外務省記錄』(1, 7, 10, 32쪽), 「滿洲勸業株式會社關係雜纂」에 수록. 또한 당시 조선을 둘러싼 일본의 쌀 문제에 관해서는 河合和夫(1986) 참고.

24) 1919년 11월 27일부 赤塚正助 재펑텐 총영사가 우치다 야스야 외무대신 앞으로 보낸 공전 제357호, 앞의 문서, 「滿洲勸業株式會社關係雜纂」에 수록.

25) 「滿洲勸業株式會社設立趣意書」, 「滿洲勸業株式會社發起人氏名」, 앞의 문서, 「滿洲勸業株式會社關係雜纂」에 수록.

26) 아라이 다이지에 관해서는 奧山十平·荒井一郎 編(1918) 참고.

원 중에는 니시노미야 후사지로 등도 볼 수 있다. 3,000주 이상 주식을 인수한 자와 중국, 조선에 거주하고 있는 자 전원의 이름이 발기인 명단(52명)에 올라와 있다. 〈표 6〉은 만주권업이 어떠한 인맥으로 계획되었는지 보여 주고 있다. 구라치는 이 때 이미 외무성을 퇴임해 일본 기업이 중국 땅에서 사업 경영을 진척시키는 과정에서 관료 사회와 민간을 연결하는 중요한 역할을 하고 있었다. 아라이를 비롯해 일본인 발기인의 대부분은 조선과 중국에서의 회사 경영 등에 깊은 관련이 있는 인물이었다. 또, 만주에 거주하고 있던 일본인 발기인 중에서는 하라구치 분이쓰, 오타니 마코토 등 펑텐 재계의 유력 인사도 있었으며 니시노미야 후사지로, 가쓰히코 데이지로, 오오에 고레요시 등의 수전 농장 경영자의 이름도 확인할 수 있다. 조선 측 출자 예정자 중에는 이완용, 이윤용, 한상용 등 유력한 조선인 귀족도 있었다. 그들은 한일병합에 협력한 인물로 유명하다. 백완혁, 조진태, 조성구 등도 당시 유력한 관료였다. 가시이 겐타로(香椎源太郎), 구기모토 후지지로(釘本藤次郎) 등의 일본인 역시도 조선에서 각종 사업을 경영하는 유력자이었다.[27] 그리고 중국 측 출자자인 위원푸(于文溥), 텐쉬성(田緖聖) 등의 배후에는 위충한(于冲漢)이 있었다고 추측된다. 위충한는 당시 펑텐 관계에서 실력자로, 일본과 깊은 관계를 쌓아 몇몇 일중 합작 회사 대표직을 맡고 있었다(田邉種次郎 1924, 314).

펑텐 총영사였던 아카쓰카의 보고에 따르면, 만주권업 설립 계획은 외무성 주도로 진행되고 있었다. 구라치 등은 이전에 통감부에서 근무하면서 앞서 언급한 조선인 유력자 등과 깊은 관계를 맺고 있을 것이다. 또한 총영사 아카쓰카 등은 장쭤린 정권의 대일 교섭 창구라고 일컬어지는 위충한과 가까운 사이였다. 이 같은 인맥이 작동해 만주권업 설립 계획이 진행되었다.

27)『朝鮮人名資料事典』(日本圖書センター, 2002) 제1권 22, 68-69, 84, 102, 103, 148쪽; 제4권 52-3쪽; 제5권 442쪽 참조.

3) 만주권업주식회사 설립 계획 좌절

외무성이 주도하는 만주권업 설립 계획에 대한 일본 정부, 특히 척식국의 반응은 강하게 반대하는 입장이었다. 척식국은 당시 국무총리 산하로 타이완, 사할린을 관할했으며 외교를 제외한 관동주의 일반을 총괄했다(清水秀子 1992,545). 척식국 등은 자신들과 협의도 없이 일부 외무관료 및 관계자가 만주에서 대규모로 농장 경영 계획을 진행한 점에 대해 강하게 반발했다. 실제로 척식국 내부에서도 동양척식 등을 이용해 만주에서 농장을 경영하려고 계획하고 있었다. 한 예로, 동양척식은 중국 각지에서 신문사업을 하고 있던 나카지마 마사오에게 130만 엔이라는 거액을 융자해 주어, 동부내몽고의 농장 경영을 준비하고 있었다.[28] 이미 만주에서의 농장 경영을 둘러싸고 일본 정부 내에서도 개별 이해관계가 엮이고 있었다.

1920년 12월에 개최된 '각 성 경제협의회'(各省經濟協議會)에서는 만주권업 설립 계획이 한 가지 논의로 집중되었다. 협의회에서 외무성 사코 쇼이치(酒匂秀一) 서기관은 일본인 명의로 합법적인 토지 권리 취득이 어려운 상황에서 펑톈 각지에서 벌써부터 중국인 명의를 차용해 논농사용 토지 매수 계획이 진행되고 있다는 점과 토지 매수 과정에서 중국 고위 관료와 이권을 나눌 필요가 있다는 점을 설명했다. 실제로 장쭤린 정권의 실세였던 위충한 등은 조선은행 등으로부터 자금을 빌려 농장이 들어설 가능성이 있는 토지를 매수하기 시작했다. 외무성 기무라 에이이치(木村鋭一) 서기관은 이러한 조건 속에서 만약 만주권업 설립 계획이 중단된다면, 중국 측 유력자는 일본 측 '성의'를 의심해 아카쓰카 총영사의 입장도 상당히 곤란해 질 것이라고 말했다.[29]

외무성의 설명에 대해 척식국, 대장성, 농상무성 등은 강경히 반대했다.

---

28) 「各省經濟協議會 大正9年18日於外務省」, 앞의 문서, 「滿洲勸業株式會社關係雜纂」에 수록.

29) 앞의 문서, 「各省經濟協議會 大正9年16日於外務省」

그중에서 척식국 이리에 가이헤이(入江海平) 서기관은 만주권업 설립반대의 이유로 다음의 여섯 가지 사항을 들고 있다.

(1) 회사 수지예상이 너무 낙관적인 점
(2) 관동청, 조선총독부가 설립 계획을 모르고 있는 점
(3) 다수의 주식을 할당 받은 조선 귀족이 실제로 주식 구매가 가능한지 불투명한 점
(4) 만주권업이 기대하고 있는 정부 보조금 지출은 상당히 신중해야 된다는 점
(5) 회사 임원에 대한 보수, 상여금 등이 너무 높게 책정되어 있는 점
(6) 대다수의 농장 소작인인 조선인에 대한 구체적인 '통제'계획이 전혀 보이지 않는 점[30)]

마찬가지로 농상무성 고마다 도쿠조(駒田德三) 촉탁(囑託)은 계획상 농장 규모가(8,500정보) 매우 적은 점, 본격적인 수전 경영을 재만조선인의 '구제'라고 한 것은 비현실적이라는 점, 농장 용지 취득에 관한 구체적인 계획이 없는 점, 회사의 수전 경영에 대한 수지 예상이 너무도 조잡한 점, 회사 설립 발기인 중에는 회사 설립이 있을 때마다 얼굴을 내미는 사람이 있어 구성원이 불안한 점 등을 지적하고 있다.[31)]

정부기관 내부의 강력한 반발 때문에 결국 만주권업 설립 계획은 물거품이 되었다. 그렇다고 해서 일본 정부가 중국 동북부 지역의 수전 개발계획 자체를 포기했다는 것은 아니다. 어디까지나 외무성, 만철이 주도한 수전 개발계획에 대해 이의가 제기된 것뿐이다. 척식국 등의 발언 배후에는 조선총독부, 관동청 등이 참가한 형태로 만주에서 수전 개발을 진행하려는 바람이 있었다.

---

30) 앞의 문서, 「各省經濟協議會 大正9年18日於外務省」.
31) 앞의 문서, 「各省經濟協議會 大正9年18日於外務省」.

2. 동아권업주식회사 설립과 그 실패

1) 동아권업주식회사 설립

1921년 5월 '제1차 동방회의'(第1次東方會議)에서 하라 내각은 '만주와 몽고'에서의 토지 경영 및 일본인의 발전과 거주 조선인 보호를 위한 각종 문제에 신속히 대처한다는 취지의 방침을 세운다. 이와 같은 정부의 기본 정책에 대응하기 위해 만주권업의 사업 목표를 기초로 하여 계획 규모를 확대시킨 형태로 동아권업이란 회사를 설립하려는 움직임이 있었다. 이번에는 외무성뿐만 아니라 척식국을 비롯한 정부 각 기관이 설립에 중심 역할을 했고 만철, 동양척식, 오쿠라구미도 협력했다.

같은 해 3월부터 구라치 데쓰키치가 중심이 되어 회사 설립을 위한 준비를 진행했다. 구라치를 비롯해 외무성 펑텐 총영사 아카쓰카 쇼스케, 만철의 나카가와 겐조(中川健藏) 이사, 오쿠라구미의 가와노(河野) 중역, 동양척식의 가와카미 조로 이사, 히토미 지로(人見次郎) 이사 등이 설립준비회의의 주요한 구성원이었다. 이 중에서 나카가와 겐조는 전 내무 행정 관료이자 조선총독부에서 오랫동안 근무했고, 1932년에는 타이완 총독으로 임명되었다. 가와카미 조로는 전 대장성 및 내무성 관료로 앞서 말한 바와 같이 조선총독부 평안북도 도지사를 맡은 경험이 있다. 히토미 지로도 조선총독부 서기관 경력이 있으며 1929년에는 타이완 총무장관에 임명된 인물이다. 이 당시 그들은 만철, 동양척식 등의 대표였는데 경력을 보면 일본의 조선통치와 관련된 관료 출신들이었다. 동아권업이 설립될 무렵, 이들 관료들은 민간기업으로 옮겨 관료 사회와 밀접한 관계를 유지하면서 일본의 국책 사업인 만주의 수전 개발에 적극 관여하고 있었다.

동아권업을 설립하기 전에 해결해야 할 문제가 한 두 개가 아니었다. 설립준비회의에서는 다음 문제를 의제로 삼았다.[32] 첫째, 회사 경영이 채산성을 갖추었는가. 이는 가능한 한 조선총독부, 관동청 등에서 보조금을 받는 방식으로 해결하려 했다. 다시 말해, 설립 당시부터 동아권업은 보조금에 의존한 경영이 될 가능성이 높았다. 둘째, 회사 농장토지를 어떻게 확보할 것인가. 이는 만철, 동양척식, 오쿠라구미가 이미 권리를 가지고 있던 남만주, 동부 내몽고에 산재되어 있는 토지를 제공받아 회사 농장부지로 이용하려 했다. 셋째, 회사 농장의 소작인이 될 조선인을 어떻게 조직할 것인가. 동아권업의 경우도 앞의 경우와 마찬가지로 이완용 등 조선 귀족들과 제휴를 모색하고 있었다. 넷째, 회사 설립에 대해 중국 측의 반발을 완화시키기 위해 당시 둥산성 정부 요인, 구체적으로 장쭤린, 위충한 등과 협력적인 관계를 맺을 수밖에 없었다. 하지만 이 네 가지 문제는 쉽게 해결할 수 없었으며, 결국 동아권업의 경영은 혼란에 빠졌다.

1921년 12월 동아권업은 도쿄 동양척식 본사 내에 설립되어 이듬해 본사를 펑톈으로 이전했다. 회사 자본금은 2,000만 엔이었으며 사장은 구라치 데쓰키치, 전무이사는 전 대장성 관료 출신인 사사키 후지타로(佐々木藤太郎)와 마찬가지로 전 대장성 관료 출신이자 만철 지사장을 역임한 오부치 미키(大淵三樹)가 취임했다(東亞勸業株式會社 1933, 5). 사사키 후지타로도 조선총독부 서기관으로 근무한 경력이 있었다. 사사키가 조선에서 조선 황실의 채무 정리 사업에 종사했던 기록 등은 현재 서울대학교 규장각이 소장하고 있다.[33] 〈표 7〉은 동아권업의 주주, 임원 구성을 보여 준다. 회사 주식의 대부분은 동양척식, 만철, 오쿠라구미가 인수했으며 개인주주로는 사장 구라치, 감사직 아라이 다이지, 그리고 조선인 귀족인 박영효, 이완용, 송병준 등이 명단에 올라와 있다. 만주권업 설립 계획에도 이름을 올린 조선 유력들은 이번에도 주주라는 형태로 만주에서의 수전 개발 사업에 참여했다.

---

32) 「東亞勸業株式會社創立委員會協定要領」, 『日本外務省外交史料館所藏 外務省記錄』, 1, 7, 10, 34쪽, 「東亞勸業株式會社關係雜纂」(제1권)에 수록.

33) 서울대학교 소장, 「帝室債務審査會議事錄」(80, 103, 206쪽, K)에는 사사키 후지타로가 황실채무위원회(帝室債務審査會)의 위원이자 회장대리로서 조선 황실의 재산 정리에 관여한 것으로 기록되어 있다.

〈표 7〉 동아권업주식회사 창립 당시 주주 및 임원

회사 창립 당시 주주(예정)	
동양척식주식회사 72,000주	
남만주철도주식회사 125,000주	
오쿠라구미(일본 토건회사) 100,000주(1924년에 보유주식을 동양척식주식회사 및 남만주철도주식회사에 양도)	
기타	
구라치 데쓰키치 1,000주	
아라이 다이지 1,000주	
박영효 200주	
이완용 200주	
송병준 200주	
회사 창립 당시 임원	
사장	구라치 데쓰키치 (전 외무성 차관, 중일실업 이사)
전무이사	사사키 후지타로 佐々木藤太郎 (전 대장성 관료, 조선총독부 서기관)
	오부치 미키 大淵三樹 (만주철도주식회사 대표, 전 대장성 관료, 남만주철도 도쿄지사장)
이사	나카가와 켄조 中川建蔵 (만주철도주식회사 대표, 전 내무성 관료, 타이완 총독)
	가와카미 쓰네오 川上常郎 (동양척식주식회사 대표, 전 대장성, 내무성 관료)
	하야시 이쿠타로 林幾太郎 (철도국, 오쿠라광업회사 상무이사)
감사	히토미 지로 人見次郎 (동양척식주식회사 대표, 전 농상무성 관료, 조선총독부 서기관)
	아라이 다이지 荒井泰治 (센다이상업회의소 특별위원, 타이완저축은행 대표)

자료: 「東亞勸業設立趣意書」, 「東亞元慶株式會社關係雜纂」(제1권) 수록.

2) 동아권업의 사업 실패

동아권업이 설립되었으나, 경영은 매우 어려웠다. 그로 인해 1924년 오쿠라구미는 동아권업 경영에서 손을 떼고, 1928년에는 동양척식도 경영을 포기하기에 이른다(東亞勸業株式會社 1933, 17-18). 1933년 당시 사장이었던 무카이보 세이치로(向坊盛一郎)는 "중국 관헌은 우리 회사 사업을 주목해 일본의 경제적 침략이라고 곡해하면서 매우 엄격한 국토도매령(國土盜賣令)을 제정해 온갖 압박을 가하거나 토지를 몰수하거나 권리의 행사를 방해해

회사 사유지 약 12만여 정보 중에서 일본 관헌의 엄격한 보호 아래에 있는 1만 정보 가량밖에 이용할 수 없었다" "재만조선인에 대해서도 제국 발전의 첨병으로 간주하고 여러 가지 수단을 설치해 조선인 거주 및 영농에 압박을 가하고 있다" "장쉐량의 지배에 접어들어서는 …… 완전히 궁지에 몰려 여기(만주를 의미-옮긴이)에서 존속하는 것조차 위태로워져 앞으로도 절망적인 상황은 이어질 것으로 보인다" 등의 발언을 하면서 사실상 회사 경영을 더 이상 이끌어 나갈 수 없음을 실토하고 있다(東亞勸業株式會社 1933, 1-2). 동아권업이 걸어온 역사 전체에 대해 여기서 결론 내릴 수 없지만 앞서 회사 설립 당시 제시된 네 가지 과제를 중심으로 살펴보자.

첫째, 동아권업의 경영 상태이다. 회사는 설립 당시부터 정부기관의 보조금과 만철, 동양척식의 차용금에 의존했다. 설립 이후 5년간, 동아권업은 조선총독부에서 95만 엔, 관동청에서 90만 엔을 보조금으로 받았다(東亞勸業株式會社 1933, 23-26). 보조금은 재만조선인의 소작지를 확보하고 그들의 이주 영농을 촉진시키기 위한 부문에 지출하도록 규정되어 있었다.[34] 이는 조선총독부가 동아권업 경영에 상당한 발언권을 가졌음을 보여 준다. 또한 회사는 1923년 이후 만철, 동양척식으로부터 매년 25만 엔을 차입하고 있었다(東亞勸業株式會社 1933, 267-270). 회사 경영은 완전히 적자 상태였으며 수입의 대부분은 오로지 보조금 또는 차용금에 의지하고 있었다.

둘째, 회사가 소유하는 농장 토지의 권리, 그 자체에 문제가 있었으며 무카이보(向坊)가 말한 바와 같이 장쭤린, 장쉐량 정권은 회사 농장의 토지 권리 자체를 부정했다. 동아권업 설립 당시 만철, 동양척식은 펑톈성, 동부 내몽고 각 지역에 있었던 회사 관계지를 제공해 동아권업의 농장으로 편입되었다. 다만 토지는 만철, 동양척식이 소유한 것은 아니었다. 두 회사는 일부 일본인에게 토지 구입을 위한 자금을 빌려주어 토지의 실질적인 소유주

34) 「大正10年9月5日付 東洋拓殖株式會社理事川上常郎から芳澤亞細亞局長宛書簡」, 앞의 문서, 「東亞勸業株式會社關係雜纂」(제1권)에 수록.

는 회사가 아닌 개인이었다. 그러나 일본인 개인 역시도 외국인이므로 자신의 명의로는 합법적으로 토지를 소유할 수 없어 중국인 부하 명의를 차용해 토지를 구입했다. 이는 앞서 니시노미야 후사지로의 경우와 마찬가지이다. 만철에서 니시노미야 후사지로, 가쓰히코 데이지로, 하라구치 도타로(原口統太郎), 오키타 슈지(大來修治) 등이, 동양척식에서 사사에 가키치(佐々江嘉吉), 미네 야소카즈, 나카지마 마사오 등이 자금을 빌려 농장을 경영하고 있었다. 동아권업이 설립된 후 만철, 동양척식은 이들 일본인 개인에게 토지 권리를 매입해 동아권업에 인계한 것이다. 과정 자체도 복잡하지만 동아권업이 토지 권리를 인수한 이후에도 복잡한 토지 권리 관계가 청산된 것은 아니었다.[35] 중국 측 입장에서 보면 애초부터 일본인의 토지 소유권 획득은 합법성이 결여된 것이었다. 애당초 총영사 오치아이 겐타로가 염려하고 있던 것이 현실화 되었다. 토지 권리를 둘러싼 문제는 끝까지 해결될 수 없어 동아권업의 농장 경영은 기초부터 실로 위태위태했다.

셋째, 수전 개발의 주역을 담당한 조선인 소작인의 생활 문제도 쉽지 않았다. 동아권업은 자회사로서 협제공사(協濟公司)를 설립했다. 협제공사는 농장소작인인 조선인 농민에게 자금을 빌려주어 경제적 어려움에서 '구제'하는 것을 사업 목적으로 삼았다. 사장으로는 오쿠라구미 출신인 가와모토 시즈오(川本靜夫)가, 그 외 장두현, 박창식 등 조선인 유력자가 임원으로 취임했다.[36] 자금 대부를 통해 동아권업은 조선인 농민과 농장과의 관계를 확고히 하려 했다. 그러나 동아권업 경영자체가 어려움에 빠지고 또한 중국 정부의 조선인 농민에 대한 규제가 엄격해지는 가운데, 농장소작인이 직면

---

35) 동아권업이 취득한 토지는 원래 '황산'(皇產), '몽지'(蒙地)로 총칭되고 있던 토지의 일부이었다. 그중에 구 청조 황실, 몽골 왕공(王公)이 보유하고 있었던 토지가 어떤 식으로 정리되었는가는 난제로 남아있다. 자세한 것은 江夏由樹(2004)를 참고할 것.

36) 東亞勸業株式會社(1933, 216-220); 「大正11年5月18日付 東亞勸業株式會社取締役社長倉知鐵吉から外務省芳澤亞細亞局長宛て書簡: 株式會社協濟公司設立ニ關シ報告ノ件」, 앞의 문서, 「東亞勸業株式會社關係雜纂」(제2권)에 수록.

한 상황은 결코 안정적이라 할 수 없었다.

넷째, 중국 측과 협력 관계를 맺으려고 한 동아권업의 계획은 완전히 실패했다. 둥산성 유력자인 위충한을 회사 경영에 참여시키려는 외무성의 기대도 물거품이 되었다.[37] 오쿠라구미는 장쭤린과의 관계를 중시해 동아권업의 경영에서 손을 떼고 말았다.[38] 무카이보가 말한 바와 같이 중국 정부 입장에서 보면, 동아권업의 사업은 '경제적 침략'이었다. 장쭤린, 장쉐량 정권이 철저히 규제하면서 동아권업의 수전 개발 사업은 금세 파탄에 이르렀다.

그러나 동아권업의 수전 개발 사업 자체는 실패로 돌아갔지만 중국 동북부 지역사회에 끼친 영향은 컸다. 거액의 자금이 수전 개발 명목으로 펑텐 및 동부 내몽고 지역에 투입되어 당시 중국 동북부 지역으로 잇달아 이주하고 있던 조선인 농민 대부분이 소작인이 되었다. 『동아권업 10년사(1933년)』[東亞勸業拾年史(1933年)]에는 펑텐 근교 및 동부 내몽고 통랴오(通遼) 부근의 회사 농장에서 실제 수전 개발에 종사한 조선인 농민 사진이 몇 점이 보관되어 있다. 이전까지의 밭농사 지대 또는 방목 지대가 갑자기 논농사 지대로 바뀌기 시작한 것이다. 동아권업의 사업은 중국 동북부 지역 전체적으로 수전 개발 열기를 일으켰다. '남만주'에서 수전 개발의 실마리가 풀려가는 가운데 수많은 조선인, 조선족 농민이 '남만주'의 오지(奧地), '북만주'등으로 이주해 논농사에 더욱 적합한 헤이룽강, 쑹화강(松花江) 유역을 논농사 지대로 바꾸었다. 동아권업의 설립은 중국 동북부 지역에서 벼농사 문화를 전개시킨 하나의 중요한 계기가 된 것이다.

37) 「大正11年3月4日付 奉天勸業公司大渕·佐々木專務取締役から東亞勸業株式會社社長宛 暗號電報」, 앞의 문서, 「東亞勸業株式會社關係雜纂」(제1권)에 수록.

38) 오쿠라구미와 장쭤린이 제휴해 진행하고 있던 흥발공사(興發公司)라는 토지경영회사를 둘러싼 문제로 인해 오쿠라구미는 이후 동아권업에서 손을 뗀다. 앞의 책, 『東亞勸業株式會社拾年史』, 17쪽; 「大正10年11月17日付 赤塚奉天總領事から內田外務大臣宛來電 第403號」, 「大正10年11月21日付 內田外務大臣から赤塚奉天總領事宛電報 第203號」, 앞의 문서 「東亞勸業株式會社關係雜纂」(제1권)에 수록.

V. 나오면서

20세기 초 무렵 이래, 중국 동북부 지역에서는 쌀을 생산하고 주식으로 삼는 벼농사 문화가 급속도로 전개되었다. 수전 개발은 이 지역에서 자신들의 이권 확대를 노리고 있던 일본 정부의 정책으로 실마리가 풀렸다. 다만 중국 동북부 지역은 일본의 주권이 미치지 못하는 지역이라서 정부 스스로가 사업을 수행하는 주체가 될 수 없어 수전 개발은 정부의 지원을 받은 일본 민간기업이 진행했다. 이 회사는 농장의 소작인으로 수많은 조선인을 고용했다. 당시 새로 부설된 철도망을 이용해 한반도 남부에서 중국 동북부 지역으로 수많은 조선인이 이주하기 시작했으며 그들 대부분은 우수한 논농사 기술을 지니고 있었다. 회사라는 새로운 형태로 일본의 자본, 조선인의 노동력, 중국의 토지가 결합해 중국 동북부 지역에서 본격적으로 수전 개발을 시작했다.

이 글에서는 수전 농장의 경영을 목표로 설립된 동아권업이란 일본의 국책회사에 초점을 맞추어 회사 설립에 어떠한 일본인, 조선인이 관련되어 있었는지, 그리고 그들이 서로 어떤 관계였는지를 고찰했으며 구라치를 비롯한 일본 관료와의 연관성을 찾았다. 구라치 등은 외무성, 조선총독부 등의 관료로서 조선의 정치, 경제 부문에 깊이 관여했는데, 그 과정에서 유력한 조선 귀족들과도 관계를 맺었다. 일본이 만주에서 자신들의 이권 확대를 꾀하는 흐름 속에서 그들은 조선과 만주 간의 유기적인 경제 관계를 구축하는 것을 목표로 했고, 특히 일찍부터 쌀 문제에 큰 관심을 기울이고 있었다. 1910년대 말 이후 그들은 조선에서 실무자로서 쌓은 지식과 조선인 유력자와의 인맥을 기반으로 해, 이후 민간회사의 임원이 되어 중국 동북부 지역의 수전 개발 사업에 적극적으로 나섰던 것이다.

동아권업의 경우에서 볼 수 있듯이 기업 활동은 국경, 지역을 넘어 진행되었기에 있어 한국사, 일본사, 중국사, 몽골사 등의 개별 국가의 역사 연구

만으로는 해결될 수 없는 문제가 있다. 바꾸어 말하면, 이와 같은 문제를 깊이 고찰해 보면 개별 국가의 역사 연구에서는 좀처럼 찾기 어려운 문제를 발견할 수 있다. 이 글에서는 동부 내몽고의 역사를 살펴보지 못했는데, 이를 연구해 동아권업이 걸었던 역사를 더 상세히 검토할 필요가 있다. 덧붙여 이 글에서는 중국 동북부 지역에서 실제로 논농사를 담당했던 조선인, 조선족 사회를 고찰하지 못했다. 이점도 이 글이 남긴 앞으로의 과제이다

최종 탈고 : 2004년 9월

번역: 김용기(도쿄대학 대학원 종합문화연구과 연구생)

참고문헌

江夏由樹. 2004.「近代東北アジア地域の經濟統合と日本の國策會社」.『東北アジア研究』 제8호.

關東都督府陸軍部. 1914.「南滿洲水稻現況」.

南滿洲鐵道株式會社調査部. 1941.『在滿鮮農ノ移住過程ト水田經營形態(前篇)』.

農商務省農務局.「南滿洲米作可能地調査報告」.

東北文化社年鑑編印處. 1931.『民國二十年 東北年鑑』.

東亞勸業株式會社. 1933.『東亞勸業株式會社拾年史』.

東亞勸業株式會社關係雜纂. 제1권, 제2권.

山本有造. 2003.『'滿洲國'經濟史研究』. 名古屋大學出版會.

徐世昌. 1911.『東三省政略』1권.「邊務 延吉篇」.

______. 1989.『東三省政略』(影印版) 상권. 吉林文史出版社.

船橋半三郎. 1930.「鮮人滿蒙移住史」.『滿蒙事情16講』. 新天地社.

衣保中. 1996.『朝鮮移民与東北地區水田開發』. 長春出版社.

日本図書センタ-. 2002.『朝鮮人名資料事典』제1권, 제4권, 제5권.

田邉種次郎. 1924.『東三省官紳錄』. 東三省官紳錄刊行局.

中國國家統計局農村社會經濟調査總隊. 2001.『中國農村統計年鑑2001』. 中國統計出版社.

中國研究所. 2003.『中國年鑑 2002』. 創土社.

樋口節夫. 1988.『近代朝鮮のライスマーケット』. 海青社.

奧山十平·荒井一郎 編. 1918.『荒井泰治傳』. 私家版

河合和夫. 1986.『朝鮮における產米增殖計畫』. 未來社.

淸水秀子. 1992.「拓殖局」外務省外交史料館 日本外交史事典編纂委員會.『新版日本外交史辭典』. 山川出版社.

「帝室債務審查會議事錄」. 서울대학교 규장각 소장.

『日本外務省外交史科館所藏 外務省記錄』1. 7. 7. 12.「南滿洲ニ於ケル水田經營ニ關スル調査一件」(전3권).

『日本外務省外交史科館所藏 外務省記錄』1. 7. 10. 32.「滿洲勸業株式會社關係雜纂」수록.「各省經濟協議會 大正9年16日於外務省」.

Sun, Kungtu C. 1973. *The Economic Development of Manchuria in the first half of the Twentieth Century*, Harvard East Asian Monographs 28, East Asian Research Center, Harvard University.

20세기 초의 오사카 잡화 수출과 한국

후루타 가즈코

Ⅰ. 시작하며

〈그림 1〉은 20세기 초 무렵의 일본제 비누 광고다. 근대 일본의 공업화는 1880년대 이후 새로운 기업들이 발흥하면서 발전한 면업(綿業) 중심의 공업화가 하나의 중심축이었으나 또 하나 중요한 역할을 한 것은 비누 등과 같이 구미(歐美)의 근대적 잡화 모조품 제조 부문의 공업화였다.

우선, 면업은 1883년 오사카방적회사(大阪紡績會社)를 비롯한 근대적 방적공장에서 면사(綿絲) 생산을 시작해 일단 일본에서 외제 면사를 대체한 다음, 1890년대 후반에 들어서는 해외시장에 일본제 면사를 수출하기 시작했다. 이후 일본제 면사는 광대한 중국시장에 먼저 진출해 적극적인 수출 공세를 펼치던 인도제 면사와 시장 획득을 위한 경쟁을 격하게 펼친다.

잡화 제조의 공업화는 구미의 수입 잡화 수요를 채우기 위해 그 모조품을 제조하면서부터 시작되었다(今津健治 1986, 179-210; 杉原薫 1996).[1] 성냥, 비누, 칫솔, 치약, 램프, 양산, 모자, 가방, 거울, 화장품, 수건 등의 잡화는 메이지(明治)시대를 거치면서 서서히 사람들의 생활 속으로 스며들어 갔다. 문

1) 수출 잡화 공업의 구체적인 선행 연구는 다음과 같다. 竹內常善(1979); Takeuchi, J.(1991); 山中進(1984); 山中進(1985); 澤井實(1987); 澤井實(1990); 黃完晟(1991); 高嶋雅明(1996, 189-202).

〈그림 1〉 일본제 비누 광고

자료: 『일한오사카상보』(日韓大阪商報) 제48호(1908/06/20).

화 접촉으로 서구 잡화의 편리함이 사람들의 생활 속으로 퍼지자 그 다음 단계로 서구와는 다른 생활공간을 가진 아시아적 특성을 고려한 제품을 생산하기 시작했다. 이렇게 해서 아시아 시장에 처음으로 진출한 일본에게 이렇게 생산된 '잡화'는 아시아형 근대 상품으로 아시아 시장에서 경쟁력을 갖춘 귀중한 상품이 되었던 것이다.

이 글에서는 이들 아시아형 근대 상품과 그 생산과 유통을 담당한 오사카를 조명하며, 20세기 초 무렵의 오사카와 동아시아 시장과의 관계, 특히 한국을 중심으로 고찰하고자 한다. 앞으로 살펴보겠지만 이 시기에 오사카는 20세기 초부터 한층 더 가속화된 일본의 대륙 진출 과정에서 중심적인 역할을 했다. 이를 전제로 오사카가 내포하고 있던 중층적인 관계를 밝히는 것이 이 글의 첫 번째 과제이다. 덧붙여, 오사카의 중소 제조업자, 수출업자가 참조했던 다양한 시장 정보를[2] 통해 아시아 각 지역의 생활 습관, 기호, 그리고 당시 아시아의 문화적·사회적 상황 및 유행에 대해서 살펴보는 것이 두 번째 과제이다.

Ⅱ. 20세기 초 무렵 오사카의 대(對)아시아 무역과 시장조사

〈표 1〉은 1907년 오사카항과 고베항(神戶)의 국가별 수출액(상위 5개국)을 나타낸 것이다. 오사카항과 고베항 공히 중국으로의 수출이 압도적인 비율을 차지하고 있다. 두 곳을 합친 전체 수출총액에서 대(對)중국 수출은 80%를 점할 만큼 실로 높은 비율을 보인다. 그러나 고베항에서는 미국으로의 수출이 중국 다음인 반면, 오사카항에서는 한국이 두 번째를 차지하고 있다. 여기에서 대(對)한국 무역이 오사카에서 차지하는 비중이 매우 높다는 사실을 알 수 있다. 이와 관련해 〈표 2〉는 오사카항과 고베항의 국가별 수입액(상위5개국)을 나타낸 것으로, 수입은 수출과는 달리 대중국 수입이 차지하는 비율이 그다지 높지 않다. 특히 고베항에서는 당시 영국 식민지였던 인도 및 해협 식민지로부터의 수입이 가장 많았으며, 중국은 영국, 미국에 이어 네 번째 수입국이었다. 오사카항은 수입 총액에서 고베항의 1할 정도로 수입 무역이 차지하는 비율은 낮지만 수입국으로서 한국과 중국의 비중이 높다.

오사카에서는 대아시아 무역을 진전시키기 위해 오사카상업회의소(大阪商業會議所) 및 오사카조선무역상조합(大阪朝鮮貿易商組合) 등을 통해 아시

2) 정보는 경제사의 흐름에서 중요한 의미를 갖고 있었다. 정보가 흐르는 구조로서 제도에 관해서는 古田和子(2003)을 참조할 것.

〈표 1〉 오사카항, 고베항의 국가별 수출액(상위 5개국) 1907년(단위 100만 엔)

	오사카항		고베항	
1	중국	28.1	중국	28.7
2	한국	19.7	미국	20.7
3	관동주	9.6	홍콩	14.8
4	영국 인도·해협식민지	0.7	영국	8.5
5	러시아령 아시아	0.6	영국 인도·해협 식민지	8.4
수출 총액		60		106.7

〈표 2〉 오사카항, 고베항의 국가별 수입액(상위 5개국) 1907년(단위 100만 엔)

	오사카항		고베항	
1	중국	9.6	영국 인도·해협 식민지	51.3
2	한국	8.5	영국	51.1
3	영국 인도·해협 식민지	4.8	미국	38.6
4	네덜란드령 동인도	3.6	중국	24
5	영국	2.9	독일	22.4
수입 총액		34.4		223.4

아 시장조사를 적극적으로 진행함과 동시에 조사 보고를 『오사카상업회의소월보』(大阪商業會議所月報), 『일한오사카상보』(日韓大阪商報) 등에 게재해 정보 공유를 꾀했다.[3] 오사카상업회의소에 대해서는 본편과 자료편으로 구성된 『오사카상공회의소 백년사』(大阪商工業會議百年史) 등이 발간되어 있기 때문에 그것을 참고하기로 하고(大阪商工會議所 編纂 1965; 大阪商工會議所 編 1979), 여기에서는 오사카조선무역상동업조합(大阪朝鮮貿易商同業組合)의 개요 정도만 간단히 정리한다.

3) 오사카는 오사카부의 권업과(勸業課), 오사카상품진열소(大阪商品陳列所), 오사카상업회의소 등을 중심으로 각종 조직, 단체 등이 제휴해 수출 시장에 관한 정보를 수집했다. 특히 오사카상품진열소는 1890년 일본 최초의 근대적인 상품진열소로 개관해 월간지 『오사카상품진열소보고』(大阪商品陳列所報告)를 발행했다. 高嶋雅明(1986); 杉原薫(1996, 157-178, 225).

오사카조선무역상조합은 1893년에 이오이 나가헤(五百井長平) 외 40여 명이 발기해 만든 오사카 안의 조선무역상조합이다. 애초 사무소는 오사카시 니시쿠 아와자 나카도오리 니초메 63번지(西區阿波座中通二丁目63番)에 있었으나 1897년에 니시쿠 니시나카호리 미나미도리 욘초메 29번지(西區西長堀南通四丁目29番)로 이전했다. 창설 이듬해 조합원은 52명이었다고 한다(『日韓大阪商報』 1907).[4)]

그 뒤 1907년에 중요물산동업조합법(重要物産同業組合法: 1900년 법률 제35호)에 근거해 동업조합 등기를 신청한 후 인가를 얻어 이름을 오사카조선무역상동업조합으로 바꾸었다. 이 때 사무소는 오사카시 니시쿠 기타호리에 우라도리 잇초메 4번지(大阪市西區北堀江裏通一丁目四番地), 조합지구는 오사카시, 조합원의 범위는 ① 한국과 직수출입하는 자, ② 한국 상인의 위탁을 받아 일본 상품을 구매해 한국으로의 수출을 중개하는 자, ③ 한국 하주(荷主)의 위탁을 받아 일본 내 판매를 중개하는 자, ④ 일본 내 하주 또는 제조업자의 위탁을 받아 한국으로 수출을 중개하는 자, 이상 네 가지 분류가 있었다. 동업조합 설립 당시 임원은 다음과 같다(日韓大阪商報 1907).[5)] 조합장 기노시타 세이지로(木下政次郎), 부조합장 나미카와 도라노스케(浪川虎之助), 오쓰 나오키치(大津直吉), 평의원 누노이 다이치로오(布井太一郎), 오이케 기사부로(大池喜三郎), 요시다 데이지로(吉田貞次郎), 쓰치다 지스케(土田治助), 네즈키요시 상점(根津淸商店), 야마모토 사부로(山本三郎), 후쿠다 마타베에(福田又兵衛), 후지모토 합자회사(藤本合資會社), 사이토 기사부로(齋藤喜三郎), 기타니 이스케(木谷伊助), 미즈노 야베에(水野彌兵衛), 쇼오노 기쿠조(庄野喜久藏). 1907년 조합원 총수는 151명이었다. 재조선일본인상업회의소(在朝鮮日本人商業會議所) 측에 압력을 가해 이전까지 고베항에 하역하던 한국 수입품을 오사카항에 하역하게 하는 등 오사카의 대 한국 무역에 적극적인 역할

4) 「組合沿革小史」, 『日韓大阪商報』제41호(1907/11/20) 참조.

5) 창립총회의 모습과 정관은 『日韓大阪商報』제37호(1907/07/20)를 참고할 것.

을 했다.

『일한오사카상보』는 1904년 6월에 오사카조선무역상조합의 기관지로 발간되기 시작해 오사카조선무역상동업조합에서도 이어졌고, 1910년 8월까지 발행되었다.6)

앞서 말한 바와 같이 오사카에서 대 한국 무역이 차지하는 비중이 높았기 때문에 오사카상업회의소에서 매월 발행하는 소식지에는 한국 시장에 관한 조사 기사가 종종 게재되곤 했다. 예컨대 『한국의 풍습과 일본의 수출품』이란 제목의 기사에서는 수출업자가 제품을 수출하는 지역의 풍습 및 유행의 변화에 주의를 기울여 제품 개량에 힘쓰는 것은 당연한 일이며 한국은 '경성형' '인천형' '부산형'으로 구분해 각각의 시장에서 특히 주의해야 할 사항을 제시하면서 수출업자의 주의를 환기시키고 있다.7)

기사에서는 '경성형'의 특징을 다음과 같이 말하고 있다. 경성 시장에서 나돌고 있는 궤짝류, 찬장, 장롱의 특징에 관해 궤짝류에는 자물쇠, 즉 열쇠가 붙어 있는 것, 찬장이나 장롱의 문은 좌우 여닫이문이 많으며 거기에는 열쇠가 붙어 있는 것이 일반적이라고 한다. 따라서 최근 경성에서 수요가 있는 일본제 화장대 및 책상 역시도 열쇠가 달려 있지 않으면 팔리지 않는

---

6) 『日韓大阪商報』, 大阪: 日韓大阪商報社. 神戸大學付屬図書館社會科學系図書館 所藏: 제33호(1907년 3월)-제74호(1910년 8월). 그 후 잡지명을 『大阪朝鮮貿易商報』, 『大阪滿鮮貿易商報』 등으로 변경. 『大阪朝鮮貿易商報』제75호(1910년 9월)-제161호(1918년 4월) 大阪: 大阪朝鮮貿易商報社. 『大阪滿鮮貿易商報』제162호(1918년5월)-제332호(1933년), 大阪: 大阪朝鮮貿易商報社. 제171호(1919년3월)부터 출판사를 大阪滿鮮貿易商報社로 변경. 일한오사카상보사(日韓大阪商報社)는 오사카(大阪西區北堀江裏通一丁目四番地)에 있는 본사 이외에 부산출장소(釜山幸町三丁目), 경성출장소(京城本町三丁目), 인천출장소(仁川本町), 원산출장소가 있었다. 1907년 11월 20일 발행된 제41호(오사카조선무역상동업조합설립기념호)의 표지에 게재된 사진에는 임원들과 함께 당시 상보(商報)의 주임이었던 다나카 덴가이(田中天涯), 상보기자 다나카 이치로(田中一郎)의 모습을 찾을 수 있다.

7) "대부분 수출업자는 항상 그 수출지의 풍속, 습관이나 유행의 변화에 주의를 기울여 제품의 개량에 힘써야 하는 것은 당연한 일이다. 종종 수출지의 풍속과는 맞지 않고 유행에 뒤쳐지는 등 해당업자가 예측하지 못한 피해가 자주 일어난다."「韓國の風習と我輸出品」, 『貿易通報』 제16권 제7호(1907년5월). 『무역통보』(貿易通報)는 오사카상업회의소가 매달 발행했던 소식지이다.

다는 점을 주의할 것. 또한 상표로 쓰는 도안으로는 "일반적으로 십장생(十長生)이라 부르는 해, 산, 물, 돌, 소나무, 달, 영지, 거북, 학, 사슴을 선호한다"라고 쓰였다. 여기서 영지라는 것은 만년버섯(万年茸)의 한자 이름으로 영묘한 효과가 있는 버섯을 뜻한다. 그 외에는 복(福), 수(壽), 희(喜)의 한자를 이용한 도안도 좋아한다. 그리고 원래 인형의 반신 또는 얼굴만을 그린 도안은 기피되고 있었으나 최근에는 그러한 경향도 다소 변하고 있다. 그러나 한국의 귀현(貴顯)의 초상을 직접 또는 묘사하여 상표로 쓰는 것은 좋아하지 않는다고 한다.

'인천형'의 대략적인 인상은 글머리에 풍속, 습관, 기호가 대체로 중국과 비슷하다고 한다. 노란색, 빨간색, 녹색을 중요시하며 꽃과 새, 사군자, 덩굴무늬를 좋아하여 "거의 청국과 분별하기 어렵다"라고 한다. 인천 사람들은 "그러나 현저하게 그 기호를 달리하는 것은 인물 도안을 절대적으로 배척하는 것"과 "새로운 수입품에 대해서는 순식간에 유행처럼 팔리고 같은 상품 중에서도 지갑이 허용하는 한 비싸고 질 좋은 것을 고르는 경향은 중국인과는 다소 취향이 다르다"라는 지적은 흥미롭다. 인천 사람들이 새로운 수입품에 재빨리 반응하고, 유행에 민감하며 또한 같은 상품일지라도 지갑이 허용하는 한 비싸고 질 좋은 것을 선호하는 경향이 중국인과는 상당히 다르다는 지적은 흥미로운 부분이다.

또한 지역에 관계없이 한국 전체에서 이러쿵저러쿵 말이 많은 상품은 일본 정부가 생산하는 '체리'라는 종이담배였다. 체리는 '저리'와 발음이 비슷하다. '저리'는 한국에서는 '저쪽'이며 '떠나다, 가다'라는 뜻을 지니고 있다. 즉, 현지에서 기피하는 단어와 동음 내지는 비슷한 소리를 지닐 듯한 상표는 절대로 사용해서는 안 된다고 한다.

이와 같은 보고는 당시 일본인 조사자가 가지고 있던 한국의 이미지가 반영된 것도 사실이다. 아시아 시장조사 보고는 이러한 점도 읽을 수 있는 자료이기도 하다.

III. 한국의 오사카 상품

20세기 초 무렵 한일 간 무역 구조는 한국은 일본으로 쌀을 수출하고, 일본은 한국으로 면제품을 수출하는 이른바 쌀 면화 교환 체제가 중심이었으나, 근대적 잡화 공업이 진전됨에 따라 1900년대에는 오사카에서 제조된 잡화가 대 한국 수출품으로 등장했다. 성냥, 양산, 화장 비누, 화장용품, 램프, 거울, 모자, 종이 등 상품별 수출액은 면제품에 훨씬 못 미쳤으나 전체적으로 잡화는 오사카의 중요한 수출품이었다.

앞에서 언급한 〈그림 1〉을 다시 보자. 이 그림은 『일한오사카상보』에 게재된 오사카 이나바 비누공장(稻葉石鹼製造所)에서 만든 고급 비누와 실용 비누 광고이다. 광고에는 한국 전 지역 및 만주 안동현[安東縣: 현재 중국 단동(丹東) 및 그 주변 지역-옮긴이]에서 상품을 판매하는 상점의 명칭이 거재되어 있다.

- 이 제품은 모든 면에서 현재 우리나라 공예 진보의 정화(精華)를 유감 없이 발휘한 최신 회심의 제품이다.
- 이 비누는 세계적인 상품으로 나아가 동양 천지(天地)로부터 구미의 제품을 쫓아낸다는 천직(天職)과 영광을 지닌다(『日韓大阪商報』 1908).

일본제 비누는 서양 근대 잡화의 모조품에 불과했다. 그러나 아시아 시장에서 구미의 제품을 쫓아낸다는 사명을 지닌다는 광고 문구는 과장이 있긴 하지만, 20세기 초 무렵 아시아형 근대 잡화를 제조하고 수출하는 업종에 종사한 사람들의 솔직한 심정을 표현하는 것일지도 모른다.

광고에 나온 사이토기사부로 상점(齋藤喜三郎商店)은 오사카시 니시쿠 기타호리에 도리(大阪西區北堀江通)에 본점을 차린 한국 시장을 겨냥한 잡화 수출 중간 매매상이었다. 사이토 기사부로는 당시 오사카조선무역상동업조합 평의원직을 맡고 있었으며, 본점 이외에 부산에 제1지점을 차려 비누

〈그림 2〉 대한국 잡화 수출 중간 매매상 광고

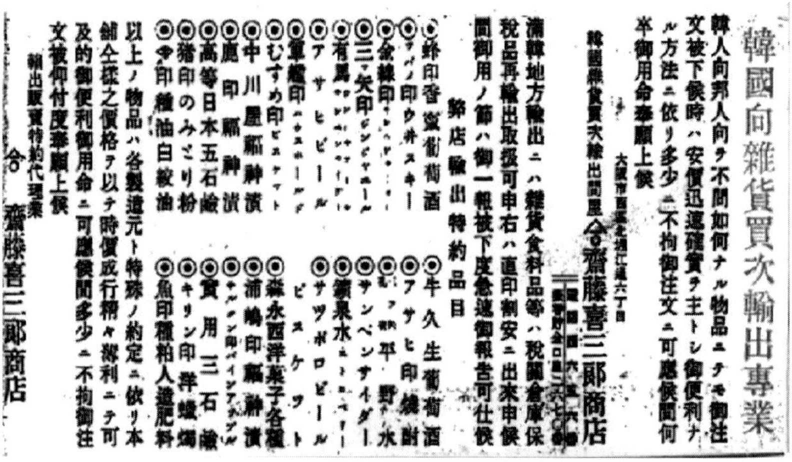
韓國向雜貨買次輸出專業
韓人向邦人向ヲ不問如何ナル物品ニテモ御注文被下候時ハ安價迅速確實ヲ主トシ御便利ナル方法ニ依リ多少ニ不拘御注文ニ可應候間何卒御用命奉願上候
大阪市西區北堀江通六丁目
韓國雜貨買次輸出問屋 合齋藤喜三郎商店
滿韓地方輸出ニハ雜貨食料品等ハ稅關倉庫保稅品再輸出取扱可申右ハ直印割安ニ出來申候間御用ノ節ハ御一報被下度急速御報告可仕候
弊店輸出特約品目
◎蜂印香竄葡萄酒 ◎牛久生葡萄酒
◎印ウヰスキー ◎アサヒ印燒酎
◎金線印 ◎平野水
◎三ツ矢印 ◎サンペンサイダー
◎有馬 ◎鑛泉水
◎アサヒビール ◎サツポロビール
◎軍艦印 ◎ビスケツト
◎むすめ印 ◎森永西洋菓子各種
◎中川屋罐詰 ◎浦嶋印罐詰
◎鹿印罐詰
◎高等日本五石鹸 ◎實用三石鹸
◎猪印のみどり粉 ◎キリン印洋蠟燭
◎印種油白絞油 ◎魚印種粕人造肥料
以上ノ物品ハ各製造元ト特殊ノ約定ニ依リ本舖全様之價格ヲ以テ時價底行精々薄利ニテ可及的御便利御用命ニ可應候間多少ニ不拘御注文被仰付度奉願上候
韓出販賣特約代理業 合齋藤喜三郎商店

자료: 『日韓大阪商報』제48호 (1908/06/20).

뿐만 아니라 술, 사이다, 청량음료, 비스켓, 서양 과자, 식품, 초, 비료 등의 다양한 잡화를 취급하고 있었다. 사이토기사부로 상점 광고 〈그림 2〉에는 거래 규모와 한국인, 일본인에 상관없이 싸고 신속하며 정확하게 주문을 받는다고 적혀 있다.

이처럼 한국 시장은 오사카 잡화의 중요한 시장이 되고 있었다. 그러나 한국 시장에 오사카 상품이 많이 들어왔지만 품질 불량 문제 때문에 평판은 눈에 띄게 떨어지고 있었다. 1907년 5월 『일한오사카상보』에서 「일한 무역업자에게 고하다」라는 기사에는 품질 불량 문제를 조속히 해결하도록 하는 다음과 같은 경고문이 있다.

> 일한 무역은 해를 거듭할수록 증가해 앞으로도 더 발전할 여지가 충분히 있음에도 불구하고, 요즘 한국인들 사이에서는 오사카 상품에 대한 평판이 나날이 떨어져 오사카 상품이라고 하면 구매를 주저하는 사람이 늘어나고 있다. 본디 한국으로 수출하는 상품이라 하면 품질은 둘째로 치고 무엇보다도 가격이 싼 게 우선이라는 인

식이 강했다. 따라서 많은 업자들이 질 나쁜 상품을 공급하고 심한 경우에는 한국인의 생활 풍속이 유치하다는 점을 악용하여 많은 이익을 보려는 악덕 상인이 나왔다. …… 이미 현재는 조제품(粗製品), 남조품(濫造品)이라 하면 마치 오사카의 대명사처럼 인식되고 있다. 이는 비단 오사카만의 불행이 아닌 국가 경제에 커다란 영향을 미치는 문제이기 때문에 …… (日韓大阪商報 1907).

오사카상업회의소는 품질 불량 문제가 오사카의 대명사처럼 일컬어지는 상황을 알아채고, 한국에서 상공업, 특히 오사카 상품의 수요 및 판매상황을 상세히 조사하기 위해 당시 오사카조선무역상동업조합 부조합장을 맡고 있던 나미카와 도라노스케을 한국으로 파견하기로 한다. 나미카와 도라노스케가 1909년 7월부터 8월에 걸쳐 실시한 조사 결과를 살펴보자.

1909년 한국은 경성, 인천, 부산, 원산, 평양 모두 불황의 기운이 짙은 가운데 구매력이 떨어져 한국인용 잡화는 제대로 팔리지 않고 이전부터 행해지던 연체 지불 거래는 위험 부담이 너무 커 거래를 할 수 없게 되었다는 점, 더욱이 국 상인이 강경한 수단을 이용해 한국인에게 대부금을 회수하고 있기 때문에 한국인과 거래를 하고 있는 일본 상인도 그 영향을 받아 곤경에 처해있는 점을 지적하고 있다. 한국 내에서 중국 상인의 영향력은 19세기 말과 비교하면 상대적으로 약화되었다고는 하나 1900년대 말기로 접어든 이후에도 중국 상인과의 채무 관계가 이렇게 나타난 점은 흥미롭다.

이어서 나미카와는 한국에서 오사카 제품의 상황을 다음과 같이 보고하고 있다.

이제껏 한국에 수출한 일본 상품, 특히 주로 오사카 상품을 지칭하는데, 품질 불량 문제는 도저히 변명할 수 없는 악습이라 해야 할 것이다. 실제로 면화, 비누, 철, 염료, 거울, 담배 등은 중국이나 독일 제품과 경쟁하고 있었으나 처음에는 오사카 제품이 가격 면에서 저렴하고 외관이 깔끔하여 일시적으로 평판이 좋았지만 애초부터 거칠게 만들어져 품질 면에서는 중국이나 구미 제품과 비교하면 상당히 떨어지기 때문에 최근에는 신용을 잃고 있다. 고가품인 검은색 비누가 유행한 것도 한마디 하면, 오사카 제품은 향기가 다른 제품이 비해 뛰어나지만 타월에 색이 묻어난다는 것이다. 쇠는 외관은 보기 좋으나 강철 함유량이 적기 때문에 금방 색이 바래버리고, 양산은 세 번 비를 맞으면 곧바로 변색해 버릴 것 같다는 비난이 터져 나오고 있다. 사실 도쿄 제품과 비교해도 밀리지 않을 제품조차 오사카 제품이라고 하면 한결같이 험담을 하는 분위기는 매우 유감스러운 일이다(『貿易通報』 1909).

오사카제 검은색 비누는 다른 제품보다 향이 우수하지만 수건에 검은색이 물들어버리고, 양산은 두 세 번 쓰고 나면 금방 변색되어 버리는 등 나미카와는 오사카 잡화가 가지는 품질상 심각한 문제를 구체적으로 다음과 같이 덧붙였다.

한국인이 감정적으로 일본 상품을 피하는 것은 자연스러운 일이다. 더 엄격하게 말하면 이와 같은 장식품을 단지 싼 가격과 깔끔한 외관만으로 한국인에게 인기를 얻으려고 한 것은 너무도 무심한 짓이다. 일본 상품은 나날이 혐오와 배척이 조장되는 반면 중국 상품은 인기를 얻고 있다. 기회를 재빠르게 활용하는 중국 상인은 최근 압박 받고 있던 상업권을 회복하고자 여러 가지 자주 잡화를 수입해 폭넓은 지역에 행상인을 보내어 겨우 우리들이 획득한 상업권을 잠식하고 있기 때문에 우리는 눈을 크게 뜨고 이를 주시해야 할 것이다(『貿易通報』 1909).

여기에서 주의할 점은 보고서에서도 지적하듯 이 잡화가 '장식품'이었다는 사실이다. 예를 들어, 문제가 되고 있는 검은색 비누는 당시 한국에서 유행한 상품으로 고가품이었다. 양산도 실용적일 뿐만 아니라 장식적인 의미도 있었다. 즉, 한국 시장을 저가품 시장으로만 여긴 채 값싼 제품을 제조하는 데만 최선을 다하는 것으로 한국 시장을 개척하기는 어렵다는 것이다. 근대 잡화의 대부분은 장식용으로 사람들의 유행이나 기호적 의미를 지닌 상품이었다. 오사카의 제조업자가 아시아 시장에 그러한 분위기가 형성되고 있던 사실을 적절히 인식하지 못한 것은 문제였다.

일본은 한국에게 1905년 을미보호조약, 1907년 정미7조약의 조인을 강요했고, 1910년 8월에는 한일합병이 체결되면서 식민지 정책을 더욱 강화하는 중이었다. 한국에서는 1905년 무렵부터 재차 불거진 항일의병운동이

〈그림 3〉 기린표 양산 광고

주: 오사카시 히가시쿠 구보오지초에 위치한 아라키 상점(大阪市東區南久寶寺町荒木商店).
자료: 『日韓大阪商報』 제56호(1909/02/20).

1909년까지 전성기를 맞이하고 있었다. 또한 1906년 이후 경성 등의 도시를 중심으로 애국계몽운동이 일어나 지식인, 학생, 상공업자가 주축이 되어 언론, 교육, 식산흥업(殖産興業)을 통해 애국심을 고양시켜 국권 회복을 위한 실력양성을 지향하고 있었다. 이를 감안할 때 한국에서 일본 제품을 기피한 것은 자연스러운 일이다. 이 같은 시기에 저렴한 가격과 깔끔한 외관만으로 그들의 환심을 사려고 한 것은 너무 일방적이며 일본에 대한 혐오, 배척을 부른다는 나미카와 토라노스케의 개탄은 실로 당연한 이치였다.

Ⅳ. 오사카 잡화의 제조 실태

오사카 잡화 공업의 실태를 비누 공업과 양산제조업을 통해 검토해 보자.

1. 비누 공업

훗날 오사카시 산업부가 조사한 『오사카의 비누 공업』에 따르면 1930년의 전국 비누 수출액은 141만 엔으로, 이 중에서 오사카항을 거쳐 간 것은 1,00만 7,000엔, 고베항을 거쳐 간 것은 23만 7,000엔이었다. 따라서 오사카, 고베 두 곳 항구에서의 비누 수출액은 전체 수출액의 약 88%를 차지하고 있었다. 1929년 비누 생산액은 3,894만 엔으로 도쿄가 1,903만 엔으로 가장 많고 오사카는 1,038만 엔으로 그 다음이었다. 생산액은 오사카가 도쿄에 비해 뒤쳐졌으나 비누의 주요 원료인 야자유, 우지(牛脂), 경화유(硬化油)의 소비량은 오사카가 도쿄보다 많았다(大阪市役所産業部調查課 1932, 1-6). 오사카시 산업부는 그 이유를 "오사카 제품이 주로 저가품이기 때문"이라고 분석하고 있다(大阪市役所産業部調查課 1932, 6).

일본에서 비누 공업은 메이지시대 초기 요코하마, 도쿄에서 시작되어, 1878~79년 이후부터 오사카, 고베에서도 잇달아 공장이 설립되었다.[8] 그 후, 도쿄와 오사카는 일본 비누 공업의 2대 생산지가 되었으며, 도쿄가 국내시장용 생산을 토대로 발전한 것에 비해 오사카는 애초부터 해외시장으로의 수출을 겨냥하고 있었다.

이 글의 분석 시기인 20세기 초 무렵, 오사카 비누 공업 역시도 기본적으로 수출용 생산을 중심으로 1906년 무렵까지는 순조로운 신장세를 보이고 있었지만, 1906년부터 1907년간의 생산액은 전년도에 비해 증가율이 약

---

8) 비누 공업의 역사는 大阪市役所産業部調查課(1932); 小林良正·服部之總著 (1940); 小林良正·服部之總著(1997); 小林良正(1943) 등 참조.

〈표 3〉 오사카부의 비누 생산액

종류	화장비누		세수비누		견련(絹煉)비누■		연(軟)비누●		생산액
연도 (연)	수량 (다스)	가액 (엔)	수량 (관)	가액 (엔)	수량 (관)	가액 (엔)	수량 (다스)	가액 (엔)	합계
1906	4,982,997	1,652,198	1,197,003	241,035	58,294	44,713	3,751	3,200	1,941,146
1907	5,032,826	1,668,719	1,208,980	243,450	58,878	45,162	3,798	3,239	1,960,570
1908	4,665,933	1,041,758	1,175,983	383,847	249,917	59,962	2,850	2,850	1,488,417
1909	4,980,107	2,003,149	1,210,206	244,268	13,800	10,040	n.a.	n.a.	2,257,457

자료: 『大阪商業會議所年報』 1907, 1908, 1909년.
■ 누에고치에서 뽑아낸 섬유(絹) 성분이 들어간 비누.
● 수산화칼륨을 원료로 한 비누.

1%에 그쳐 '예년에 비해 매우 성장이 더딘' 상황이었다(〈표 3〉 참조). 그 배경으로는 아래 인용문에서도 볼 수 있듯이, 주요 수출지이었던 청국에서 은의 가격이 폭락해 수출의 저해 요인이 된 점, 원료인 우지, 야자유의 가격 인상에도 불구하고 제품 가격을 올릴 수 없었던 점 등이 있다.

> 이 상황은 이 제품의 주요 수출지인 청국에서 은 가격이 폭락했기 때문에 그것이 상당히 수출을 저해한 점과 함께 원료품인 우지와 야자유 등의 가격이 올랐음에도 불구하고 제품 가격을 인상할 수 없는 사정이 있었기 때문이다. 그러나 제조법은 구식인 직분법(直焚法)이 차츰 사라져 가고 기계제련법(機械製煉法)을 이용한 제조가 증가하는 등 큰 진보를 했다(大阪商業會議所年報 1907, 446).

〈표 4〉에서 오사카의 비누 제조업자수, 직공수, 임금을 살펴보면 오사카에서 비누 제조업자의 형태는 개인이 압도적으로 많으며 회사는 극히 적음을 알 수 있다. 또한 1907년에는 일본 경제가 전반적으로 불황이라 오사카 비누업계의 임금 수준도 모두 대폭 인하했다. 다음해인 1908년에는 수출 부진과 일본 상공업의 침체의 영향을 받아 상황은 더 악화해 오사카 비

〈표 4〉 오사카부의 비누 제조업자수, 직공수, 임금

	제조업자수(개)				직공수(명)			임금(일급, 단위: 전)		
연도	회사	합자/합명	개인	합계	남	여	합계	최고	보통	최저
1906	3	n.a.	45	48	366	250	616	1,50	60	50
1907	3	n.a.	46	49	275	463	738	1,00	50	25
1908	3	n.a.	64	67	367	197	564	남1,20 여60	남55 여35	남15 여15
1909	1	합자3 /합명 3	98	105	359	221	580	상반기 남1,20 여60 하반기 남1,00 여60	상반기 남55 여35 하반기 남45 여30	상반기 남15 여15 하반기 남25 여15

주: 1909년도의 직공수 내역은 남자(주식10·합자25·합명20·개인304명), 여자(주식15·합자50·합명40·개인116명).
자료: 『大阪商業會議所年報』 1907, 1908, 1909년.

누 제조업 산출량은 전년에 비해 현저하게 떨어졌다(大阪商業會議所年報 1908, 427).

19세기 말에서 20세기로 이행하는 시기에 구미에서 개발된 철강 제품, 화학공업 제품(소다, 황산, 염료) 등의 이른바 신소재가 저가로 대량 공급되기 시작했다. 비누 공업도 화학공업품의 신소재인 가성(苛性) 소다를 이용한 새로운 공업의 일종이었다. 그러나 당시 일본 비누 공업은 우지, 야자유와 가성 소다를 원료로 솥에 불을 지펴 비누를 만드는 직분법을 이용하고 있어, 사람이 직접 생산하고 완성된 비누 반죽은 건조하는 데 날씨에 따라 열흘가량 걸렸다고 한다(小林良正·服部之總著 1940, 245) 이마즈 겐지(今津健治 1986, 182-188)가 지적하는 바와 같이 성냥을 비롯한 비누, 유리, 브러시, 고무, 시계, 단추, 양산 등의 공업은 신소재 공급이 이루어지는 조건을 갖추면 어느 정도 기술 훈련과 소규모 자본만으로 생산을 시작할 수 있는 분야였다.

앞의 인용문에서도 볼 수 있듯이 1907년에는 직분법 제조가 거의 사라지고 기계제련법이 증가했다.[9] 당시 대부분의 오사카 비누 공업은 수입 원료에 의존했고, 평균 5명에서 15명 사이의 소규모 공장에서 수입 원료에 의존하면서 저가 수출용 비누를 제조했다(〈표 4〉 참조).

제품 품질도 소다와 염분의 과다 사용 등으로 여름철이 되면 비누 표면에 흰 부스럼이 나오거나 화장 비누에 함유된 색소가 빠져나가 비누곽을 더럽히는 등의 문제가 지적되었다. 앞에서 소개한 검은색 비누의 색소가 수건에 스며드는 등 한국에서 일본제 비누의 품질 문제는 심각했으며, 주요 시장이었던 중국에서도 일제 비누의 평판은 결코 좋지 않았다. 수출지의 시장에서 선호하는 향료 사용을 고려하는 것은 제품의 품질을 떨어뜨리지 않기 위한 필수 조건이었다. 비누의 단가는 비누 자체 원료비보다는 향료비가 좌우한다고 해도 과언이 아니었다. 고급 비누와 실용 비누의 차이는 향료가 많고 적음, 좋고 나쁨, 비누를 넣는 용기나 포장지의 좋고 나쁨에 좌우되는 것이었다.[10] 중국 시장에서는 향료가 강한 제품을 선호하고, 화장 비누 가운데에서도 투명한 제품에 대한 기호가 현저히 높았다. 해당 업자들에게는 이를 고려하면서 수출 시장 동향을 파악하는 것이 필요했다.

2. 양산 공업

일본의 양산 공업은 도쿄와 오사카를 중심으로 1870년대에 시작되었다. 1880년대에는 수출길이 열려 1890년 전후부터 중국을 중심으로 영국령 인도, 홍콩, 러시아, 조선 등지로 수출이 증가해 1896년에는 일본의 중요 수

---

9) 비누 공업이 글리세린(glycerin) 공업을 포섭하고, 유지공업 또한 소다공업과 결합해 독점기업 형태를 이룬 것은 1920년대 이후의 일이다.

10) 小林良正·服部之總著(1940, 421-423)에서 인용하고 있는 도쿄소간물화장품사매상동업조합(東京小間物化粧品卸賣商同業組合)이 향료의 수입 관세의 면세화를 요구한 진정서(1910년)를 참고할 것.

출 품목으로 손꼽히게 되었다(農商務省商工局 1898, 2). 오사카의 양산 공업은 초기에는 도쿄에서 기술이 도입되어 비로소 본격화되었으나, 1894년에는 오사카양산상공조합이 설립되어 수출 증대와 함께 발전해 러일전쟁 이후에는 오사카가 일본의 양산 제조의 중심지가 되었다.11)

조선은 일본제 상품을 경성, 인천, 부산, 원산 등의 항구를 통해 수입했다. 원산에서는 이미 1882년부터 일본제 양산을 수입했다. 당시는 단지 일본인 거류자의 수요에 그쳤지만, 1888년 무렵부터 한국인 사이에서도 수요가 생겨 1890~91년에 이르러서는 판로가 한층 넓어졌다고 한다. 또한 당초에는 옷감인 옥양목(玉洋木)을 이용한 무늬 없는 하얀색 양산의 수요만 있었으나 1894년 무렵에는 색깔 있는 천을 사용한 양산을 원하는 한국인이 늘어난 점이 보고되고 있다.12)

양산의 주요 원료는 천과 우산살이다. 양산에 사용되는 천감은 명주, 면, 모 등이 있지만 일반적으로 가는 실로 짜인 면수자(綿繻子)를 사용했다. 따라서 일본 방적업이 주로 굵은 실을 위주로 생산하고 있던 당시에 양산 천감은 전적으로 영국 등에서 수입한 것에 의존하고 있었다. 한편 우산살의 경우는 애당초 제품화된 우산살 자체를 수입하고 있었으나 얼마 지나지 않아 원료인 리본철(鐵)의 수입으로 전환되었다. 그러나 리본철은 수요가 적으며 제조 비용이 비싸 국내 생산으로는 채산성에 맞지 않아 우산살의 원료도 수입에 의존하게 되었다(黃完晟 1991, 105).

한국에서 양산 판매는 보통 5월 중순부터 6월 하순이 최고조였다. 한 달 남짓한 사이에 인천항으로 수입해 한국 각지로 전송된 양산은 200상자(3

11) 오사카양산공업사(大阪洋傘工業史)에 대해서는, 大阪洋傘ショール商工協同組合史編纂委員會 編(1968), 大阪市役所産業部(1929)를 참고할 것. 또한 논문으로는 주1)에 나온 黃完晟(1991)이 있다. 黃完晟은 산업혁명기를 1890년 무렵부터 러일전쟁 직후까지 보고, 이 시기의 양산 공업은 수출액으로 볼 때 중요한 수출 산업이지만 무역수지는 적자를 기록하고 있어 외화 획득 산업은 될 수 없다고 한다(黃完晟 1991, 81, 100).

12) 農商務省商工局(1898) 중에서 양산 부분에 인용되고 있는 원산에 부임하고 있던 일본영사의 1894년 보고.

만 6,000개)에 이르렀고, 한국 시장을 겨냥한 잡화상에게는 여름철 최고 효자 상품이었다. 제조를 담당한 오사카 양산업자에게도 중요한 시기이라 그들도 일반적으로 양산의 원료인 천을 담보로 은행에서 자금을 차입해 영업했다. 1908년과 같은 불황기에는 기술자에게 임금을 주기조차 어려워 휴업을 하기도 했다. 오사카의 양산 제조업자 중에는 여름철 수요를 앞두고 자금 융통이 원활치 않아 천을 구하지 못해 한국의 주문에 응할 수 없는 업자도 등장했다(『日韓大阪商報』 1908). 그 결과 한국 잡화상도 간만에 찾아온 이익을 낼 수 있는 기회를 뻔히 알면서도 포기할 수밖에 없었다.

『일한오사카상보』는 「경성소식」에서 이와 같은 양산업계의 상황을 근거로 하여 한국에서 조금이라도 많이 팔기 위해 한국인의 기호를 상세히 조사한 다음 아래와 같이 전했다.

> 양산에 대한 한국인의 기호는 작년과 큰 차이가 없다. 일반적으로 한국인은 화려한 제품보다는 사이즈가 큰 제품을 좋아하여 보통 일본에서는 28인치 양산이 수요가 많지만 한국에서는 30~31인치 양산을 선호하며, 특히 올해는 32인치 이상의 주문도 적지 않다. 가격은 열두 개 한 묶음에 8~9엔에서 13엔 정도의 제품이 잘 팔린다고 한다(『日韓大阪商報』 1908).

1907년 오사카항의 무역은 8월까지는 면사, 생옥양목(生玉洋木), 시팅(sheeting) 청주 등의 수출이 왕성했고, 쌀, 명주실, 면화, 양모의 수입도 활발했으나 9월에 접어들어서 수출입 모두 부진했다. 그 주된 원인은 "전반적으로 대 한국, 대 중국 무역의 불황때문"이었다고 한다(日韓大阪商報 1907).[13] 부속품인 우산살, 손잡이는 인도 및 동남아시아에서 수입해 가공하기 때문에 부속품 제조는 전년도와 마찬가지였다. 그러나 양산 본체 가격은 폭락해 중국행 수출이 감소했고, 그 결과 생산액은 눈에 띄게 떨어졌다(大阪商業會議所年報 1907, 443-444). 한편, 한국과의 무역은 가격과는 관련이 없지만 "대한제국 황제즉위 문제 이후, 일본 내부의 혼란으로 인해 화물 수송·유통이

---

13) 「大阪港の貿易は退潮せり」, 『日韓大阪商報』 제41호(1907/11/20).

신속하지 못하고, 또 오사카 제품이 조잡하다는 비난의 목소리가 무역까지 영향을 미쳐 금년 중으로 시장을 회복하기 힘든 상황"이었다고 한다(日韓大阪商報 1907). 이듬해 1908년에는 생산액은 전년에 비해 다소 증가했으나 한국, 중국용 수출 부진의 결과, 제품 가격을 내리지 않을 수 없어 업자들은 그 해를 궁핍하게 보내야만 했다(大阪商業會議所年報 1909, 424).

비누와 양산 업계는 아시아형 근대 상품을 생산하지만 오사카에서 제조를 담당한 업자가 대부분 개인경영 소기업이었으며 한국, 중국 등의 시장 동향에 좌우되어 손쉽게 무너져 버릴 수 있었다. 따라서 주요 수출 시장의 사람들의 구미와 기호는 해당업자에게는 생존이 걸린 귀중한 정보였다.

V. 마치면서

이 글에서 다룬 잡화 공업은 국내에 판매한다기보다 해외시장을 겨냥한 중소공업으로 전개되었다. 따라서 해당기업이 해외시장의 성격을 파악하는 것은 중요한 과제였다. 선진공업국 역시 고가품에서부터 저가품까지 다양하게 공급해 해외시장에 진출할 수 있었다. 그러나 저가품은 자국 내 시장 수요조차 충족시키지 못했기 때문에 결과적으로 일본과 같은 후발공업국이 그 틈새를 발판으로 성장을 지탱할 수 있었다는 점을 이미 다케우치 조젠(竹內常善)이 지적한 바 있다(竹內常善 1996, 18). 오사카 칫솔 공업에 관한 사와이 미노루(澤井實)의 논문에서도 나타나듯이 오사카의 칫솔은 미국의 저가품 시장을 겨냥해 생산되고 있었다(澤井實 1987, 44-48).

한편 아시아를 중심으로 한 저가품 시장 또한 일본에게는 매우 중요한 시장이었던 점은 앞서 여러 논문에서 지적한 대로이다. 1900년대 말에 초점을 맞춘 이 글 역시도 그 점을 밝혔다고 할 수 있다.

그러나 이글에서는 오사카에서 만들어진 잡화에는 장식이나 기호가 상품의 가치를 좌우한 경우가 많다는 점을 지적했다. 이와 같은 상품은 최종 소비재지만 반드시 단순히 생활 필수품으로만 볼 수 없는 근대 상품이다. 써보면 편리하고 위생적인 동시에 고급적인 이미지를 지닌 상품이었다. 이를 간과한 채 20세기 초 무렵의 아시아 시장을 단순히 도매금으로 저가품 시장이라고 파악하는 것은 부적절하다.

이 글에서는 오사카 잡화의 또 하나의 시장이었던 상해를 지면관계상 언급하지 않았다. 그러나 경성 및 상해에서 나온 오사카 상품에 대한 불만은 오사카 잡화 공업이 다른 지역의 잡화 공업(구미나 도쿄 상품)과 경쟁 관계였다는 사실을 보여 주는 동시에, 당시 아시아 사람들의 생활이나 기호, 유행, 위생 개념 및 정치 개념이 시장의 성격을 다양하게 바꾸고 있던 사실을 나타낸다.

동시에 1900년대 후반 오사카의 제조업은 주로 극히 영세한 중소기업이었기 때문에 시장의 다양한 요구에 맞춰 품질을 다양화시킬 만한 여력이 없었다. 20세기 초 무렵 오사카는 면화 관련 제품을 필두로 해 한반도 및 대륙까지 진출하려는 일본 경제에서 중요한 역할을 담당하고 있었다. 그렇지만 아시아 시장에 의존해 발전한 오사카 잡화 공업은 아시아에서 생활하는 사람들의 기호, 유행, 생활양식, 사고양식 등의 변화는 생존이 걸려 있던 절실하고도 귀중한 정보였다. 20세기 초 무렵에 오사카와 아시아는 이와 같은 중층적인 관계를 내포하는 존재였다.

최종 탈고 : 2005년 8월

번역: 김용기(도쿄대학 대학원 종합문화연구과 연구생)

참고문헌

角山榮 編著. 1986.『日本領事報告の研究』. 同文舘.

古田和子. 2003.「經濟史における情報と制度: 中國商人と情報」.『社會經濟史學』 제69권 제4호.

高嶋雅明. 1986.「商品陳列所について」. 角山榮 編著.『日本領事報告の研究』. 同文舘.

高嶋雅明. 1996.「雜貨品輸出と市場調查: 麦稈眞田製品の場合」. 安藤精一·藤田貞一郎 編.『市場と經營の歷史: 近世から近代への步み』. 淸文堂出版.

今津健治. 1986.「輸出工產物の技術的課題」. 角山榮 編著.『日本領事報告の研究』. 同文舘.

農商務省商工局. 1896.『輸出重要品要覽　工產之部』.

大阪商工會議所 編. 1979.『大阪商工會議所百年史』本編·資料編. 大阪商工會議所.

大阪商工會議所 編纂. 1965.『大阪商工會議所八十五年史』. 大阪商工會議所.

大阪市役所產業部. 1929.『大阪の洋傘工業』.

大阪市役所產業部調查課. 1932.『大阪の石鹼工業』.

大阪洋傘ショール商工協同組合史編纂委員會 編. 1968.『洋傘ショールの歷史』.

山中進. 1985.「大阪市內を中心とした輸出雜貨工業の存在形態について: 明治末期~昭和初期」.『熊本大學教養部紀要』. 人文·社會科學 編. 제20호.

______. 1984.「大阪市とその周辺農村における輸出雜貨工業の地域的展開: 明治期~大正期」.『歷史地理學』 제126호.

杉原薰. 1996.『アジア間貿易の形成と構造』. ミネルヴァ書房.

小林良正. 1943.『石鹼の歷史』. 河出書房.

小林良正·服部之總 著. 1940.『花王石鹼五十年史』. 花王石鹼五十年史編纂委員會.

______. 1997.『社史で見る日本經濟史 第3卷 花王石鹼五十年史』. ゆまに書房.

安藤精一·藤田貞一郎 編. 1996.『市場と經營の歷史: 近世から近代への步み』. 淸文堂出版.

竹內常善. 1979.「都市型中小工業の農村工業化: 大阪府下貝釦生產を中心に」. 國連大學.『人間と社會の開發プログラム研究報告』. HSDRJE-15J/UNUP-35.

______. 1996.「中小企業史研究の課題と視角」. 竹內常善·阿部武司·澤井實 編.『近代日本における企業家の諸系譜』. 大阪大學出版會.

澤井實. 1987.「1910年代における輸出雜貨工業の展開: ブラシ·貝ボタン·琺瑯鐵器」.『北星論集』 제24호. 北星學園大學.

澤井實. 1990.「1920年代の輸出雜貨工業: 歯ブラシ·貝ボタン·琺瑯鐵器」. 北海學園大學經濟學部.『經濟論集』 제38권 제2호.

黃完晟. 1991.「產業革命期における重要輸出產業と中小工業: 大阪の洋傘工業を中心に」.『ヒストリア』 제132호.

『大阪朝鮮貿易商報』. 1910~1933. 제75호~332호. 大阪朝鮮貿易商報社
『大阪商業會議所年報』. 1908.
『大阪商業會議所年報』. 1907.
『大阪商業會議所年報』. 1909.
『貿易通報』. 1907. 제16권 제7호.
『貿易通報』. 1909. 제31호.
『日韓大阪商報』. 1907. 제35호.
『日韓大阪商報』. 1907. 제37호.
『日韓大阪商報』. 1907. 제41호.
『日韓大阪商報』. 1908. 제48호.

Takeuchi, J. 1991. *The Role of Labour intensive Sectors in Japanese Industrialization*. Tokyo: The United Nations University.

의료·위생 사업의 제도화와 근대화

'식민지 근대성'에 관한 시론

이이지마 와타루

Ⅰ. 서론

20세기 전반기 한일 관계에 관한 연구에서 러일전쟁 이후 한반도에 대한 일본의 영향력 확대와 1910년의 합병 이후 조선총독부의 식민지 정책과 그 영향은 여전히 중요한 연구 주제 중 하나다. 물론 지금까지도 식민지 정책과 그 영향에 관한 연구가 경제정책을 중심으로 여러 관점에서 이루어져 왔다. 최근에는 사회정책을 연구 주제로 설정해 그 관점이 더욱 다양화되고 있는 것이 특징이다. 이 글에서 검토하는 의료·위생 사업의 제도화 역시 연구 시각이 다양화되고 있는 경향 속에서 주목받는 영역이다.[1] 이에 대한 연구들은 조선총독부가 추진했던 의료·위생 사업, 즉 병원 설립에 따른 의료체계의 제도화(그것은 서양의학으로 인한 재래 의학=한의학의 배제를 동반했다), 의학교 설립을 통한 의사·간호부·조산부 양성, 상하수도 등의 기반시설을 포함한 공중위생 정비 등이 식민지 정책에서 매우 중요한 위치를 차지하고 있었다는 것을 규명하고 있다. 그런데 의료·위생 사업의 제도화로 상징되는 식

1) 예를 들어, 朝鮮史硏究會 編(1994)에서는 의료·위생 사업을 대상으로 한 연구를 거의 찾아볼 수 없다. 그러나 1990년대 후반부터 이 글에서 소개하는 여러 연구들이 등장했다.

민지 정책을 분석하는 시각의 다양화는 단순히 연구 관점의 다양화에 국한되지 않는 이론적 문제를 내포한다. 즉, 그러한 연구들은 식민지 정책과 그 영향과 관련해 이른바 '식민지 근대성'을 어떻게 규정할 것인가라는 문제의식을 공유하기 때문이다.

일본의 식민지 정책에서 의료·위생 사업의 제도화는 유럽과 비교할 때 매우 다른 특징을 지닌다. 일본의 식민주의는 유럽과 달리 의료·위생 사업의 제도화를 상당히 중요시했는데, 기존의 연구에서는 이러한 측면이 크게 주목받지 못했다. 의료·위생 사업의 제도화는 막연히 식민지 정책의 긍정적 측면으로 인식되었기 때문이다. 대부분의 관련 연구들도 경제정책과 달리 의료·위생 사업을 식민주의의 긍정적 측면으로 기술한다. 예를 들어, 조선에서 의사가 된 나카무라 도미조(中村富藏, 1867-1930)는 니가타현 나가오카에서 태어나 국가의사시험을 위한 학교인 사이세이학사(濟生學舍)를 거쳐 처음에는 타이완으로 갔다가 이후 평양 영사관 촉탁의가 되어 의료 활동에 종사했다. 나카무라의 손자인 나카무라 다이조(中村泰三)는 "일찍이 많은 조선의 문화인들이 뛰어난 조선 문화를 일본에 가져와 평생 동안 일본 문화의 향상을 위해 기여하고 일본에 뼈를 묻었던 것처럼, 메이지 초기부터 서구 문화를 흡수했던 일본의 선각자들 중 당시 문화적으로 뒤쳐져 있던 조선의 발전과 행복을 위해 일생을 조선과 조선인을 위해 심혈을 기울였던 이들이 적지 않다"고 했다(中村泰三 1985, 156). 이러한 관계자의 기록뿐만 아니라 근대 일본의 식민지 통치를 전반적으로 검토한 피티(Mark R. Peattie) 등도 의료·위생 사업을 식민지 정책의 긍정적 측면으로 다루고 있다(マーク·ピーティ 1996). 여기에는 서양의학을 도입해 근대화를 추진했던 일본이 조선 등의 식민지에서도 근대적 의료를 전파하고 의료·위생 사업을 근대화했다는 인식이 내재해 있다.

그러나 최근의 식민지 의료·위생 사업의 제도화에 관한 연구에서는 의료·위생 사업이 단순히 긍정 또는 부정이라는 이항대립적인 틀로 파악할 수 없는 문제라는 인식이 공통적으로 제기되고 있다. 의료·위생 사업은 기본적으로 종주국 국민의 건강 유지를 최우선의 목적으로 하는 것이며 규율 권력을 확립하고 식민지사회에 통치 권력이 침투하는 것을 용이하게 하기 때문이다. 즉, 의료·위생 사업의 제도화는 식민지 정책의 중요한 도구였다(飯島涉·脇村孝平 2001). 이처럼 새로운 인식이 제기되는 가운데 한국의 신동원은 일본의 식민지 통치하에서 의료·위생 사업의 전개에 관한 선구적인 연구를 수행했고(신동원 1986), 박윤재는 20세기 초 페스트와 콜레라에 대한 조선총독부의 방역 정책과 조선 사회의 대응에 관한 연구를 제시했다(박윤재·신동환 1998; 박윤재 2000; 박윤재 2002). 이러한 일련의 연구들은 식민지 의학에 관한 연구가 진전된 결과였다. 일본에서도 마쓰모토 다케노리(松本武祝)가 식민지시기 조선 농촌에서 의료·위생 사업의 전개 과정을 검토했고(松本武祝 1999), 나아가 경제사 연구에서 제기된 '식민지 근대화론'을 도시 문화 성립, 학교 제도 확립에 따른 규율 권력·정체성·민족주의 등의 관점에서 정리했다(松本武祝 2002). 필자는 마쓰모토의 논의에서 큰 영향을 시사받았는데, 이상과 같은 '식민지 근대성'에 관한 논점은 '식민지 공공성'(植民地公共性)과 대일 협력의 문제와도 관련되어 있으며 조선사 연구의 쟁점 중 하나가 되고 있다(並木眞人 2003).

필자는 지금까지 주로 중국을 중심으로 동아시아의 감염병 유행과 위생 사업 제도화를 연구해 왔지만, 이와 관련한 조선의 사례에 관해서는 본격적으로 연구하지 못했다. 조선의 경우 자료를 충분히 독해할 수 없기 때문에 논의하는 것을 주저했기 때문이다. 그러나 이번 연구 프로젝트와 한국인 연구자들과의 토론을 통해 한국의 연구 상황을 어느 정도 알 수 있었고, 이를 계기로 동아시아의 의료·위생 사업의 제도화와 일본 식민주의 전개라는 맥락에서 식민지시기 조선의 의료·위생 사업의 제도화를 검토하는 것이 상당히 의미있는 작업이 될 것이라는 생각을 하게 되었다. 즉, 이는 단순히 한일 관계가 아니라 동아시아라는 틀과 일본의 식민지 정책 확대라는 관점에서 의료·위생 사업의 제도화를 연구하는 것이다. 또한 이는 그 자체로 '식민지 근대성' 논의와도 관련된 문제를 포함한다. 이 글에서는 식민지시기 조선의 의료·위생 사업의 제도화를 개관하고 동시에 질병 구조의 추이를 검토해 그것으로부터 도출될 수 있는 문제들을 제시하려 한다. 이는 한일 관계를 축으로 하면서도 동아시아라는 지역적 범위와 일본의 식민지 정책의 전개라는 맥락에서 의료·위생 사업의 제도화를 재검토하려는 시도이며, 동시에 식민지 근대성 연구에 관한 필자의 각서(覺書)이기도 하다.

II. 식민지시기 조선의 의료·위생 사업의 제도화

조선총독부는 식민지 정책 중 의료·위생 사업의 제도화를 중요시했고 여러 정책을 실시했다. 그 배경에는 19세기 말 최초의 식민지였던 타이완과 러일전쟁의 결과 조차하게된 관동주(關東州)에서의 의료·위생 사업의 경험이 있었다. 조선총독부가 실시한 의료·위생 사업의 대부분은 기본적으로 타이완 경험을 답습한 것이었다. 이는 주로 의료·위생 행정기관 정비와 병원 설립을 통한 의료 체계 재편(이는 타이완을 포함해 기존 의료 체계에서 중심적인 지위를 점하고 있던 중국 의학을 배제하는 과정이었다), 의학교 설립에 의한 의사·간호부·조산부의 양성 등이었다. 근대 일본은 19세기 후반부터 독일의학을 도입해 의료·위생 사업의 근대화를 추진했고 그것을 식민지에 도입했다. 이 과정에서 고토 신페이(後藤新平)로 대표되는 위생 관료가 식민지의 의료·위생 사업에도 커다란 역할을 담당했다(飯島涉 2000, 3장). 조선의 의료·위생 사업의 제도화는 타이완을 모델로 삼기는 했지만 조선의 상황을 감안한 것이었다. 여기서 가장 중요했던 것은 조선 말기에 이미 제도 개혁을 통해 의료·위생 사업의 제도화에 착수했다는 점이다. 이 장에서는 식민지시기 조선의 의료·위생 사업의 제도화를 행정기관 확립과 병원 설립을 통한 의료 체계의 재편, 의학교의 설립 등 제도적 변화의 측면에서 살펴본다.

1. 의료·위생 행정기관의 확립

조선 말기의 제도 개혁으로 1895년 내부(內部)에 위생국이 설치되었고 위생·경무의 2개 과가 만들어졌다. 위생과는 전염병 및 지방병, 종두 등의 위생 사업을 담당했고 경무과는 의료·약품·병원의 관계 업무를 관할했다. 여기서 유의해야 할 것은 조선 말기의 제도 개혁에서 의료·위생 사업의 제도화 그 자체는 조선 정부의 개혁 프로그램의 일환으로 도입되었다는 점이다. 그러나 러일전쟁 이후 그러한 개혁 프로그램은 일본의 영향력하에 놓이게 되었다. 1905년 위생국은 위생과로 격하되었다가 1908년 일본의 개입으로 다시 위생국으로 격상되어 보건·의무의 2개 과를 두게 되었다. 1909년에는 시험과가 증설되어 종두 제조 및 세균학적 검사 등을 담당했다. 의료·위생 사업의 제도화 과정에서 가장 큰 논란이 된 것은 관할권 문제였다. 1908년 경성의 위생 행정은 경시청에 제2과 위생계가 설치되어 여기서 담당하게 되었고, 관찰사의 관할하에 있던 지방의 위생 행정 또한 같은 해 각 도 경찰부가 관할하게 되었다. 경성에 경무총감부가 설치되자 위생 사업은 내부 위생국에서 경무총감부 경무과 위생계의 관할로 이관되었다. 1911년 내부 위생국과 경무총감부 경무과 위생계의 관할권이 조정되어 총독부 의원 등의 사무만이 내부 지방국에 남겨지고 다른 모든 업무는 경무총감부로 일원화되었다. 1919년 헌병경찰이 담당해 왔던 위생 사업은 보통경찰이 담당하게 되었고 총독부 경무국 위생과가 각 도의 위생 업무를 관할하게 되었다(朝鮮總督府 1929, 5-8). 이상과 같이 식민지시기 조선의 의료·위생 사업은 19세기 말 이래 조선 정부의 제도 개혁의 일환으로 시작되었던 것을 경찰 행정으로 재편하는 형태로 제도화되었다. 이는 일본 국내에서 19세기 말까지 내무성 위생국에서 담당했던 위생 행정을 경찰 행정으로 일원화하는 형태로 정비했던 경험과 타이완의 식민지 통치 정책에서 경찰 행정의 일부로 위생 행정을 정비했던 사례를 배경으로 한 것이며, 그러한 정책이 조선에도 동일하게 적용된 것으로 보인다.

2. 병원 개설과 의료 체계 재편

대한제국 말기인 1899년 의원관제(醫院官制)가 공포되었고 광제원(廣濟院)이 개설되었다. 원장은 내부대신이 겸임했고 치료(진료)·교육·위생의 3개 부가 설치되었다. 치료(진료)부는 질병 치료, 교육부는 의사·약제사·조산부·간호부 육성, 교과서 편찬 등의 업무를 담당했으며 위생부는 지방 위생 행정을 관할했다. 그러나 일본이 영향력을 확대하면서 1907년 광제원은 폐지되어 대한의원으로 바뀌었고 1908년에는 육군군의총감인 사토 스스무(佐藤進)가 원장이 되었다. 사토의 후임이었던 기쿠치 쓰네사부로(菊地常三郎)도 군의였다. 1910년 합병에 따라 새로운 의원관제가 공포되어 대한의원은 조선총독부의원으로 개칭되었고 부속 의학강습소가 만들어졌다. 조선총독부의원의 원장은 그 후에도 후지타 쓰구아키라(藤田嗣章), 하가 에이지로(芳賀榮次郎) 등 육군군의총감이 맡았다. 민간인 원장이 취임한 것은 1919년 3·1 독립운동으로 통치 정책이 전환된 이후였으며, 1920년 게이오대학 의학부 교수인 시가 기요시(志賀潔)가 경성의학전문학교의 교장으로 부임하면서 조선총독부의원 원장을 겸임한 것이 최초였다(朝鮮總督府 1922, 1-3).

일본은 합병 이전부터 병원 설립에 관여했는데 동인회(同仁會)가 이를 주도했다. 동인회는 1901년 고노에 아쓰마로(近衛篤麿)·가타야마 구니카(片山國嘉)·기타자토 시바사부로(北里柴三郎)·기시다 긴코(岸田吟香) 등이 설립한 동아동문의회(東亞同文醫會)와 아세아의회(亞細亞醫會)가 통합해 1902년 설립한 단체였다.

동인회는 "아시아 여러 국가에 의학, 약학 및 이와 관련된 기술을 보급해 민중의 건강을 보호하고, 병고를 구제하며 아울러 상호교분을 돈독하게 하고, 동양의 평화를 확보함으로써 이 지역을 근대 문명의 장으로 유도"하는 것을 목적으로 했다. 이들은 중국·조선·태국에 일본인 의사를 파견했고, ① 중국·조선과 그 외 아시아 각 국에 의학교 설립, ② 각국 정부와 민간에 의사 및 약제사, 기타 기술자의 소개, ③ 각 국의 의사위생(醫事衛生)·약품의 조사, 조사 기관 설치, ④ 일본인 의사의 이주·개업 지원, ⑤ 각 국 의학생·약학생 유학 유도 및 취학 지원, ⑥ 의학·약학 및 관련 기술에 관한 도서 간행 등의 사업을 진행했다. 1904년 오쿠마 시게노부(大隈重信)가 2대 회장으로 선출되었고 일본 전국에 동인회 지부가 설치되었다. 이들은 중국·조선뿐만 아니라 홍콩·방콕·싱가포르 등에도 일본인 의사를 파견했고 조선에서는 경성·대구·평양·용산에 병원을 설립했다. 합병 후 이 병원들은 조선총독부로 이관되었고 이후 동인회의 활동은 주로 중국을 중심으로 이루어졌다(穗坂唯一郞 1943, 2, 6-7).

이와 같이 의료·위생 사업은 그 자체로 일본의 대외 진출에서 매우 중요한 위치를 차지했던 것으로 여겨지며 그 한 축을 담당했던 것이 동인회였다. 그러나 조선에서는 조선총독부가 통치 기구를 정비해 의료·위생 사업의 제도화를 추진했기 때문에 동인회는 조선에서의 활동을 철수하고 중국에서의 활동에 중점을 두게 되었다.[2)]

3. 의학교 개설: 경성의전과 경성제대 의학부

대한제국 정부는 1899년 의학 교육 기관으로 관립 경성의학교(교장 지석

---

2) 동인회의 활동에 관해서는 黃福慶(1983)및 丁蕾,「近代日本の對中醫療·文化活動 同仁會硏究」(1)-(4),『日本醫史學雜誌』第45卷 第4號(1999年 12月)를 참조. 그리고 같은 책의 第46卷 第1號, 2000年 3月, 第2號, 2000年 6月, 第4號(2000年 12月)를 참조.

영)를 설립했다. 그러나 경성의학교는 일본의 개입으로 인해 1907년 대한의원 교육부로 개칭되었고, 대한의원 원장을 겸임한 육군군의총감 사토 스스무가 교장이 되었다. 1909년에는 대한의원 부속의학교로 개칭되었고 사토 스스무의 뒤를 이어 육군군의총감 기쿠치 쓰네사부로가 교장이 되었다. 합병 이후 대한의원 부속의학교는 다시 조선총독부의원 부속 의학강습소로 바뀌었고, 조선총독부의원 원장인 후지타 쓰구아키라 육군군의총감이 교장에 취임했다. 이 학교에서는 의과(수업연한 4년), 조산부과(1년), 간호부과(1년 반)를 개설했고, 수업은 일본어로 진행했다. 또한 이 학교에서는 학비가 면제되었고 학생들은 대부분 학자금을 지급받았다. 동인회가 운영했던 평양과 대구의 의원에도 부속의학교가 설립되었는데, 이후 이 학교의 학생들은 모두 조선총독부의원 부속 의학강습소에 편입되었다. 이러한 의학교의 설립은 타이완(타이완총독부의학교, 이후 타이페이의학전문학교와 타이페이제국대학의 학부로 바뀜)과 만주(남만주철도회사가 운영했던 남만주의학당, 이후 만주의과대학으로 바뀜)의 사례가 있었지만 교장이 군의였던 곳은 조선뿐이었다.

조선총독부는 1914년 의학교 졸업생에게 해당 지역에 한해 무시험으로 의사 면허를 취득할 수 있게 했고(이 제도는 타이완·관동주에서도 마찬가지였다), 1916년에는 전문학교령에 의거해 경성의학전문학교(이하, 경성의전)를 설립하고 의학강습소의 학생을 편입시켰다. 경성의전은 의사 양성을 위한 학교로 "교육은 기초 의학은 물론 임상의학을 가르치고 고고한 이론을 추구하기보다는 간명한 요지를 파악해 실제로 유용한 최신의 지식과 기능을 습득하고 이를 부단히 수련하고 반복하는 습관을 기르는 것"을 목적으로 했다. 당시 경성의전의 일본인 학생의 수는 정원의 1/3로 정해져 있었다(부령 제 27호)(京城醫學專門學校 1931, 5). 또한 관립 경성의학교를 재편한 의학강습소·경성의전과는 별도로 지금의 연세대학교 의학부의 전신인 세브란스의학전문학교(후에 연합의학전문학교)가 설립되어 1908년 최초로 졸업생을 배출했다(阿部洋 1971, 59). 1923년에는 세브란스연합의학전문학교에도 의사 면허 규정이 적용되었다(朝鮮總督府 1929, 30-31).

경성의전은 기존의 연구에서는 거의 거론되지 않았다. 1919년 하가 에이지로(芳賀榮次郎; 총독부의원장 겸임)하에 사토 고조(佐藤剛藏; 의화학), 이나모토 가메고로(稻本龜五郎; 병리학·법의학), 모리야스 렌키치(森安連吉; 내과학), 우에무라 슌지(植村俊二; 외과학), 와타나베 신(渡辺晋; 피부과), 사카이 기요시(坂井清; 이비인후과), 후지이 도라히코(藤井虎彦; 산부인과), 스이즈 신지(水津信治; 정신과) 등이 경성의전의 교원이 되었다. 사토는 1926년 경성제대 의학부가 개설되자 경성의전 교수에서 경성제대 의학부 교수 겸 경성의전 교수가 되어 시가 기요시의 후임으로 1927년부터 1945년까지 경성의전 교장을 겸임했다. 경성의전은 개설 단계에서는 조선인을 의원 또는 조수로만 임용했지만, 그 후 김현주(金顯周; 병리학, 교수임용기간 1919~1924), 박창훈(朴昌薰; 외과학, 1923~1928), 정민택(鄭民澤; 내과학, 1927~1928), 유일준(兪日濬; 미생물학, 1925~1932), 백인제(白麟濟; 외과학, 1928~1941) 등이 교수를 역임했다. 그 외에도 6명이 조교수가 되었고 18명이 강사(그 후 승진도 포함)가 되었다(奇昌德 1995, 154-155).

〈표 1〉은 1930년대 초기의 경성의전의 교실(전문 분야)의 교원 구성을 나타낸 것이다. 또, 〈표 2〉는 같은 시기까지 경성의전 졸업생의 출신지별 구성을 나타낸 것이다. 경기도 출신자가 많은 것은 당연하다 해도 평안북도·평안남도 출신자가 많은 것이 눈에 띈다. 이는 차후에 더 구체적으로 규명해야할 과제이지만, 기독교 세력이 전통적으로 강하고 근대적인 학교 제도가 비교적 잘 정비되어 있었기 때문으로 추정된다. 또 주목할 만한 것은 일본인의 경우, 나가사키·히로시마·야마구치·후쿠오카·구마모토·가고시마 등의 출신자(단, 이 통계는 본적(本籍)을 근거로 한 것이기 때문에 전반적인 경향일 뿐이다)가 많다는 점이다.[3)]

---

3) 鄭圭永(1995, 114)는 경성제대 입학자의 출신지를 분석하고 동일한 지적을 하고 있다. 일본인 출신지의 편차는 타이페이의학전문학교에서도 나타난다. 일본인 졸업생 중에는 히로시마, 사가, 오이타, 가고시마, 오키나와 출신이 많았고 특히 그중에 오키나와 출신이 가장 많았다(台北醫學專門學校 1930, 99-106).

〈표 1〉 경성의학전문학교 교원 구성(교수, 조교수, 강사만, 조수 제외)

직위, 분야		성명		비고
학교장		사토 고조(佐藤剛藏)	의학박사	
수신(修身), 국어	학생감, 교수	신노 요시히코(眞能義彦)	문학사	
조선어	겸 교수	야마모토 마사노부(山本正誠)		경성고등상업학교 조교수
	(겸담)조교수	신성우(申聖雨)	의학박사	
	(겸담)조교수	신용균(申龍均)		
독일어	교수	이이지마 시게타로 (飯島滋太郞)		
영어	(겸담)조교수	신노 요시히코(眞能義彦)	문학사	
	(겸담)조교수	이이지마 시게타로		
조제학	교수	히나타 요시하루(日南田義治)		
	강사	와타나베 하루노리(渡部治憲)		
정신과학	겸 강사	스기하라 만지로(杉原滿次郞)		경성제국대학조교
치과학	강사	노자와 긴(野澤鈞)		
	강사	마쓰오 데쓰노스케 (松尾鐵之助)		
교련체조	학생감, 배속장교	데라다 기요시(寺田潔)	육군보병중좌	
	강사	가시와바 시게타로 (柏葉繁太郞)	육군보병소위	
위생법규	겸 강사	니시키 산케이(西龜三圭)	의학사	조선총독부기사
유전학	겸 강사	우메야 요시치로(梅谷與七郞)	농학박사	조선총독부 산업기사
화학교실	조교수	나리타 후지오(成田不二生)	농학사	
	겸 강사	가와구치 리이치(川口利一)		조선총독부 기수(技手)
해부학교실	교수	시바타 이타루(柴田至)	의학박사	
	겸 강사	야쓰야나 도시미쓰(八柳利三)		조선총독부보건기사
	겸 강사	고하마 모토쓰구(小浜基次)	의학사	경성제국대학조교수
	조교수	우에히라 마사오(植平正男)		
	강사	니시오카 다쓰조(西岡辰造)		경성제국대학조교
생리학교실	교수	오쓰카 구니오(大塚九二生)		
의화학교실	교수	히로카와 쇼자부로 (廣川幸三郞)	의학박사	
	(겸담)조교수	나리타 후지오(成田不二生)	농학사	
위생학	교수	유일준(兪日濬)	의학박사	

미생물학교실	겸 강사	후루야마 도시오(古山利雄)		경성제국대학조교
병리학, 법의학교실	교수	무토오 다다쓰구(武藤忠次)	의학박사	
	겸 강사	우치다 센조(內田銓藏)		조선총독부보건기사
	조교수	신성우(申聖雨)	의학박사	
약물학교실	교수	데라사카 모토(寺坂源雄)	의학박사	재외 연구중
내과학교실	교수	나리타 가이스케(成田夬介)	의학박사	
	교수	히라오카 다쓰지(平岡辰二)	의학사	
	조교수	신용균(申龍均)		
	(겸담) 강사	요시무라 구라(吉村藏)		
	강사	다케무라 사카에 (竹村榮)		
외과학교실	교수	백인제(白麟濟)	의학박사	
	겸 교수	스즈키 모토하루(鈴木元晴)	의학박사	경성제국대학조교수
	조교수	하이다 시게오(灰田茂生)		
	겸 강사	미우라 요시오(三浦良雄)	의학사	경성제국대학조교
소아과학교실	교수	히로나카 스스무(弘中進)	의학사	
	강사	도쿠나가 이사오(德永勳)		
피부과, 비뇨기과학교실	교수	가타오카 야쓰카(片岡八束)	의학박사	
	강사	다카하시 히로시(高橋弘)		
이비인후과교실	학생감, 교수	스코 히데오(須古秀雄)	의학박사	
	강사	이토 스게키요(伊東祐淸)	의학사	
안과학교실	교무주임, 교수	사타케 주이치(佐竹秀一)	의학박사	
산부인과학교실	교수	요코야마 시게키(横山茂樹)	의학박사	
	강사	나나시마 아카미치(七島赤道)		

자료: 朝鮮總督府京城醫學專門學校, 『京城醫學專門學校一覽』(京城醫學專門學校, 1931), 14-123쪽.

1926년 경성제국대학(이하, 경성제대) 의학부가 개설되자 경성의전 출신인 유일준과 백인제가 경성의전의 교수로 임용되었다(佐藤剛藏 1951, 178-179). 유일준은 1894년 경기도 안성군에서 태어나 1914년 경성의전에 입학하고(입학 당시는 조선총독부의원부속 의학강습소) 졸업 후, 경상남도 진주의 자혜의원의 부수(副手)를 거쳐 1918년 교토제국대학 의학부 선과(選科)로 유학을 떠났다. 1919년 조선총독부의원의 의원이 되었고, 3년간 자비 유학(괴팅겐대학 등) 후, 1924년 게이오대학 의학부 병리미생물학 교실에서 수학하고 같은 대학

〈표 2〉 경성의학전문학교 졸업생 수(출신지별)

부,현 (府,縣)		구(旧) 본과	특과
도쿄(東京)	14		
오사카(大阪)	4		
가나가와(神奈川)	2		
효고(兵庫)	6		
나가사키(長崎)	28		
니이가타(新潟)	3		
사이타마(埼玉)	2		
군마(群馬)	3		
이바라기(茨城)	5		
도치기(栃木)	4		
나라(奈良)	5		
미에(三重)	9		
아이치(愛知)	6		
시즈오카(靜岡)	5		
야마나시(山梨)	4		
기후(岐阜)	8		
나가노(長野)	4		
미야기(宮城)	5		
후쿠시마(福島)	6		
이와테(岩手)	1		
야마가타(山形)	5		
후쿠이(福井)	5		
이시카와(石川)	3		
돗토리(鳥取)	8		
시마네(島根)	9		
오카야마(岡山)	17		
히로시마(廣島)	26		
야마구치(山口)	27		
와카야마(和歌山)	5		
도쿠시마(德島)	4		
가가와(香川)	4		
에히메(愛媛)	12		
고치(高知)	11		
후쿠오카(福岡)	48	1	
오이타(大分)	16		
사가(佐賀)	19		
구마모토(熊本)	33		
가고시마(鹿兒島)	48		
도야마(富山)	2		
지바(千葉)	3		
교토(京都)	5		
홋카이도(北海道)	2		
조선		**구(旧) 본과**	**특과**
경기	39	143	11
충남	5	27	4
충북	11	14	3
함북	7	13	14
함남	11		19
전북	8		4
전남	11	8	2
경남	10	18	10
경북	14	19	11
황해	13		5
평남	17	78	13
평북	21	61	18
강원	3	16	1

자료 : 朝鮮總督府京城醫學專門學校, 『京城醫學專門學校一覽』(京城醫學專門學校, 1931), 179-180쪽.

에서 박사학위를 취득했다. 1926년 경성의전에 결원이 생기자 시가 기요시의 적극적인 추천으로 교수가 되었지만 1932년 8월 사고로 사망했다.[4)]

4) 佐藤剛藏(1932, 52-54). 鄭麗玲은 타이페이제국대학을 연구하면서 경성제국대학과의 비교에도 많은 부분을 할애했다. 그는 타이완의 고등교육이 조선과 비교해 거의 발전하지 못했던 초기

이즈미 세이치(泉靖一)는 타이페이제국대학이 일본인이 많은 '본국 대학의 지방적 분산'이었던 반면, 경성제대는 규모는 작았지만 그 규모와 달리 조선인이 많았다고 지적했다. 그리고 이에 대해 식민지에 제국대학을 설립한 배경이 된 '일시동인'(一視同仁) 이념의 위험성을 지적했다.[5] 아베 히로시(阿部洋)는 조선의 고등교육을 개관하고 조선교육령 개정을 언급하면서 경성제대 설립이 사립대학 설립운동에 대한 대응으로 추진되었다는 점을 지적했다(阿部洋 1971). 또 신창건(愼蒼健)은 조선의 중국 의학 체계인 한의학 부흥운동을 분석하고 과학사 연구의 시각에서 경성제대가 조선의 중국 의학, 즉 한의학에 관심을 가졌다는 것을 언급했다(愼蒼健 1999, 73, 85). 이와 마찬가지로 오카모토 다쿠지(岡本拓司)는 스기하라 노리유키(杉原德行; 약리학 제2강좌)의 조선인삼 연구, 시가 기요시의 세균학 연구를 언급하고 경성제대가 진행한 '토막민'(土幕民) 연구 등을 개관했다(岡本拓司 1993, 74-75). 특히 우마코시 도루(馬越徹)는 성균관이 몰락하는 과정을 조명하면서 일본의 식민지 통치하에서 전통적 교육 체계의 쇠퇴를 검토했고 구제(舊制)제국대학과 타이페이제국대학을 비교하면서 경성제대의 설립 과정 및 그 역사적 위치를 상세하게 검토했다. 그에 따르면 경성제대는 일본 국내에서 1918년의 대학령 제정으로 고등교육의 재편이 이루어지는 가운데 1922년의 개정 조선교육령에 기초해 설립된다. 이는 1919년의 3·1독립운동과 사립대학 설립운동을 배경으로 한 것이었으며 사이토 마코토(齋藤實) 조선총독이 추진

조건 차이 때문에 경성제국대학이 타이페이제국대학보다 먼저 설립되었지만 조선인 교수가 탄생하지는 않았다고 지적했다. 그리고 타이페이의학전문학교의 교수였다가 타이페이제국대학의 교수가 된 杜聰明(1893~1986)에 주목했다(鄭麗玲 2001). 그러나 필자는 유일준이 사망하지 않았다면 경성제국대학 교수가 되었을 가능성이 있었다고 본다.

5) 泉靖一(1970, 152-155). 이즈미 세이치는 경성제국대학 교수로 『植民地統治論』(有斐閣, 1924)등을 저술한 이즈미 아키라(泉哲)의 아들이다. 그는 경성제국대학 법문학부 국문학과를 졸업하고 조교로 일했으며 제3차 몽고학술조사대에 참가한 경험이 있는 인류학자로(京城帝國大學第3次蒙疆學術調査隊 1944), 전후에는 메이지대학 교수를 거쳐 도쿄대학 동양문화 연구소 교수가 되었다. 이즈미 세이치에 대한 평전으로는 藤本英夫(1994) 참조. 그리고 崔吉城(2000, 199)와 淸水昭俊(2001, 254)에서도 그에 관한 언급을 찾아볼 수 있다.

한 문화통치의 완성이라는 의미를 갖는 것이었다. 그 결과 경성제대는 본국의 대학에서만 고등교육을 실시하는 고등교육본국주의와 식민지에서는 기술과목만을 교육하는 식민지 대학 설립 정책과 달리 '제국대학 모델' 그 자체에 따라 설립되었다. 즉, '경성제대는 '일시동인'의 슬로건을 내세운 동화정책을 핵심으로 하는 일본형 식민지 통치 방식의 대학판이란 의미에서 전형적인 일본형 식민지 대학'이었던 것이다. 나아가 우마코시 도루는 부속 생약연구소, 부속 고지(高地)요양연구소, 대륙자원과학연구소 등이 조선을 병참기지로 활용하기 위해 설치된 연구소였다는 점을 지적했다. 또 그는 의학부의 강좌를 비교하고 조선인 연구자의 학술지 연구 성과 게재 비율을 검토하면서 경성제대 의학부가 조선인에게도 일정한 영향을 미쳤다고 언급했다(馬越徹 1995, 103-106, 126-132, 인용은 106).

이와 같이 경성제대에 관한 많은 연구가 존재하지만, 경성제대에서 이루어진 학문적 성과까지 포괄하는 연구는 여전히 남겨진 과제이다. 이 글의 주제와 관련해 경성의전과 경성제대 의학부의 역사적 위치를 검토할 경우, 시가 기요시(1870-1957)의 행적을 언급할 필요가 있다. 시가는 이질균(赤痢菌) 발견자로 유명하다. 그는 1870년 센다이 태생으로 대학예비문(大學豫備門: 일본의 초기교육제도, 도쿄대학에 설치된 일종의 예과과정-옮긴이)부터 제국대학에서 수학했고, 졸업 후 전염병연구소에 입소해 기타자토 시바사부로(北里柴三郞)에게 사사했다. 1896~97년에는 이질이 크게 유행했는데, 시가는 1897년 27세의 젊은 나이에 이질균을 발견했고 1901년에는 독일에 유학했다. 귀국 후 전염병연구소의 제4부장을 역임했고 이질균 연구로 의학박사 학위를 취득했다. 그는 1914년 전염병연구소가 도쿄제대로 이관되고 기타자토연구소가 창설('전염병연구소 이관사건')되자 기타자토와 함께 기타자토연구소로 자리를 옮겨 제1부장을 역임했다. 1920년에는 게이오대학 의학부 교수가 되었고 같은 해 조선총독부의원장·경성의전 교장으로 임명되었다. 1926년에 경성제대 의학부가 개설되자 의학부장에 취임했고 1929년에는 경성제대 총장이 되었다. 시가의 조선 부임은 스승인 기타자토 시바사부로의 지시에 따른 것이었다(長木大三 1989, 3장).

또 경성제대 미생물학 교수로 활동한 고바야시 하루지로(小林晴治郎; 1884~1969)는 오카야마현 태생으로 문부성 검정시험에 합격한 후 오카야마 제6고등학교의 생물학 교실을 거쳐 도쿄제대 동물학과 선과(選科)에 입학했고 파리에 관해 연구했다. 그는 그 후 가업 문제로 오카야마에 귀향했다가 그곳에 널리 퍼져있던 간디스토마의 중간숙주가 잉어 등의 담수어라는 것을 발견했다. 그는 이 발견을 확인하기 위해 전염병연구소의 미야지마 간노스케(宮島幹之助)를 방문했다. 미야지마는 고바야시에게 도쿄에서 연구할 것을 권유했고 이를 계기로 그는 미야지마의 지도하에 연구를 계속하게 된다(小林晴治郎 1912). 그는 전염병연구소 이관문제를 계기로 기타자토연구소로 자리를 옮겼고, 1916년부터는 경성의 총독부의원에서 연구했다. 그 후 경성의전 겸임교수를 역임했고 경성제대의학부가 창설되자 기생충학을 중심으로 하는 제2미생물학 강좌의 교수가 되었다. 고바야시가 진행한 연구 중 하나는 폐디스토마였다. 폐디스토마 보균자가 가래를 뱉으면 이 가래에 포함된 병원미생물의 알이 수중에서 부화해 유충이 된다. 유충은 고둥에게 잡아먹히고, 유충을 먹은 고둥은 게가 잡아먹게 된다. 다시 사람이 이 게를 생식하면서 폐디스토마가 감염된다. 동물학을 전공한 고바야시가 임용된 것은 바로 이 폐디스토마 연구를 위한 것이었다.[6] 고바야시의 연구를 통해 『폐디스토마 조사개황』(肺ヂストマ調査概況, 朝鮮總督府警務局 1923) 등이 간행되었다. 그는 1945년 11월에 귀국하기 전까지 경성제대에서 연구했으며 1948년부터 교토부립의과대학에서 일본 최초의 의동물학(medical zoology: 기생충학)교실을 개설했다(森下薰 1972).

---

6) 森安連吉(조선총독부의원 내과부장, 1936, 63) 폐디스토마는 타이완과 조선이 원산지인 도루묵이 일본에 들어오면서 확산되었다. 그 감염 메커니즘은 타이완에서 발견되었다(佐々學 1960, 37, 54)

경성제대 위생학교실의 활동으로는, 「경성부의 이질, 장티푸스 역학적 고찰」(京城府における赤痢及チフスの疫學的一考察, 京城府總務部衛生課·京城帝國大學衛生學教室, 京城府『朝鮮都市の衛生事情に關する若干硏究』, 第6回全國都市問題會議總會, 特別議題に關する參考文獻, 1938)과 「토막민의 생활위생과 건강조사」(1)-(5)[土幕民の生活衛生並に健康調査, 京城帝國大學醫學部特殊細民調査委員會, 『滿鮮之醫界』, 제237호(1940년 12월)~제239호(1941년 2월)] 등이 있다. 후자는 『토막민의 생활·위생』(土幕民の生活·衛生, 京城帝國大學衛生調査部 編, 岩波書店 1942)으로 출판되었다.

경성의전·경성제대의 세균학 연구를 일본의 학문으로 간주할 경우, 그 연구들은 도쿄제대 및 부속 전염병연구소의 전통과는 구분되는 내무성 전염병연구소 및 기타자토연구소, 나아가 게이오대학 의학부의 영향하에서 이루어진 것이었다. 즉, 내무성과 문부성이 식민지 의학의 전개에도 영향을 미쳤던 것이다. 내무성 관할하의 전염병연구소는 이후 행정개혁의 일환으로 도쿄제대에 이관되어 부속 전염병연구소가 되었기 때문에 도쿄제대 보다는 내무성 관할 하의 전염병연구소, 그리고 이관사건을 계기로 설립된 기타자토연구소 및 게이오대학이 식민지 의학 특히, 타이완·조선·관동주의 제국의료의 전개에 깊이 관여하게 되었다. 다만 내무성 관할 하의 전염병연구소를 흡수한 도쿄제대 전염병연구소도 1908년 인천에 출장소를 설치했다(東京大學醫科學硏究所100周年記念委員會 1992, 17, 20).

이 글에서 지면관계 상 자세히 검토하기는 어렵지만, 조선총독부 경무국 위생과와 의학교(경성의전 및 경성제대의학부) 등은 광범위한 조사 연구를 실시했다. 조선총독부 경무국 위생과와 의학교의 조사 연구는 20세기 초 독일에서 발달한 사회의학과도 깊은 관계를 가졌던 것으로 생각된다. 특히 이는 결핵이 점차 중요한 문제가 되었기 때문이다. 다른 한편 조선인에 대한 형질인류학적 조사가 이루어지기도 했다. 1930년 나가이 히소무(永井潛; 도쿄제대 교수)·고야 요시오(古屋芳雄; 가나자와 의대 교수) 등을 중심으로 일본민족

위생학회가 설립되었다. 이 학회는 1931년부터 『민족위생』(民族衛生)을 발간했고 1935년에는 일본민족위생협회로 개편된다. 이들은 우생학의 입장에서 민족개조·사회개조를 위해 '단종'(斷種)법안 조기 제정 등을 활동 목표로 삼았다. 나치의 민족정책에 공명했던 고야 요시오는 1939년 후생성에 들어가 후생과학연구소 국민체력부장, 후생성연구소 과학부장 등을 역임했고 전후에는 공중위생원장이 되었다. 그가 가졌던 우생학적 입장은 당연히 식민지 통치에서 추진된 동화정책과 본질적으로 어긋나는 것이었다. 이는 전시동원을 위한 황민화 정책과 모순되는 것이었기 때문에 그는 조선총독부의 정책과 확연하게 대립했다(小熊英二 1995, 13장).

식민지시기 조선에서는 이상과 같이 의료·위생 사업의 제도화가 이루어졌다. 그러한 제도화는 타이완 등의 식민지 의학의 전개를 배경으로 하는 것이었지만 이와 동시에 일본 국내의 의학·위생학의 파벌대립의 영향을 받기도 했다. 또 1930년대에는 사회의학의 영향도 무시할 수 없는 문제로 나타났다.

III. 질병 구조의 추이

1. 식민지시기 조선의 질병 구조

II장에서는 조선총독부가 추진했던 의료·위생 사업의 제도화를 검토했다. 여기서는 질병 구조, 특히 사인(死因)의 추이에 주목해 의료·위생 사업의 제도화가 조선 사회에 미친 영향을 살펴보고자 한다. 이를 개략적으로 살펴보면, 콜레라 등의 급성감염병이 사인의 상위를 점했던 시기, 결핵을 중심으로 하는 감염병이 중요했던 시기, 그리고 이상의 감염병이 억제된 결과 현대적인 사인, 즉 심장질환·뇌질환·암 등의 생활 습관상의 사인이 상위를 차지하게 된 시기 등으로 크게 변화해 왔음을 알 수 있다. 동아시아의 각 지역은 이러한 질병 구조의 변화를 20세기 백년이라는 매우 짧은 기간 동안 경험했다. 이 시기 동안의 인구 증가는 주로 유·소아사망률 저하와 영양 조건 개선에 따른 결과였지만, 질병 구조의 변화 역시 평균수명을 연장시키고 각 지역의 사회구조에 커다란 영향을 미쳤다. 그러한 변화는 돌발적인 감염병 유행의 유무, 인구의 이동 정도, 인구밀도, 전쟁 등의 사회적·정치적 요인을 추가해 검토해야 하지만 이 글에서는 주로 위생 조건 개선과의 관계를 중심으로 살펴보기 위해 급성감염병의 추이만을 확인하는 것으로 한다.

20세기 이전 조선의 질병 구조를 통계적으로 검토하기는 어렵다. 인도에서 기원한 콜레라가 조선에 전파된 것은 19세기 초엽으로 동남아시아에서 중국으로 감염된 콜레라는 눈 깜짝할 사이에 조선·류큐·일본까지 확산되었다.[7] 콜레라는 이 지역의 활발한 인구 이동과 상품 유통을 통해 각지로 전파되었다. 콜레라는 19세기 후반에도 크게 유행해 1886년에는 약 37만 명의 사망자를 낳았고(朝鮮總督府 1929, 101-102), 1895년에는 평안북도에서만 약 6만 명의 사망자가 발생했다. 1902년에는 경성에서 약 1만 명의 사망자가 발생했다(朝鮮總督府 1922, 285).

〈그림 1〉은 20세기 전반 조선의 급성감염병(법정 전염병으로 지정된 것, 결핵은 해당되지 않음)의 상황을 나타낸 것이다. 여기서는 인구 증가를 감안해 각 연도별 감염병으로 인한 사망자를 1만 명당 비율(만분율)로 나타냈다. 조선에서는 특히 1920년의 천연두 유행과 1919~20년의 콜레라에 따른 사망이

---

7) 山本俊一(1982, 5-8) 다만 1822년의 감염 경로는 자바에서 나가사키로 전파되었을 가능성도 지적된다. 이에 반해 荒野泰典(2004)은 조선과 쓰시마의 기록을 검토해 조선을 통한 경로가 더 유력한 것으로 본다.

〈그림 1〉 식민지기 조선의 법정전염병 사망률 추이(만분율)

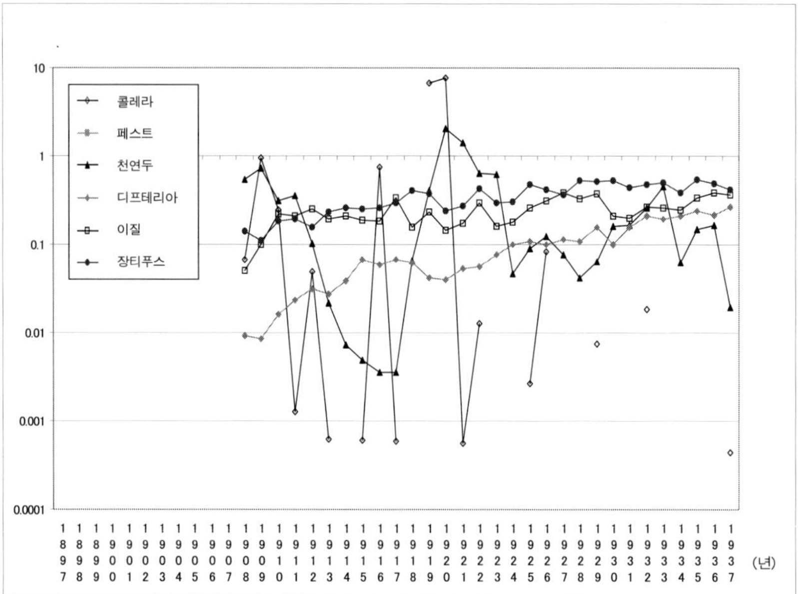

자료 : 內閣統計局,『帝國統計年鑑』각 연도판.

현저했다. 천연두는 십 수년 마다 주기적으로 유행했을 가능성이 있지만 〈그림 1〉만으로는 확인하기 어렵다. 이 시기의 콜레라는 치사율이 높은 아시아형 콜레라로 1919~20년에는 타이완·관동주, 중국 연해 지역에서도 콜레라가 유행했다. 이 유행은 일찍이 유례가 없는 대규모였으며 콜레라균의 변질과 제1차 세계대전 및 전후의 활발한 인구 이동이 그 배경이었다(飯島涉 2000, 7장). 조선총독부는 콜레라가 발생하자 예방접종을 실시했지만 이는 상당한 반발에 직면했다. 특히 그러한 반발은 3·1독립운동 전후의 민족주의의 고양을 배경으로 한 것이었다(Park 2003). 조선에서 콜레라는 1919~20년의 대유행을 정점으로 점차 억제되었다.

천연두 발생은 식민지 정책에서 커다란 문제였다. 일본의 주장에 따르면, 이는 무엇보다 '미신'에 따른 종두(種痘) 기피 때문이었다. 이 때문에 경찰과 여타의 담당관들이 '미신'을 부정하고 종두의 효용을 설명하는 동시에 두묘(痘苗)를 무료로 배포했고, 여성 종두접종자를 배치하는 등의 대책을 모색했다(朝鮮總督府 1922, 286). 그러나 "전적으로 경찰관 등에게 맡겨 이를 실행하려해 도 그 담당 구역이 광범위하고, 한 장의 종두통지만으로는 주민들을 지정 장소에 쉽게 모이게 할 수 없었으며, 나아가 하층민들의 전전하는 이동생활 때문에 종두 시행이 어려웠다. 또한 조선과 같이 본래 병의 독성이 강한 지역에서는 종두로 두창을 예방하는 성과를 거두기 곤란"했다. 따라서 1923년에는 그때까지의 '조선종두규제'(朝鮮種痘規制)를 폐지하고 새로 '조선종두례'(朝鮮種痘例)를 공포해 1, 6, 12살 세 번에 정기적으로 종두를 실시하도록 종두 방법을 변경했다.[8)]

흥미로운 사실 중 하나는 조선에서는 페스트가 발생하지 않았다는 점이다. 19세기 말부터 20세기 초까지 동아시아에서는 중국 남부에서 홍콩으로 감염된 선페스트가 타이완과 일본의 항구도시에서 발생했고, 잉코(營口)와 텐진(天津) 등의 중국 북부 연해 지역에서도 발생했다. 또 1910~11년에는 시베리아에서 만주로 감염된 폐페스트가 유행했음에도 불구하고(飯島涉, 2000), 조선에서는 페스트(선페스트·폐페스트)가 발생한 기록이 없다(朝鮮總督府 1922, 284).

식민지시기 조선의 질병 구조의 특징은 20세기 이후 장티푸스와 디프테리아로 인한 사망률이 증가했고 이질이 심각한 문제가 되었다는 것이다(朝鮮總督府 1929,104). 경성부의 조사에 따르면, 같은 지역에서 장티푸스와 파라티푸스 발생은 점차 감소했지만 이질[역리(疫痢) 포함]은 증가하는 경향을 보였다. 1935년의 이질 발생률은 인구 1만 명에 대해 일본인은 29.0, 조선인은 3.2였지만, 이러한 조선인의 발생률은 지나치게 낮은 것이다. 이에 대해

8) 朝鮮總督府(1929, 103). 또 1920년의 천연두 유행은 바이러스의 변형도 그 원인 중 하나로 여겨진다(朝鮮總督府 1922, 285-286).

조사담당자 역시 상당수의 조선인 환자와 사망자가 신고하지 않았다는 것을 지적한 바 있다(京城府總務部衛生課 京城帝國大學衛生學敎室 1938, 39-41).

이상과 같이 조선의 급성감염병은 식민지시기 동안 크게 변화했다. 그러한 변화는 위생 사업의 제도화로 콜레라와 천연두가 억제되면서 가능했다. 그러나 더 중요한 것은 이질·장티푸스·디프테리아 등의 급성감염병은 억제할 수 없었고 이로 인한 사망률도 점차 증가했다는 것이다. 물론 조선총독부의 사망률 통계 자체가 정확하다고 보기는 어려우며 그 정밀도·신고유무·진단 정확성 등을 고려할 필요가 있다. 그러나 다른 외국의 사례에 비하면 조선총독부가 작성한 통계의 정확도가 오히려 더 높다는 점에서 그러한 통계가 아무런 의미가 없다고 생각할 수는 없다.

다만 이러한 질병 구조의 추이는 영양 조건 등의 요소와도 관련이 있다. 기무라 미쓰히코(木村光彦)는 식민지시기의 위생 통계를 검토하고 1930년대 조선인의 곡물 소비량이 전반적으로 저하했다는 점을 확인했다. 그러나 그는 곡물 소비가 저하됨에도 불구하고 조선인의 체형에 커다란 변화는 없었다는 것을 발견하고 그 원인으로 위생 행정 확립과 위생 사상 보급 등을 지적했다. 기무라의 분석은 최근 주목받고 있는 인체측정학(Anthropometrics: 신장·체중·가슴둘레 등의 데이터를 시계열적으로 분석하고 그 배경이 되는 사회상황을 검토하는 방법)을 식민지시기의 조선에 적용해 본 것이다. 그 역시 이 글에서 소개한 의료·위생통계를 자료로 이용했다(木村光彦 1991). 하지만 질병 구조의 추이에서 이질과 장티푸스 등이 여전히 증가했다는 점을 고려하면 기무라는 위생 조건의 정비를 지나치게 높이 평가했다고 할 수 있다.

2. 동아시아의 질병 구조: 조선, 타이완, 일본

다음의 〈그림 2〉와 〈그림 3〉은 20세기 초 일본과 타이완의 법정전염병으로 인한 사망률(만분율)을 표시한 것이다. 일본에서는 19세기 초 이래 콜

〈그림 2〉 일본의 법정 전염병 사망률 추이(만분율)

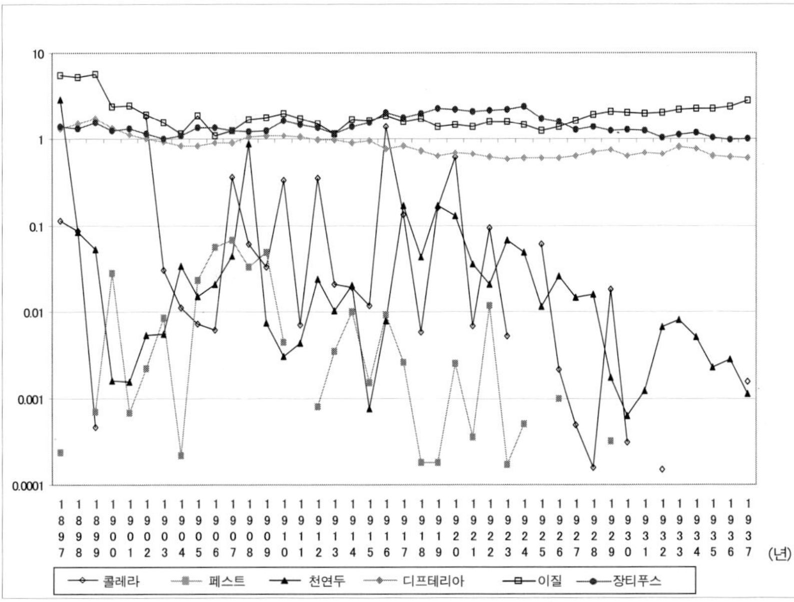

자료: 內閣統計局, 『帝國統計年鑑』 각 연도판.

레라가 유행하면서 천연두·홍역·이질이 중심이었던 기존의 감염증 발생구조가 크게 변화했다(杉山伸也 1995). 콜레라와 천연두는 19세기 중반 이후 근대 서양의학에 기초한 의료·공중위생 제도 도입, 수도 보급 등 위생인프라가 정비되면서 점차 억제되었다. 그러나 다른 한편 산업화의 진전과 함께 이질과 결핵이 상당한 규모로 유행했다. 20세기 전반 법정전염병의 발병율은 여전히 높은 수준이었고 특히 이질·장티푸스·디프테리아의 발생이 두드러졌다. 2차 세계대전 이전까지 일본에서는 이러한 감염병이 주요한 사인이었고 "메이지시대 이래 2차 세계대전 전까지 일본은 급성전염병, 결핵 등 감염성 질병의 전성시대"였다(厚生省醫務局 1976, 28-29, 인용은 19).

19세기 말 이후 타이완의 전염병의 역사에서 1907년 이전의 페스트(선페

〈그림 3〉 타이완의 법정전염병 사망률 추이(만분율)

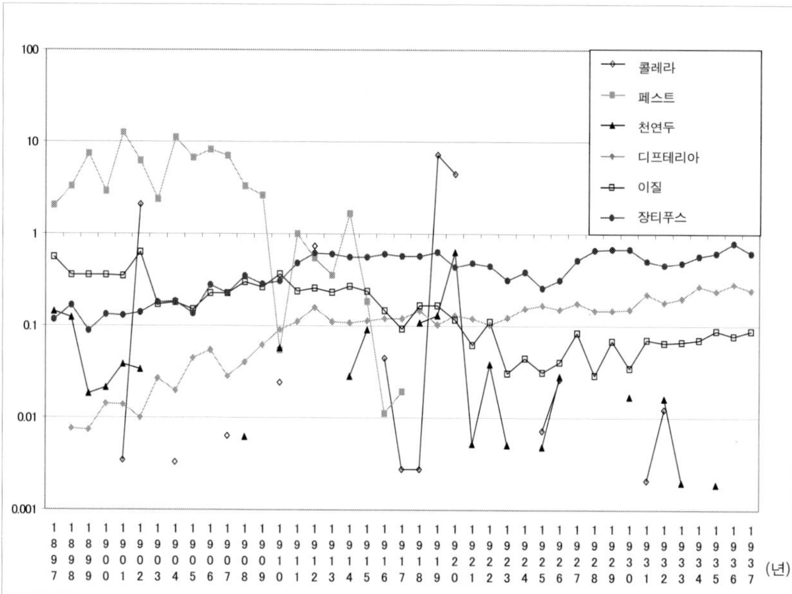

자료: 內閣統計局, 『帝國統計年鑑』 각 연도판.

스트)의 발생은 중요한 위치를 차지하는 것이었다. 또 1919~20년의 콜레라는 선페스트에 필적하는 규모였다. 그러나 이상의 시기를 제외하면 선페스트와 콜레라로 인한 사망률은 점차 낮아졌고 발생 또한 억제되었다. 1920년에는 천연두가 크게 유행했지만 점차 감소했다. 반면 장티푸스와 디프테리아로 인한 사망률은 점차 상승했다.9)

다음으로 〈그림 4〉는 조선, 타이완, 일본에서 법정 전염병에 의한 사망률의 추이를 검토한 것이다. 1908년 이후 타이완 및 조선에서는 1919~20년의 시기를 제외하면 법정전염병에 의한 사망률은 낮은 수준이었다. 1919~20

9) 장티푸스 발병률의 상승은 큰 문제가 되었으며 일본인의 감염이 크게 나타났다. "장티푸스 환자가 도시에 많은 것은 타이완의 치욕이다"라고까지 언급되었다. 이에 따라 검역을 통한 보균자의 강제적인 치료와 예방주사 접종이 이루어졌다(竹內貞義竹內貞義 1929, 504).

〈그림 4〉 조선, 타이완, 일본의 법정 전염병 사망률 추이(만분율)

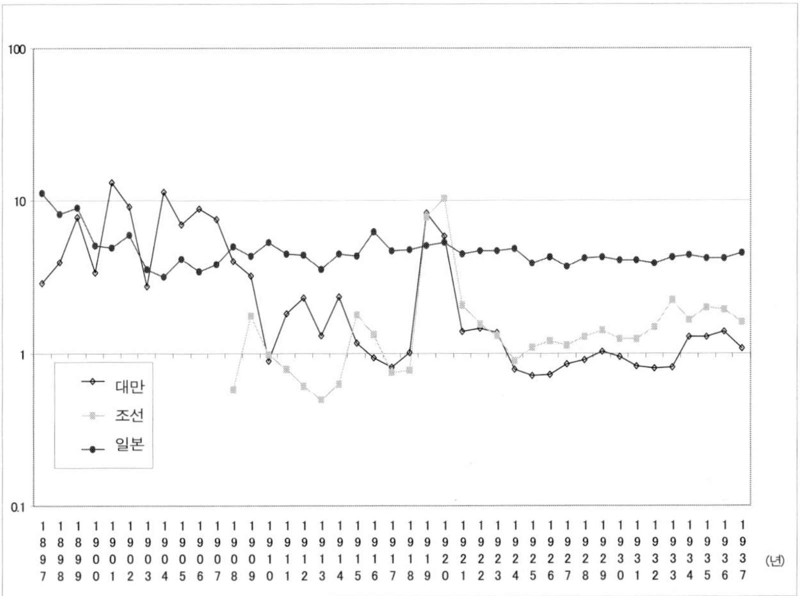

년의 사망률은 모든 지역에서 유례없이 높았으며 타이완 및 조선에서도 다른 어떤 시기보다 높은 수준이었다. 이는 콜레라와 조선에서 천연두가 유행했기 때문이다. 타이완과 조선의 사망률은 상승하는 경향이었지만 일본과 비교하면 낮은 수준이었고 전체적으로 전염병의 발생 정도도 낮았다. 물론 여기에는 통계의 정확성의 문제가 있으며 통계수치보다 더 많은 사망자가 발생했다는 점 또한 분명하다. 그러나 타이완과 조선에서 일부 전염병으로 인한 사망률이 증가하는 경향이었다는 점을 고려하면 그러한 통계자료가 전혀 의미 없는 것은 아니다.

이상의 논의로부터 식민지시기 조선의 질병 구조, 특히 급성감염병의 상황은 다음과 같이 요약될 수 있다.

① 콜레라·천연두는 점차 감소했다. 이는 검역제도의 확립, 수도정비 등 인프라의 정비 덕분이었다.
② 이질·장티프스·디프테리아 등의 감염병은 여전히 발생했다.
③ 이상의 상황을 보여 주는 통계자료는 정확성이 떨어지며 일본인의 질병 구조를 더 많이 반영한 것으로 보인다. 그러나 식민지시기 조선의 감염병 유행구조는 실제로 점차 일본 국내와 유사하게 변화해 갔다.

한편 이 글에서 검토하지는 못했지만 결핵의 창궐 또한 커다란 문제였다(須川豊·原藤周衛 1940).

이상과 같이 질병 구조의 추이, 특히 감염병 유행구조는 한편으로 의료·위생 사업의 제도화에 따라 유행이 억제된 질병과 다른 한편으로 식민지시기 동안 이루어진 도시화·경제정책 전개·인구의 유동성 증가로 유행이 촉진된 질병으로 크게 나눌 수 있다. 따라서 의료·위생 사업의 제도화에 따른 위생 조건 개선이 반드시 감염병 유행을 억제하는 것은 아니다. 오히려 그러한 제도화는 조선의 감염병 유행구조를 타이완은 물론 일본 국내와도 상응하게 만들었다.

Ⅳ. 결론

이 글에서는 식민지시기 조선의 의료·위생 사업의 제도화 과정을 개관하고 질병 구조의 추이를 검토했다. 조선총독부는 타이완의 경험에 기초해 대한제국정부가 실시한 제도 개혁을 재편하고 의료·위생 사업의 제도화를 추진했다. 조선에서 추진된 의료·위생 사업의 제도화는 19세기 후반부터 세계 각지에서 전개된 식민지 의학의 일환이었다. 영국·프랑스·독일의 식민지 의학은 각기 개별적인 특징을 갖고 있었고 일본 역시 그러한 식민지

의학의 일부였다. 일본은 타이완의 경험에 기초해 식민지 의학을 관동주·조선·남양군도·만주국에서 추진했으며 다른 식민주의와 비교할 때 개입적인 특징을 갖고 있었다. 예를 들어, 인도에서 영국 식민지정부는 몇 가지 이유 때문에 식민지 의학을 통해 현지 사회에 개입하는 것을 회피하는 경향이 있었다. 이는 종두를 실시한 실적에서 상징적으로 드러난다. 이와 달리 일본은 타이완과 조선에서 매우 개입적이었다(飯島涉·脇村孝平 2001 참조). 일본의 식민지 의학이 이러한 특징을 갖게 된 것은 동화주의라는 이념과 식민지 의학을 식민지 통치의 정당성의 근거로 삼았던 것에서 연유한다. 즉, 개입적인 식민지 의학을 통해 몇 가지 급성감염증을 억제하는 것이 식민지 통치를 정당화하는 주요 요소였다. 그러나 질병 구조를 살펴보면, 의료·위생 사업의 제도화를 통해 억제된 감염병이 있는 반면 식민지 정책을 통해 더 유행하게된 감염병도 있었다. 이에 따라 조선의 질병 구조는 식민지 정책을 통해 근대 일본 '제국'의 질병 구조와 상응하게 되었다.

일본의 식민지 연구는 식민지 통치 자체에 대한 비판으로 식민주의에 대한 비판을 대체해 왔고, 따라서 종종 식민지 통치가 초래한 사실 자체에 대한 인식을 결여해 왔다. 많이 지적되었던 것처럼 그러한 결여는 식민지가 패전과 동시에 분리되면서 식민지 통치가 문제로 부각되지 않은 채 전후 질서를 모색했기 때문이다. 이 때문에 일본의 식민지 연구는 기존에 타이완과 한국 등에서 이루어진 통치 정책사 연구를 넘어서는 관점에서 지역사회의 동태를 검토하거나 식민지시기와 탈식민지시기의 역사적 계승성을 어떻게 파악할 것인가라는 그 자체로 매우 어려운 문제 설정을 거의 공유하지 못했다. 일본 제국주의사 연구로서 타이완, 조선, 만주 연구와 아시아사 연구로서 타이완, 조선, 만주 연구 및 최근의 '제국'사 연구가 서로 연계되지 못하는 것은 바로 이 때문이다.

이 글에서는 식민주의가 매우 강력한 근대적 요소를 갖고 있었다는 점을 확인했다. 물론 이 글에서 검토한 식민지 의학의 전개 배경에는 인종적

인식이 분명히 각인되어 있다. 또 의료·위생 사업이 전시 체제 재편과 점령 정책의 중심적인 방안이었던 것도 사실이다. 그리고 식민지 의학 그 자체는 곧 근대적 요소의 발현에 다름 아니었다. 식민지 의학은 근대적 요소를 갖고 있었기 때문에 19세기 말 이래 일본의 식민주의의 도구로서 역할을 수행할 수 있었던 것이다.

'식민지 근대성'에 관한 지금까지의 논의는 식민주의 자체에 근대적 요소가 내재해 있다는 것을 인식하지 않은 채, 식민지 정책에 따른 식민지사회의 변화에 근대적 요소가 존재했는지 여부만을 문제 삼아 온 경향이 있었다. 그것은 탈식민화 과정에서 '근대'에 내재된 가치를 우리가 공유하고 있었기 때문은 아닐까. 중요한 것은 식민정책의 결과 나타날 수 있었던 근대적 요소가 그 후의 사회 변화에 어떠한 의미를 갖는 것이었는가를 역사적으로 검토하는 것이다. 필자는 단지 일본의 식민지 의학과 그것이 영향을 미친 동아시아의 의료·위생 사업 제도를 검토한 것에 지나지 않는다. 그러나 이를 통해 역사를 서술하는 필자 자신 역시 어떤 의미에서는 근대적 유산을 통해 현재를 살아가고 있다는 사실을 통감했다. 그러한 의미에서 필자는 '식민지 근대성'이라는 주제와 관련해 식민지의 의료·위생 사업은 '근대화'라는 용어가 아닌 '제도화'라는 용어로 논의될 필요가 있다는 문제를 제기하고자 한다. 이 글에서 검토한 것처럼 근대성의 상징으로 파악될 수 있는 의료·위생 사업의 영역에서 그 영향은 다의적이며 단순히 '근대화'라는 맥락에서 논의될 수 없기 때문이다.

최종 탈고 : 2004년 9월

번역 : 이현(서울대학교 정치학과 박사과정 수료)

참고문헌

박윤재. 2000.「1910년대 초 일제의 방역활동과 조선지배」.『하현강 교수 정년기념논총: 한국사의 구조와 전개』.

______. 2002.『구한말·일제 초 근대적 의학체계의 형성과 식민지 지배』. 연세대학교 대학원 박사학위 논문.

박윤재·신동환. 1998.「일제하 사립 격리병원 설립운동 연구」.『의사학』 7권 1호.

신동원. 1986.『일제하 보건의료정책의 전개』. 서울대학교 보건대학 석사학위논문.

岡本拓司. 1993.「京城帝國大學と科學」. 東京大學科學史·科學哲學硏究室.『科學史·科學哲學』第11號.

東京大學醫科學硏究所100周年記念委員會. 1992.『伝染病硏究所·醫科學硏究所の100年』. 東京大學醫科學硏究所.

京城府總務部衛生課·京城帝國大學衛生學教室. 1938.「京城府に於ける赤痢及チフスの疫學的一考察」. 京城府.『朝鮮各都市の衛生事情に關する若干硏究』. 京城府總務部衛生課.

京城帝國大學第3次蒙疆學術調査隊. 1944.『京城帝國大學第3次蒙疆學術調査隊報告』第1號.

京城醫學專門學校. 1931.『京城醫學專門學校一覽』.

奇昌德. 1995.『韓國近代醫學教育史』. アカデミア.

藤本英夫. 1994.『泉靖一伝: アンデスから濟州島へ』. 平凡社.

馬越徹. 1995.『韓國近代大學の成立と展開: 大學モデルの伝播硏究』. 名古屋大學出版會.

木村光彦. 1991.「植民地期朝鮮における生活水準の変化: 身長データをめぐって」.『大阪大學経濟學』第41巻 第2·3號.

飯島涉. 2000.『ペストと近代中國: 衛生の‘制度化’と社會変容』. 硏文出版.

______. 2005.『マラリアと帝國: 植民地醫學と東アジアの廣域秩序』. 東京大學出版會.

飯島涉·脇村孝平. 2001.「近代アジアにおける帝國主義と醫療·公衆衛生」. 見市雅俊·齊藤修·脇村孝平·飯島涉 編.『疾病·開發·帝國醫療: アジアにおける病氣と醫療の歴史學』. 東京大學出版會.

並木眞人. 2003.「朝鮮における‘植民地近代性’·‘植民地公共性’·對日協力: 植民地政治史·社會史硏究のための予備的考察」.『國際交流硏究』第5號.

山本俊一. 1982.『日本コレラ史』. 東京大學出版會.

杉山伸也. 1995.「幕末開港と疫病: 異文化接触と人口」. 速水融·町田洋 編.『講座 文明と環境(7) 人口·疫病·災害』. 朝倉書店.

森安連吉. 1936.「衛生思想の普及」. 朝鮮新聞社.『朝鮮統治の回顧と批判』.
森下薫. 1972.「肝吸虫中間宿主發見の周辺: 小林·武藤兩博士の業績」.『ある醫學史の周辺: 風土病を追う人と事跡の發掘』. 日本新薬株式會社.
小林晴治郎. 1910.「肝臓ジストマ研究,第一予報」.『細菌學雜誌』第178號.
______. 1912.「肝臓ジストマの研究(本報)」.『細菌學雜誌』第202號.
小熊英二. 1995.『單一民族神話の起源: '日本人'の自畵像の系譜』. 新曜社.
松本武祝. 1999.「植民地期朝鮮農村における衛生·醫療事業の展開」.『商経論叢』第34巻第4號.
松本武祝. 2002.「'朝鮮における植民地的近代に關する近年の研究動向: 論点の整理と再構成の試み」.『アジア經濟』第43巻 第9號.
須川豊·原藤周衛(京城帝大醫學部衛生學予防醫學教室). 1940.「朝鮮に於ける結核死亡に就て」.『滿鮮之醫界』第232號.
穂坂唯一郎, 1943『同仁會四十年史』. 同仁會,.
愼蒼健. 1999.「覇道に抗する王道としての醫學: 1930年代朝鮮における東西醫學論争から」.『思想』第905號.
阿部洋, 1971.「日本統治下朝鮮の高等教育: 京城帝國大學と民立大學設立運動をめぐって」.『思想』第565號.
長木大三. 1989.『增補 北里柴三郎とその一門』. 慶応通信.
鄭圭永. 1995.『京城帝國大學に見る戰前日本の高等教育と國家』. 東京大學大學院教育學研究科博士論文.
鄭麗玲. 2001.『帝國大學在植民地的建立与發展: 以台北帝國大學爲中心』. 台湾師範大學歷史研究所博士論文.
丁蕾. 1999-2000.「近代日本の對中醫療·文化活動 同仁會研究」(1)-(4).『日本醫史學雜誌』第45巻 第4號(1999年12月), 第46巻 第1號(2000年3月), 第2號(2000年6月), 第4號(2000年12月).
朝鮮史研究會 編. 1994.『戰後日本における朝鮮史文獻目錄 1945-1991』. 綠陰書房.
朝鮮總督府. 1922.『朝鮮總督府施政年報(自大正7年度至大正9年度)』.
朝鮮總督府 醫院. 1922.『朝鮮總督府醫院第9回年報(大正11年)』.
朝鮮總督府. 1929.『朝鮮衛生要覽(昭和4年)』.
佐藤剛藏. 1932.「兪日濬教授逝ク」.『滿鮮之醫界』第139號.
______. 1951.「朝鮮醫育史(後編)」.『朝鮮學報』第3輯.
佐々學. 1960.『風土病との闘い』. 岩波新書.
竹內貞義. 1929.『台湾』. 台湾刊行會. 第3版增補版.
中村泰三. 1985.「朝鮮と醫學と私の祖父」. 每日新聞社.『決定版　昭和史』別巻Ⅰ.
泉靖一. 1970.「旧植民地帝國大學考」.『中央公論』第995號.
清水昭俊. 2001.「日本における近代人類學の形成と發展」. 篠原徹 編.『近代日本の

他者像と自畫像』. 柏書房.

崔吉城. 2000.「日帝植民地時代と朝鮮民族學」. 中生勝美 編.『植民地人類學の展望』. 風響社.

台北醫學專門學校. 1930.『台北醫學專門學校一覽(自昭和3年至昭和5年)』.

黃福慶. 1983.『近代日本在華文化及社會事業之硏究』. 中央硏究院近代史硏究所. 同所專刊(45).

荒野泰典. 2004.「コレラのきた道: 中國·朝鮮ルートの檢証」.『立敎大學日本學硏究所年報』第3號.

厚生省醫務局. 1976.『醫制百年史』. ぎょうせい.

マーク·ピーティ. 1996. 淺野豊美 譯,『植民地: 帝國50年の興亡』. 讀賣新聞社.

Park, Yunjae. 2003. "Anti-Cholera Measures during the Japanese Occupation and Korean Reaction." paper for the International Academic and Professional Workshop, *Foreign Fevers and Colonial Cures: Disease and Medicine in the British, French and Japanese Empires*. Acadia University, Nova Scotia, Canada, August 2003.

세계화와 동아시아의 지정 문화

동아시아 해양 문화 연구의 과제

하마시타 다케시

Ⅰ. 서론 : 중국의 '탈아시아', 미국의 '탈유럽'

냉전구조가 여전히 지속되고 있는 현재의 동아시아 지역에서는 1990년대에 이르러 본격적인 개혁·개방정책의 효과가 나타나기 시작했다. 그것은 세계화와 동시에 진행되면서 중국에 국내외적인 급격한 변화를 초래했다. 이러한 변화는 정치·경제 영역에 국한되지 않고 사회·문화 영역으로 파급되어 오히려 커다란 영향을 미치고 있다. 그리고 이러한 흐름은 세계화와 새로운 지역주의의 관계 문제, 브릭스(BRICs)로 불리는 새로운 지역연대 등에 대해서도 많은 논의를 불러일으키고 있다.

이런 상황에서 기존에 도입되었던 여러 자타인식, 정체성론, 역사 인식론, 근대화론, 포스트 근대화론 등의 이론적인 틀은 세계적(global) 영역에서 지방적(local) 영역에 걸쳐, 또 일국적(national) 범위에서 지역적(regional) 범위에 걸쳐 그 타당성과 유효성을 재검토할 것을 요구받고 있다. 이는 곧 냉전구조 이후 계속되고 있는 세계화를 어떻게 사상적·문화적으로 돌파할 것인가에 관한 과제라고 할 수 있다.

다른 의미에서는, 냉전구조로 인해 '차단'되어 온 지역의 역사와 세계화된 현재가 동일한 인식 공간에서 동시에 등장하는 상황을 어떤 역사적 맥락에서, 또 어떤 세계적인 평가 기준과 판단을 통해 현재의 시점에 위치지을 것인지에 관한 논의가 제기된다고 할 수 있다. 그리고 그러한 논의에서는 '근대화' '개발과 발전' 등 각기 시대를 특징지었던 표상들이 그 시간성을 상실하고, 대신 중층적인 시간이 그것을 대체해 모든 사건들이 한꺼번에 등장하고 있는 것처럼 보인다. 따라서 현재 토론해야 할 과제는 어떤 하나의 주제, 하나의 시기를 선택하는 것이 아니라 오히려 장기적인 맥락에서 각각의 시대적 요인이 착종·관련되는 상호 작용과 그것들이 작용하는 장(場)인 광역 지역의 동학을 파악하는 것이다.

이 글에서는 이러한 문제의식을 바탕으로, 시대를 초월하는 자타의 '지정적'인 지역 인식의 요소에 주목한다. 구체적으로는 해양 동아시아를 중심으로 동아시아에 대한 상호 인식을 유럽도 그 대상으로 포함해 동아시아의 지정 문화로서 역사적·현재적으로 파악해 보고자 한다.

미국을 중심으로 한 세계화가 확대됨에 따라 역설적으로 정치 영역에서는 민족주의의 흐름이 강화되고 있다. 이는 내향적인 구심력을 주장했던 민족주의가 세계화의 흐름에 이끌려 외부를 향해 확산되는 방향으로 변모한 데다 기존에 민족주의적 주장을 지역주의의 틀 내에서 봉합해 왔던 냉전구조가 사라졌기 때문일 것이다. 반면 경제·문화 영역에서는 세계화 자체가 커다란 영향을 미치고 있다. 이러한 이층구조를 지닌 현대사회에서 미국은 '탈유럽'(脫歐)을 지향한다. 예를 들어, 역사 연구에서 남북아메리카 대륙을 세계사의 중심으로 묘사하는 '글로벌 히스토리'를 강조하는 흐름이 나타나고 있다. 또 아시아에서는 중국이 '탈아시아'(脫亞)를 지향한다. 다른 한편 일본의 지식인은 그것의 타당성과는 관계없이 냉전 시기와 동일하게 미국에 밀착하면서 새로운 아시아, 특히 동아시아 및 동남아시아 경제에 크게 경도되고 있다. 이는 역사적으로 한국·중국·일본·베트남 등을 유교 또는 한자문화 등 어떤 '일체적인' 문화적 구성 요소를 공유하는 하나의 통합적인 실체인 '동아시아'로 파악했던 관점이 의미를 상실했으며, 기존의 관점으로는 동아시아를 넓은 의미와 좁은 의미 모두에서(廣狹二様) 다지역 간 관계의 중층구조로 간주하는 현재적인 경향을 이해할 수 없다는 것을 의미한다.

중국의 일본인론 변화의 한 사례로 좡시창(莊錫昌)을 들 수 있다. 그는 일본 이해의 방법으로 전후 미국의 인류학자 루스 베네딕트(Ruth Benedict)가 저술한 『국화와 칼』(*The Chrysanthemun and Sword*)을 번역했고 거기에 독자적으로 삽화가 들어간 『菊花与刀: 日本文化的諸模式』(孫志民·馬小鶴·朱理勝 譯, 莊錫昌校, 北京: 九州出版社, 2005.1)을 출판했다. 이 책은 전후 미국이 일본을 점령 통치할 때 일본을 '이문화'(異文化)로 간주하고 이문화 이해의 시각에서 일본을 분석한 것으로, 유럽이 '죄의 문화'인 데 비해 일본은 '수치심의 문화'이며 양자는 근본적으로 다르다는 주장을 제시한다. 현재 중국의 지식인이 그러한 '이문화 이해'의 분석 방법을 통해 일본에 관해 논의하고자 하는 것은 동아시아에서 중국 문화의 영향을 논해 온 지금까지의 문화론과는 완전히 다른 것이다. 아마도 중국 지식인에 의한 '미국 경유'의 일본 문화론은 역사상 처음일 것이다. 참고로 이 책은 '일본 이해' 계열(삽화본) 시리즈 세 권 중 하나로 다른 두 권은 다이지타오(戴季陶)의 『일본론』(日本論)과 고이즈미 야쿠모(小泉八雲, 영국인 Lafcadio Hearn)의 『일본과 일본인』(日本与日本人, 閻敏 譯)이다.

물론 외부자의 시각에서 대상을 한층 더 객관적으로 파악할 수 있다고 생각할 수 있다. 그러나 역으로 '일본 이해'를 위해 '일본인'의 저술이 사용되지 않는다는 것은 무엇을 의미하는가. 중국 지식인이 일본을 이해하는 경로를 변경했다는 것은 다른 한편으로 일본 지식인이 자신을 대상화하는 것에 내외 불일치의 문제가 존재한다는 점을 보여 주는 것은 아닌가. 그것은 일본의 사상적 표출에서 나타나는 '일본성'의 강조와 '동기 과다' 현상에서 연유하며 또한 지속적으로 역사를 파악할 수 있는 논리를 제시하는 데 취약했던 점에 기인한다고도 할 수 있을 것이다. '일본성'의 강조로 회귀하는 논의들은 지역관계의 이중구조를 이용해 발언하면서도, 이중성과는 관계없이 원리적인 주장만을 제기하기 때문에 결과적으로는 세계화에 다양하게 대응하는 과제를 방기한다. 특히 이는 전후 민중을 추종하는 자세를 취하면서 단지 입장과 동기를 표명하는 데 급급했던 결과 전쟁 이전과 이후의 연속적인 역사적 맥락에 관한 연구를 계속 전개해야할 책임을 다하지 못했던 결과로도 볼 수 있다.

그러한 의미에서 세계(global)와 민족국가(national)라는 두 개의 층 사이에서 매개 영역을 구성하는 '아시아론'은 오래된 문제인 동시에 새로운 문제로서 현재 다시 제기되고 있는 검토 과제이다. 그리고 그 과제에서는 정치·경제·문화·사상 등의 종합적 표현인 아시아론의 명확한 자타의 구별과 문화의 이층구조 그 자체에 대응하는 문화적 '전략'이 요구되고 있다.

이에 따라 중국에서는 1990년대 말에 왕언총(王恩涌), 왕정이(王正毅)가 월러스틴(Immanuel Maurice Wallerstein)의 세계체계론을 아시아 지역론에 적용한 '지연정치론'(地緣政治論; geo-politics, political geography)을 제기했고 민족국가(national)와 세계(global)를 연결하는 '광역정치론' '중심-주변론'을 구상했다. 또 왕정이는 『주변지 발전론: 세계체제와 동남아시아적 발전』(辺緣地帶發展論: 世界体系与東南亞的發展, 上海人民出版社, 1997)에서 서양 중심적인 세계체계론의 관점으로 동남아시아론을 제시했다. 한편 백영서는 한국인의 시각에서 중국사에서 아시아론의 존재 여부에 대한 문제를 제기했고, 또 일본에서 '동양사'의 역사적 의미를 탐구했다. 쑨거(孫歌)는 다케우치 요시미(竹內好)와 마루야마 마사오(丸山眞男)의 사상사적 위치를 재음미하면서 아시아에 대해 말할 수 없지만 말하게 되는 '딜레마'를 지적했다. 이러한 중국과 한국에 비해 일본 지식인들은 대체로 냉전시대의 일국적 차원의 논의들만을 모아 놓은 듯한 지역론을 여전히 유지하고 있다. 이러한 세계 인식의 차이에서 비롯되는 상이한 지역 인식·아시아 지역론은 현재의 아시아 문제를 생각하기 위해 중요할 뿐만 아니라 대화가 절실히 요구되는 근거이기도 하다.

II. 세계화와 아시아의 지정론

한편 이러한 흐름과는 대조적으로 중국은 최근 더욱더 지정적인 방식으로 세계적인 틀 속에서 자신을 인식하고 또 자신을 주장하려는 것처럼 보인다. 그러한 상황에서 주변의 여러 국가들은 새로운 중국 인식, 즉 이른바 '중화적' 지역 인식에 입각한 중국상이 추구되고 있다는 점을 절감하고 있다.

중국에서 제기되는 지정론에서는 우선, 역사적인 중국의 외교 및 중국과 여러 주변국가와의 이해관계를 지연정치를 통해 설명하려 한다. 이는 전통적인 일점사방주의(一點四方主義), 즉 하나의 중심과 동서남북의 네 방향이라는 중심주의와 달리 광역이라는 지역체계를 통해 파악하는 틀이라고 할 수 있다. 본래 지연정치는 국가를 단위로 하여 국가적 이해관계와 관련된 국제적 및 세계적 동향을 파악하는 것이기 때문에 지역이라는 공간의 성질을 충분히 표현한 것은 아니다. 그러나 이는 기존의 중심주의 사관에 비해 오히려 상대적으로 국가 간 관계를 부각시키고, 그것과의 관련성을 중요시한다는 점에서는 지역연구의 방법론과 중첩되는 점이 있다. 그러나 지역연구에서는 국가 대신 지역을 핵심적인 개념으로 설정한다. 현재 중국에서 논의되는 지연정치는 유럽 및 미국의 정치학으로부터 도입된 지정학과 동일한 의미이다. 다른 한편 정치지리학은 국가의 이해관계를 지리적 관계 속에서 다룬다는 점에서 지정학과 다르지만, 지역이라는 관점에서 볼 때 양자는 상당히 중첩된다. 그러나 역사적으로 지정론은 상이한 역사적 기원을 갖는 국가와 민족이 서로 극단적인 구심력을 갖고 결합하게 만드는 이론적 기초를 제공했으며, 결국 민족정책의 주체로서 국가 및 자민족을 제시하는 형태로 귀결된 바 있다. 정치지리학은 이에 대한 반성으로 등장했으며 따라서 지정학과 정치지리학은 그 이념과 목표를 달리해 왔다. 여기서 지정학과 정치지리학의 중첩되는 측면과 역사적 분기를 확인할 수 있다. 또 지역연구의 문제점과 가능성을 동시에 살펴볼 수 있다. 특히 현대 세계가 세계화의 방향으로 나아가면서 기존의 국가라는 분석 틀로는 해결할 수 없는 문제들이 많이 등장하고 있다. 국가는 세계적 추세(the global)를 파악하기에는 이미 너무나 작은 단위가 되었다. 동시에 지방(the local)의 지역성, 지방으로서의 지역사회가 점차 재등장하고 있다. 즉, 기존에 국가의 일부로, 상하관계의 형태로 국가의 아래에서 존재해 온 지방이 점차 지역의 독자성을 세계에 주장하게 된 것이다. 뿐만 아니라 지방은 국가로부터 분리된 독자적인 사회문화성을 주장하면서, 지방사를 구성하고, 지방사를 서술하며, 새로운 공동체를 창출하는 논의이자 운동으로 계속 등장하고 있다. 국가는 이러한 상황을 파악하고 분석하기에는 이미 너무 커다란 단위인 것이다.

이 글은 19세기 중엽 메이지 시기(1868년~)부터 현재에 이르기까지 약 150년간 이른바 유럽 모델에 따라 형성된 '일본의 근대화 과정', 그중에서도 특히 전후 미국에 의해 주도된 공업화 사회가 현재 종결되고 있다는 인식에 기초한다. 그리고 그 150년의 과정에서 나타난 유럽 및 미국으로부터의 근대화 모델의 도입과 은연중에 또는 명시적으로 나타났던 '중화'에 대한 '대체'와 '저항'이라는 문제를 오늘의 시점에서 재검토하고자 한다. 그리고 현재 그러한 상황이 근본적으로 변화되고 있으며 그것과 동시에 세계화 속의 아시아, 특히 '민간'의 아시아, 그리고 해양의 아시아라는 문제가 제기되고 있다는 점을 제시하고자 한다.

Ⅲ. 중화와 국가의 곤란: ‘동양’·‘아시아’·‘중화’관의 역사적 경합

1990년대 이래 세계화와 특히 동아시아의 ‘내재적’ 전개를 통해 기존의 지리적으로 고정된 ‘아시아’가 아니라 복합적인 ‘아시아’와 ‘열린’ 아시아, 나아가 민간의 아시아와 해양의 아시아가 출현해 왔다. 이러한 상황에서 기존의 아시아관·아시아상·아시아론을 재검토하고, 현재의 아시아에 관한 논의가 전제하는 역사적 연속성 내의 아시아의 동학을 19세기적인 국가 형성의 맥락이 아니라 세계화시대 아시아론의 가능성으로 ‘가시화’ 할 필요가 있다. 그리고 그러한 논의의 출발점으로서 19세기 말부터 일본에서 새로운 아시아 이해의 ‘학문’ 영역으로 표방되었던 ‘동양사’라는 틀을 살펴보고자 한다.

‘동양사학’이라는 말은 오늘에는 낡은 학문이라는 인상을 줄지 모른다. 또 동양사는 학과로서는 중국을 중심으로 한국과 일본, 나아가 근대 이전의 베트남 등 중국과 그 주변 지역을 범위로 하는 것으로 이해될지도 모른다. 나아가 동양은 아시아를 한자로 표현한 것으로 ‘옥시덴트’(西洋, occident)와 대조되는 오리엔트(東洋, orient)라는 인식도 성립할 수 있다. 그리고 현재 동양보다는 아시아라는 표현이 더 일반적이기도 하다. 그러나 이처럼 각기 상이한 범위를 갖고 있는 ‘동양’에서 공통적인 것은 그것이 중국을 상대화하기 위한 개념으로 ‘창조’된 것이며 ‘일본’과 ‘일본사’는 여기에 포함되지 않았다는 점이다. 따라서 본래 일본도 포함하는 지리적 범위로서의 동양은 근대의 국사이자 국가사로서의 ‘일본사’가 동양사와 구분되는 학과로 설립되면서 문화적 범위로서의 동양과는 분리되어 존재하게 되었다. 결국 ‘동양’과 ‘동양사’는 일본만이 유럽의 근대화 과정을 원형으로 한 근대화 과정을 걷고 있다는 것을 강조하기 위해 스스로를 다른 아시아와 구별하기 위해 만들어 낸 단어인 것이다.

그러나 동양의 범위의 역사를 생각할 때, 중국사에서는 ‘동양’이라는 말이 중국에서 바라본 '일본'을 지칭하는 표현이었다는 점을 염두에 두어야 한다. 18세기 말부터 19세기 중엽까지, 즉 에도시대 말기부터 메이지시대 초기까지 일본의 지식인, 특히 한학(漢學)이라 불린 고전학을 기본으로 하는 일본의 학문 체계 내에서도 이 점은 충분히 인지하고 있었다. 그러나 국사의 성립을 통해 동양사와 일본사가 '분리'됨으로써 '동양'의 개념은 일본을 가리키는 동양에서 주로 동아시아·동북아시아·중앙아시아를 가리키는 동양으로 그 의미의 내용과 공간의 범위가 확대·전화된다. 여기서 메이지 지식인의 중국 문명 및 문화에 대한 긴장을 발견할 수 있다. 특히 '서양=유럽'과 대비·대조되는 '동양=아시아'라는 이해 방식이 강조되어 온 일본의 근대화 과정은 곧 '동양' 개념을 둘러싼 메이지 지식인의 '중화' 및 '중국'에 대한 대항·이탈·확보의 과정이었으며 아시아라는 상은 점차 일본으로부터 멀어져 갔다.

이처럼 중국에서는 역사적으로 '동양'이 『東西洋行』에서 볼 수 있듯이, 광저우(廣州)를 기점으로 그곳으로부터 남하하는 해양 항로를 기준으로 그 동쪽 해양을 지칭하는 말이었고 그 방향이 곧 일본을 가리키는 것이었다. 다른 한편, 일본에서는 '동양'이 '동·동북·중앙아시아'를 지칭하는 완전히 다른 개념으로 사용되었고 그것은 자타의 구별을 명확하게 하기 위한 표현이었다. 나아가 일본의 '동양'은 '중화'와 중국에 대해 과도하게 비중을 두어온 '한학'(漢學)을 비판하고, 중국 중심의 기존 한학의 관점과는 다른 복합적 아시아사를 그 범위에 상응해 논하고자 했던 결과의 산물이라고 할 수 있다.

IV. 아시아와 일본

지금까지 아시아와 일본의 관계를 파악하는 '아시아관'은 ① 일본과 아시아를 구별하는 '아시아와 일본'이라는 사고방식, ② 일본을 아시아 내에서 파악하는 '아시아 속의 일본'이라는 사고방식 두 가지가 존재했다. 이러한 아시아관은 근현대사에서 공통적으로 '아시아와 일본'으로 표현되었다. 이는 아시아를 유럽과 대비하는 동시에 다른 아시아와 일본을 구별함으로써 일본을 서양과 직접 대면하는 위치에 놓고 일본의 근대화는 곧 서양화를 의미한다는 공식을 제시했다. 이러한 인식의 구도는 기본적으로 일본의 우월성을 드러내려는 의도를 갖는 것이었다. 따라서 이러한 아시아관에서는 아시아 내부, 즉 중화와 일본의 관계나 문화 공간으로서의 아시아를 둘러싼 메이지 지식인의 역사적 긴장감은 나타나지 않는다. 한편 메이지시대 이래 '중화'에 대항하고 그것을 대체하는 표현으로서 '동양', 즉 '아시아'라는 표현이 채택된다. 즉, ③'아시아로서 일본'이라는 아시아관이 아시아 역내에 탄생하게 된다. 그런데 다른 한편 '동양'은 중국에서 바라볼 때에는 역사적으로 일본을 의미해 왔다. 따라서 같은 단어에 전혀 다른 의미가 부여된 것이었다. 그러나 실제로 이러한 '동양'='아시아'관의 또 다른 전환이 과연 중국과 한국의 지식인에게도 전해졌다고 할 수 있을까. 만약 중국 지식인이 '아시아'라는 말에 대해 갖고 있는 공간적 범위를 약간 무리하게 확대해 해석한다면, '동서양'에서 '해양'이라는 의미의 어법이 비교적 유사하다고 할 수 있을지 모른다. 그러나 그때에도 '동양'은 '역권'(域圈)으로서의 공간 범위를 지칭하기보다는 단순히 방향의 개념이거나 교류의 대상을 의인화한 것에 불과할 것이다.

19세기 후반 '중화'와 '국가'가 교차하면서 메이지 지식인들에게 화이질서관은 본래와 다른 의미를 갖게 되었다. 그들은 중화라는 배경을 공유하고 그것을 지지하는 입장을 표명하면서 '아시아'라는 표현을 사용해 아시아를 일종의 이념적 자장으로서 상정하고자 시도했다. 그 결과 아시아에서는 '국가'와 '중화'가 교착되어 아시아의 민족주의는 지역주의로서의 특징 또한 띠게 되었다. 이와 동시에 중화라는 일종의 '문화적·역사적 공간'이 곧 민족주의라고 파악하는 주장 또한 나타나게 되었다. 예를 들어, 청조 말기 중국에서 장빙린(章炳麟)이 『華國』이라는 잡지를 간행하면서 중화를 국가적으로 해석하고자 시도했던 것이나, 량치차오(梁啓超)가 民國2년에 『大華國』을 간행하면서 새로운 국가의 근본으로 중화를 표방했던 것이 바로 그러한 양상을 보여 주는 것이었다.

역사적으로 볼 때 한국·일본·베트남 등을 비롯한 모든 동아시아 국가의 민족주의는 역사적인 중화관을 공유하는 주변의 여러 국가가 그것을 독점해 온 중국의 왕조와 황제권에 대해 그 독점·탈취·유지의 정당성을 둘러싸고 벌인 동의와 반발 속에서 살펴볼 수 있다. 동아시아와 동남아시아에서 '중국'의 주변 지역과 주변국은 광역 지역·복합 지역을 통치하고자한 중국의 지정(地政)에 대해 세력을 확대하고 스스로 권력을 집중시키면서 대항하고자 했다. 특히 동아시아에서는 역사적으로 중심과 주변 사이에 상호 교류·상호 교대·상호 탈취가 반복되어 왔으며, 그러한 동아시아사의 전개 속에서 (광역)지역주의와 민족주의 양자는 역사적인 국면에 따라 각기 선별적으로 사용되어 왔다고 볼 수 있다.

이러한 양자의 교대는 19세기부터 20세기 초까지 청조 말기에서 중화민국 초기에 이르는 시기에도 동일하게 나타났다. 일본에서는 19세기 중반 서양을 도입함으로써 종주권에 대항하려는 움직임이 나타났다. 반면 20세기에는 대아시아주의, 대일본주의, 대동아 등의 다양한 아시아론이 등장했고 그것들은 각기 '국가' '동양' '아시아'의 3자의 우선 순위의 조합을 변경하면서 주기적으로 출현했다.

이상과 같이 청조 말기의 19세기부터 20세기에 이르기까지 동아시아에서 동남아시아에 걸쳐 작동했던 화이질서·조공시스템·종번 관계(宗藩關係)라는 광역 지역 질서의 역사적 동학의 큰 그림은 19세기 말 조선·청·일본·미국·유럽의 관계에서는 어떻게 전개되었는가.

이를 청일·러일전쟁 전후의 동시대인의 관찰과 견해 속에서 재평가할 필요가 있다. 그리고 더 나아가 당시 제기되었던 '주권' '독립' '근대' '근대화'라는 논의들을 검토할 필요가 있다. 이 논의들은 당시 그것 자체가 마치 시대적 추세인 것처럼 인식되었고 근대 세계로의 진입하기 위한 근대화의 산물인 것처럼 전제되었다. 그러나 실제로는 종주, 종주권(宗主圈), 종주권(宗主權)이야말로 그것들을 산출한 '장'이자 역사적 근거였으며 이 문제가 바로 그 근저에 일관되게 존재했다. '문명'이라는 기준을 도입했던 메이지 시기의 동시대인들은 기존의 종주와 관련된 문제들을 일단 부정적인 것으로 파악했다. 따라서 그들에게 '국가'와 '중화'가 경합하는 상황은 전혀 인식되지 않았다. 이 때문에 그들은 '중화'(종주) 그 자체뿐만 아니라 '국가'(주권)에 대해서도 그것들을 동아시아의 역사적 연속성이나 지역적 동학의 문맥으로부터 도출해, 그 역사적 문맥에 위치지어 인식하고 그것에 기초해 행동하고자 하는 동기부여 및 계기를 상실했던 것이다.

예를 들어, 『일청전쟁사』(日青戰爭史)와 관련해 1896년부터 1900년까지 다케고시 요사부로(竹越与三郎)가 주도하고 무쓰 무네미쓰(陸奥宗光)와 사이온지 긴모치(西園寺公望)가 후원했던 잡지 『세계의 일본』(世界之日本)에서는 동시대인의 관찰을 다음과 같이 기록하고 있다.

> …… 세계는 축소되고 통합되어 그 신경전이 매우 예민하게 되었다. 동서의 육대주는 마치 하나의 천칭처럼 한 쪽이 들려지면 다른 한쪽이 내려간다. 이러한 시기에 유럽과 아메리카의 여러 국가들 중 우리의 우방과 중국의 우방이 비슷한 상황이다. 그러나 우리와의 이해관계를 더 분명하게 한다면 오히려 중국보다 더 가까운 우방이 있게 될 것이다. 또 동양과 서양이라는 공명에 구애받을 필요는 없다. 서양에 대해서는 일본인의 일본보다 나아가 동양의 일본을 주장하고, 동양의 일본보다 더 나아가 세계의 일본을 자각해야 한다. 세계의 무대로 나아가 세계적인 차원에서 경륜을 제시하고 세계적인 포부로 여러 나라들을 주선할 수 있어야 한다. 국민사상의 발달 순서도 이와 같이 해야 한다('社說', 『世界之日本』 第1号, 1897/07/25, 2쪽).

이 잡지는 이렇게 '세계적'인 시야를 가질 필요성을 제시하면서 유럽을 기준으로 한 '세계'를 강조했다. 그리고 아시아와 중국에 대해서는 다음과 같이 국내 여론의 과열을 억제할 필요성을 역설하는데, 이는 유럽에 대한 견해와 동전의 양면을 이루는 것이었다.

> …… 일청전쟁의 가장 커다란 목적은 무엇인가. 그것이 과연 다른 나라를 취하고자 하는 야욕일 뿐인가. 또 그것은 과연 다른 나라를 유린하는 것을 즐기는 혈기에 불과했는가. 결코 그렇지 않다. 그 목적은 양국 간에 깊이 뿌리박힌 불신의 기운을 일소하고 청나라의 야심을 중단시켜 쾌청한 하늘을 보게 하려는 것이었다. 또 그 목적은 청나라가 오랜 밤의 꿈에서 깨어나 문명의 혜택을 입을 수 있도록 하는 것이었다. 이것은 단지 시인의 공론이 아니며 지식인들은 실제로 그렇게 믿고 있다. 바로 그러한 이유 때문에 시모노세키조약(馬關條約)이 아직까지 비밀로 유지되고 있는 것이며 유럽의 신문들이 독일과 이탈리아의 사례에서 추측해 보도하는 것과 달리 일청 간 공수동맹의 약속 같은 것은 존재하지 않는 것이다. 일본 국민은 승리한 당초의 뜻을 잊어서는 안된다. 열정을 식히자. 객기를 가라앉히자. 10~20년 후의 정세를 사려깊게 생각한다면 청나라를 궁지에 몰아넣는 것은 근시안적인 행동일 뿐이다(竹越与三郎 추정 원고, 『世界之日本』 第1号, 1897/07/25, 12-13쪽).

따라서 후대의 우리의 눈으로 그러한 문제점을 확인하고 동시대인의 시야를 조명하는 것이야말로 오늘의 시점에서 아시아를 재구상하고 나아가 미래에 더 진전시키는 데 중요하다고 생각한다.

최근 세계화의 물결에 의해 지금까지 얼마간 폐쇄적이었고 또 지리적으로 고정되어 왔던 '아시아'가 아니라 복합적인 아시아, 열린 아시아, 나아가 민간의 아시아 등이 대두되게 되었다. 현재의 논의의 전제가 되는 역사적 연속성 속의 아시아를 이해하기 위한 출발점으로서 '동양사'라는 틀에 초점에 맞추어 보고자 한다.

V. 아시아를 둘러싼 역사관의 전환과 정책 속의 아시아론(남방·남양론, 북방론)

동양 및 동양사를 둘러싼 아시아 각 지역의 아시아관에서 각기 중첩되는 측면과 상이한 측면들을 살펴봄으로써 동양이 '동아'(東亞), '아세아'(亞細亞) 등으로 전개되는 과정을 규명해 볼 수 있다. 청조 말기부터 중화민국 초기의 중국 지식인들에게는 '중화'를 어떻게 '국가'로 재구성할 것인가 하는 과제가 제기되었다. 앞에서 살펴보았듯이 량치차오는 이를 『대중화』라는 잡지를 통해서 '국가 민족주의'로 표현하고자 했고 장빙린이 '화국'(華國)이라는 표현으로 국가에 대한 논의를 제기하고자 했다. 그러한 시도는 모두 역사적인 '중화'를 유지하면서 '국가'를 표현하려는 시도였다. 그리고 한국의 지식인이었던 유길준 또한 이와 유사하게 근대와 유교의 틀 또는 국가와 중화의 틀에 서서 사고한 것으로 이해할 수 있다.

이러한 상황에서 아시아를 어떻게 공간적으로 파악할 것인가라는 과제는 영역을 확정하는 근대의 '지리학'과 국가와 주권을 연구하는 '국가학'을 통해 시작되었다. 그리고 그러한 관점에서 근린지역을 묘사하는 관·민의 시도가 존재했다. 예를 들어, 메이지 정부에서는 이노우에 노부마사(井上陳政)가 『우역통찬』(禹域通纂)에서 청나라의 행정적·지리적 구분을 묘사했고 시노부 준페이(信夫淳平)는 『한반도』(韓半島) 등에서 한국의 지정학에 관해 새롭게 서술했다. 또 이후에는 남양·만주·타이완 등에 관한 기술도 아시야 노부카즈(芦谷信和) 외의 『작가의 아시아 체험』(作家のアジア體驗, 1992)에 등장했다.

아시아론은 기본적으로 아시아 정책과 불가분의 관계를 맺고 있었다고 할 수 있다. 바꿔 말하면, 아시아 정책의 필요성 때문에 아시아론이 구성되었다고 해도 과언이 아니다. 민족정책·경제정책·세력권 형성 등 각각의 목적과 역학에 따라 아시아 정책이 수행되었다. 거기에는 '아시아주의' '대아시아주의' '대동아' 등의 광역 통치가 표현되어 있다. 그리고 그것들은 정치

·군사적 측면뿐만 아니라 대학의 학문과 학과 분류에도 반영되어 있다. 그 전형적인 사례가 타이페이제국대학에서 '남양' '남양론' 강좌가 설치된 것이라 할 수 있다. 그리고 그러한 '남양사'는 '동양사'의 일부를 구성하는 것이었다.

메이지 중기 '동양사'라는 표현과 사고방식은 매우 새로운 학문이었으며 이는 유럽을 중심으로 세계사를 파악하는 관점이 출현하는 분기점이 되었다. 즉, ① 국제 상업의 성장과 ② 전쟁을 통한 국력의 표현이라는 두 가지 기준이 도입된 것이다. 이러한 역사 평가의 기준은 나카 미치요(那珂通世)가 19세기 말에 저술한 동양사에서 처음 나타난 뒤 현재까지도 이른바 '근대 일본'의 역사 인식의 표준이 되고 있다고 해도 과언이 아니다.

중국에 관한 상은 '지나'(支那)에서 '중국'(中國), 문화적 이해에서 정치지리적 내용으로의 전환을 통해 재구성되었다. 나카 미치요 편, 『지나통사』(支那通史 1889~91년간)는 1권 수편(首篇) 총론(總論), 제1장 지리 개략이라는 지정학적 편별 구성으로 시작하면서 중국을 다음과 같이 묘사하고 있다.

> 지나(支那)제국은 청국(淸國)이라고도 한다. 아세아주의 대국이다. 영토의 크기는 러시아와 영국에 비견되며 국민의 수는 여러 나라 중에서도 가장 크다. 동쪽으로는 동해를 사이에 두고 우리 일본국과 마주하고 있으며, 남쪽으로는 남해에 면한 땅을 베트남(安南)·라오스(南掌)·버마(緬甸) 등과 접하고 있다. 서남쪽으로는 히말라야산(喜馬拉山)을 두고 인도와 경계가 나뉘어진다. 동북쪽으로는 우수리강(烏蘇里江)과 헤이룽강(黑龍江)이 있고 북쪽으로는 알타이산(阿爾泰山), 서쪽으로는 텐산(天山)과 파미르고원(葱嶺)이 있으며 이 모두를 두고 러시아와 경계가 나뉘어진다. 동서로 천삼백여 리, 남북으로 팔백여 리, 면적은 약 72만 방리로 아세아의 1/3을 점한다.
>
> 동남부 일대는 지나의 본토로 가로세로 각 오백여 리, 면적 25만 방리이다. 우리 일본보다 10배가 크다. 이 땅의 조정은 계속적인 흥망성쇠를 거치면서 국호가 수 차례 바뀌었고 일정한 명칭이 없다. 그 나라 사람들은 스스로를 칭해 중국이라 부르며 마치 천하의 가운데 있는 것처럼 행동해 왔다. 또 중화, 혹은 화하(華夏)라고도 부르는데, 이는 다른 모든 이적(夷狄)에 대해 스스로를 문명의 국가로 부르는 명칭이며 국호는 아니다. 대청(大淸)은 현재의 국명으로 이전의 조정은 명칭이 다르다. 외국을 상대할 때에도 이 명칭을 사용한다. 그러나 외국인들은 이전부터 이

나라를 지나로 불러왔는데 그것은 그들이 붙인 이름은 아니다. 오랜 옛날 진나라의 황제는 사이(四夷)를 물리쳤고 이 때문에 서북 쪽의 여러 국가들은 이 나라를 '진'으로 불러왔다. 후에 이 명칭이 변해 '지나'가 되었다. 한나라가 진나라의 뒤를 이어 4백여 년간 존속했고, 그 후 당이 흥해 3백여 년간 존속했다. 이 나라들은 모두 상당한 원거리의 외국과 교류했다. 이 때문에 이 나라를 한 또는 당이라고도 부르며, 그 사람들을 한인(漢人) 또는 당인(唐人)이라고도 부른다.

여기서 주석의 형태로 서술한 서문에 이어 '중국'에 대한 묘사가 문화적인 방식에서 지리적인 방식으로 변화한 것을 볼 수 있다. 또 기존에 교화의 대상이었던 '문화'의 부분이 '학문'화·제도화된 특징도 발견할 수 있다.

VI. **해양 문화를 둘러싼 동아시아:** 해역을 둘러싼 유교와 국가

지금까지 살펴본 아시아론은 모두 엘리트 또는 지식인·사상가의 아시아론이었으며 정책 또는 정책 대상으로서의 아시아론이었다. 그러나 아시아는 본래 거대한 '민간'의 아시아이며, 민간의 아시아론이야말로 반드시 구축되어야할 과제이다. 그러한 아시아론은 지식인의 아시아론처럼 '사상화'하는 방향이거나 정책을 직접적인 실체로 간주하는 '실체화'된 아시아가 아니라, 일상과 연관된 사회생활을 다루는 아시아이며 전설화되고 체험되고 교류하는 '다방향'의 아시아이다. '해역 아시아'는 바로 그러한 아시아가 논의될 수 있는 장을 제공하고 국가를 분할하기보다는 오히려 공통의 장으로서 이해하는 것을 가능하게 만드는 대상이라고 할 수 있다.

지금까지 바다와 육지는 서로 대비되었고 대립적인 것으로 파악되어 왔다. 뿐만 아니라 경계, 즉 민족과 국가, 나아가 문화라는 경계로 인해 바다를 의식적으로 무시하고자 하는 역사적 의도가 강하게 존재해 왔다고 할 수 있다. 국가적인 정책으로 실시되는 '쇄국'(鎖國)이나 '해금'(海禁), 그리고 이와 대비되는 '개국'(開國)과 '전해'(展海)라는 표현은 그러한 의도를 보여 주는 대표적인 사례이다. 아시아의 바다를 인식하기 위해서는 먼저 전통적으로 바다를 이념적·사상적으로 분리된 것으로 파악하고자 하는 뿌리깊은 인식이 작동해 왔다는 사실을 상기해야 한다. 동아시아에서 그러한 인식은 곧 유교·국가·민족주의의 복합적인 사상적 구조의 결과였다.

여기서 오키나와학의 아버지로 불리는 이하 후유(伊波普猷)의 『고류큐』(古琉球, 1912년 초판)에 수록된 「세 마리 새의 대화: 백년 전 류큐 유학자의 농촌관」(三鳥問答: 百年前の琉球儒者の農村觀)을 통해 '유교와 바다'에 대해 살펴보기로 하자. 이 글을 집필한 마쓰나가(松永親雲上金文和)는 1798년 류큐 왕부(王府)에서 일어난 관생(官生: 류큐에서 파견하는 중국관비 유학생)의 소동으로 나하(那覇)의 구메촌(久米村)에서 약 300km 떨어진 구메섬(久米島)으로 유배된 유학자였다. 그는 거기에서 「세 마리 새의 대화」 한편의 초고를 집필했으며 까마귀(烏), 매(隼), 백로(鷺) 등 세 마리 새의 대사를 통해 당시 정부의 실정을 풍자했다.

> 구메섬 쿠시가와(具志川)의 촌역장(村役場: 촌의 행정기구)의 서남쪽에는 기미다케[君嶽, 이 지방 속어로는 가라사무이(ガラサームイ)]라는 언덕이 있다. 이 언덕은 바다 쪽으로 돌출되어 있고 그 위에는 초목이 무성하게 우거져 있었다. 사람들은 모두 이 언덕을 영산(靈山)이라고 부르면서 숭배했고 어느 누구도 그 안에 들어가려 하지 않았다. 밤이 되면 이 언덕에는 섬 안의 새들이 모여들었다. 새들이 머물러 쉬기에는 이만한 장소가 없었다. 그 곳에는 까마귀와 매, 백로가 각기 오랫동안 살고 있었다. 어느 달 밝은 밤 이 세 마리 새들이 모두 모여 달구경을 하게 되었다. ……
>
> 까마귀 : 자 그럼 이 섬의 영고성쇠에 대해 차분히 얘기해보지 않겠는가. "세 사람이 걸어가면 그 안에 반드시 나의 스승이 있다"는 성인의 말씀도 있으니 우리 셋의 문답에도 반드시 다소간의 진리가 있을 것이오. 백로군은 논에서 살고 있으니 논의 사정에 정통하고 매군은 들에서 노닐곤 하니 밭의 사정에 밝소. 나는 촌락을 배회하기 때문에 인가의 일을 잘 알고 있소. 자 그럼 이제부터 과거와 현재의 영고

성쇠에 대해 얘기들 해봅시다. ……

까마귀 : 이제는 상황이 바뀌어 오곡이 모두 흉작인 탓에(五穀不作) 체납자가 늘어나고 있소. 이들은 관아로 불려가 혼쫄이 나거나 심할 경우에는 매질을 당하기도 하오. 관가의 동원도 과거에 수배에 달해 농기구를 조금 손보려 해도 여유가 없고, 기력이 다해서 논밭에 나가도 충분히 일을 할 수가 없소. 40세 미만의 여자들은 밤 1시나 2시까지 포목가게에서 직물을 짜고 노파들은 이들의 밥을 짓느라 눈이 돌아갈 정도로 분주하오. 일을 마치고 집에 돌아가면 식구가 다들 모여 이것은 어떻게 끝낼 수 있을까, 저것은 어떻게 마칠까 한숨만 쉬오. 차마 볼 수 없는 광경들이오.

백로·매 : (이구동성으로) 그 정도 지경이란 말이오. 이 태평성대에 어찌 그 정도 밑바닥까지 떨어졌단 말이오. (이렇게 말하며 눈물을 흘린다)

까마귀 : (두 새에게) 이 경우 만약 자네들이 이곳의 관리라면 어떻게 다스리겠는가.

백로 : 무엇보다 먼저 논밭을 돌볼 것이네. 그렇게 한다면 자연히 여유가 생겨 체납자는 사라질 걸세.

매 : 아닐세. 논밭은 한 해에 한번밖에 경작하지 못하는 점을 생각해야 하네. 풍작이어서 여유가 생겼을 때 논밭을 소홀히 하면 식량을 계속 얻지 못하게 되어 고생하게 될 것이네. 나는 무엇보다 먼저 집을 정리해 소나 말, 돼지를 키우고 거기서 비료를 얻어 논밭에 사용하겠네. 그리고 거기서 풍작을 얻어 이 폐단을 구제하겠네. (두 새가 먼저 말하려고 하면서 크게 소란을 피운다)

까마귀 : (사려깊은 태도로) 지금 서로의 주장은 아전인수격인 논의일세. 어쨌든 사견을 버리고 공정하게 논의하지 않으면 안되네. 세 명의 주장은 모두 필요한 일로서 어느 하나 간과해서는 안될 것이네. 나는 각자의 주장에 모두 합당한 이유가 있다고 보고 논의를 계속 진행하고 싶네. 집을 정리하기 위해서는 우선 조세 등을 신속하게 처리해 가능한 관의 공역을 줄이고, 더 많은 시간을 농사일에 종사하게 하는 것이 좋을 것이네. 또 눈앞의 이익만을 보고 소나 말이 성장하자마자 도나키섬(渡名喜島) 사람들에게 팔아넘기는 일을 엄히 금하고, 충분히 성장시켜 더 번식하게 하는 방법을 취하게 해야 하네(186-190쪽).

여기서는 농업에 종사하고, 남경여직(男耕女織)하는 농촌상, 토지를 지키고 납세에 충실한 유교적인 가족상이 묘사되고 있다. 그런데 흥미롭게도 여기서는 그 무대가 류큐임에도 불구하고 '바다'에 관한 묘사는 단 한마디도 언급되지 않는다. 즉, 이 논의에는 바다와 무관한 생업과 사회규범만이 존재할 뿐이다. 이는 동시에 당시 해역을 통한 조공무역으로 국가재정을 충당해온 류큐 왕부를 비판하는 농본주의적 국가론이기도 하다.

이러한 「세 마리 새의 대화」는 메이지시대 초기 문명론인 나카에 조민(中江兆民)의 『삼취인경륜문답』(三醉人經綸問答, 1887)을 연상시킨다. 여기서는 서양을 대변하는 '양학신사'(洋學紳士)가 나와 시대 인식을 계몽하며 그 외에도 일본 또는 국학을 대변하는 '약간 시대착오적인' '호걸군'(豪傑君), 아시아 및 중국을 대변하는 것으로 여겨지는 '남해선생'(南海先生)과 '한학선생'(漢學先生)이 등장한다. 여기서는 그 표현만으로는 '서양'(西洋)과 '양학'(洋學)인 바다 또는 해양이 국가와 근대 및 민주주의를 우의적으로 표현하는 것으로 나타나 있다. 그러나 이는 유교뿐만 아니라 근대국가관 그 자체 역시 바다를 무시하고 오히려 바다를 빙자해 육지 영역을 논해 온 것이라 할 수 있다. 동시에 아시아를 의미하는 남해선생은 남해에서 남양으로 전개되는 중국 대륙의 '남중국해'에서 그 표현을 차용한 것이라는 점도 주목된다.

Ⅶ. 홍길동이라는 '전설'

월경(越境)이란 이전과 같이 타자와 자신을 구별함으로써 스스로의 귀속감을 표현하는 구심력에 의존하는 것이 아니라 오히려 그것으로부터 탈피하고자 하는 힘이다. 사실 환중국해를 가로지르는 역사·전승·원망·꿈은 개별적인 귀속감의 표상 이상으로 다양하다고 할 수 있다. 특히 한국에는 이동을 금지한 유교의 모국을 자임해 왔음에도 불구하고 그 역사론 내에 상당히 많은 해유록(海遊錄), 표해록(漂海錄), 해양 문학, 해양 전설이 존재한다. 전설은 역사의 '오래된 지층'이라고 말할 수 있는 내용을 갖고 있다. 동시에 전설은 '언설'(言說)과 함께 끊임없이 '새롭게' 발견 '되고', 또 '창조'된다. 이른바 '역사화된 현재' '오랜 지층화된 현대'라고도 부를 수 있다. 이러한 전설을 통해서 발견되는 역사와 현재의 왕래는 현대 그 자체를 대변한다고도 할 수 있다. 여기서 그 하나의 사례로서 연세대학교 설성경 교수의 홍길동 전설에 관한 분석을 살펴보고자 한다. 홍길동은 조선 중기의 의사이자 류큐 도래인으로 전승되어 온 역사상 및 소설상의 인물이다.

> 홍길동, 그는 분명 조선시대에 살았던 인물이고 『조선왕조실록』에도 기록되어 있는 인물인데도, 어떤 이들은 그가 실제 인물이라고 말하고, 어떤 이는 단지 소설 속에 등장하는 인물일 뿐이라고 말한다.
>
> 그를 실존인물이었다고 생각하는 사람들이 내세우는 근거는 『조선왕조실록』이다. 실록에 따르면 홍길동은 1500(연산군6)년에 의금부에 체포되었다고 나타난다. 그렇다면 홍길동이라는 인물은 실존했다고 할 수 있다. 존재하지 않은 인물을 의금부에서 체포한다는 것은 있을 수 없는 일이기 때문이다.
>
> 하지만 더욱 중요한 것은 소설 속의 홍길동이 『조선왕조실록』에 나타난 홍길동과 동일 인물인가 하는 점이다.
>
> 단지 나라를 어지럽히던 도적의 우두머리 홍길동을 허균이 모델로 끌어와 아버지를 만들어 주고, 그가 서자로 태어났다는 이야기를 만들었다고 볼 수도 있기 때문이다.
>
> 그래서 지금까지의 학자들은 '연산군 무렵에 활동했던 도적 홍길동에게 이름을 따오고 임꺽정의 모습에서 의적의 모습을 도용했으며 서얼 출신의 이몽학이 난을 일으킨 사실에서 소재를 얻어와 『홍길동전』을 지었다'라고 분석하기도 한다. 어떤 학자는 중국의 『수호전』을 모델로 해 소설을 썼다고 말하기도 한다.
>
> 그러나 그가 단지 소설 속의 주인공일 뿐만 아니라 일본 오키나와 도래인의 시조라면? 또한 민주주의의 효시라고 일컬어지는 영국 크롬웰의 공화정보다도 150년이나 앞서 만민평등을 주창했던 '반체제 민권운동가'이며, 서자를 차별하는 서얼차별법을 통해 신분상승의 여지를 원천적으로 봉쇄한 조선에 대항했던 민초의 '의적'이었다면?
>
> 홍길동의 사실 기록을 애써 왜곡·축소·은폐한 역사의 암호를 해독할 필요가 있는 것이다. 홍길동의 흔적을 찾아내는 작업은 『고려사』, 『조선사』의 탐색은 물론 전설·민담의 채록, 유적지 답사에서 끝나지 않았다. 일본 오키나와 열도의 하테루마지마·미야코지마·구메지마 등을 찾아 구석구석까지 빠짐없이 뒤져야 했던 25년에 걸친 길고 긴 여정이었다.
>
> 이 기나긴 역사 탐험은 또한 '홍길동'이 500년이 지난 지금까지도 한국인을 대표

하는 3인칭 대명사로 애칭되는 이유를 밝혀내는 작업이기도 했다(설성경·정철, 『실존인물 홍길동』, 중앙 M&B, 1998).

Ⅷ. 마소 신앙권(媽祖信仰圈)의 윤곽에서 본 인구의 이동

동아시아에서 이민과 '사람들'의 이동 범위는 마소 신앙권 또는 천비[天妃; 천후(天后) 또는 천상성모(天上聖母)] 신앙권으로도 부를 수 있는 범위의 윤곽을 통해 추적해 볼 수 있다. 이는 해신(海神)인 마소를 모시는 사당의 위치를 파악함으로써 '인구'의 이동 범위를 이해하려는 시도라고 할 수 있다.

마소 신앙은 푸젠성(福建省) 메이저우(眉州)에서 기원한 것으로 그 후 푸젠 남부·타이완으로 확산되었고 이민에 따라 내륙과 동남아시아, 그 외의 지역으로도 확산되었다. 마소는 한 민간인이 신이 된 사례이다. 송의 건륭 원년에 보텐(甫田)의 메이저우에서 태어난 린모(林默)라는 여성은 27세를 일기로 세상을 떠날 때까지 후에 그녀를 신으로 숭배하게 되는 수많은 전설과 고사를 남겼다. 예를 들어, 그녀는 의술에 뛰어나 사람들의 병을 고쳐주었고, 바다의 상태를 잘 감지해 해난에 처한 사람들을 구해 주기도 했으며 또 날씨를 예지해 출항 여부를 알려 주기도 했다. 이 때문에 그녀는 신녀(神女) 또는 용녀(龍女)로 불렸고, 특히 해난을 당하거나 해적에 공격을 받은 상선이나 어선을 구해 준 일로부터 마소(媽祖 또는 娘祖)로 불리면서 해신으로 숭배되었다.

그 후 역대 황제는 종종 그녀에게 사봉(賜封)해 천인(天人)·천비·천후·천상성모로 칭했다. 그 결과 관에서도 공식적으로 천후묘(天后廟)에 제사를 지내 항해의 안전을 기원했다.

1718년(강희57년)에 류큐 왕국에 책봉사로 다녀온 한림원의 하이바오(海

宝)와 쉬바오광(徐葆光)는 예부에 다음과 같은 상표를 올렸다.

> 신(=海宝, 徐葆光) 등은 전하의 뜻을 받들어 류큐 국왕을 책봉하기 위해 바다길을 다녀왔습니다. …… 다녀올 때에 바람이 적어 순탄치 않았습니다. 신 등은 천비에게 기원을 드림으로써 안전할 수 있었습니다. 전에 타이완을 평정할 때에도 천비가 신령함을 드러내고 순조롭게 하여 은혜를 입었으니 전하께서는 천비에게 봉을 내리시고 치제하게 하십시오(臣等奉旨冊封琉球國王, 往返海道, …… 其中往返之時, 風少不順. 臣等祈禱天妃, 卽獲安吉. 自前平定台湾之時, 天妃顯靈効順, 已蒙皇上加封致祭).

여기서 볼 수 있는 것처럼 관에서도 해신은 천비로서 숭배되었으며 바다를 다스려 통치를 강화하는 효과를 발휘하고 있다.

다만 여기서 나타나는 관에 의한 공식적인 천비기도(天妃祈禱)와 가봉(加封)도 그 배경에는 민간의 해신 신앙이 존재했다. 어선과 상선은 주요 항구와 연해도시에 마소묘를 세워 마소에 제사를 지냈고 항해의 안전을 기원했다.

현재 동아시아에서 동남아시아에 이르기까지 마소묘가 존재하는 장소를 추적한 결과, 중국연해지방(산동 이남, 광동, 홍콩), 타이완 각지, 동남아시아 각지(정화의 원정에 따른 기항지), 류큐, 일본(사쓰마 지방, 나가사키, 미토, 이바라키현 이소하마, 이바라키현 이소하라, 시모기타 지방)에서 발견되었다.

이처럼 마소 신앙이 널리 퍼져있다는 것은 거기에 해신을 숭배하고자 하는 동기가 존재한다는 점을 의미한다. 즉, 어민·해상(海商)은 기본적으로는 어느 지역에서나 (자연재해와 해적으로부터의 위협을 회피하기 위해) 바다의 안전을 기원했고, 마조 이외에도 각 지역마다 각각의 해신을 숭배했다. 마조 또한 그러한 숭배의 일환으로 수용되었다고 볼 수 있을 것이다. 따라서 마소 신앙권은 한편으로는 연해 어민과 해상의 이동권을 보여 주는 것인 동시에 다른 한편으로는 화남화인(華南華人)의 이동권을 보여 주는 것이기도 하다.

의도된 표류와 동아시아에 산재한 마소묘와 천후묘는 '인구'의 이동을 단적으로 나타내는 것이다. 그리고 표류를 추적함으로써 윤곽이 그려지는

'표류권'과 마소묘의 분포 범위에서 윤곽이 나타나는 '마소 신앙권'은 동아시아 및 동남아시아에서 '인구'가 이동해 온 외연을 틀지우는 것이었다.

IX. 결론: '바다'로부터의 아시아론

경계는 자연지리적인 경계만으로 국한되는 것이 아니라 역사사회적 및 문화적 가치판단의 경계이기도 하다. 즉, 도덕과 윤리, 사상의 경계이기도 한 것이다.

아시아론은 아시아의 경계를 파악하는 방식에 따라 다양하게 논의되어 왔다. 아시아는 처음에는 유럽으로부터 그 역외로 인식되었고 그 후 아시아에서 스스로의 지역 인식을 위한 용어로서 전용한 역사를 갖고 있다. 후쿠자와 유키치의 '탈아'(脫亞), 오카쿠라 텐신의 '아시아는 하나', 쑨원의 '대아시아주의' 등은 각기 아시아에서 정치적·문화적·사상적인 경계를 모색하고자 한 사례들이다. 여기서 유럽에 대항하는 아시아의 민족주의와 지역주의를 발견할 수 있다. 이는 곧 동서관계로부터의 아시아론이다.

그러나 아시아가 자기의식을 강화하면서 유럽과의 대비가 아니라 아시아 자체의 역사적인 동인을 바라보고자 하는 연구도 심화되었다. 문명론적·지역론적 아시아론이나 화이질서에 기초한 조공체계의 연구가 그것이다. 그중에서 아이누, 쓰시마, 류큐, 타이완에서 바라본 아시아론, 즉 해외 교역 네트워크론도 등장하고 있다.

다른 한편 유럽의 제국 통치와 식민지정책 등 종래와는 상이한 광역 통치가 출현했고 이것이 동시에 민족주의와 국가 건설의 문제가 되었다. 이는 식민지·제국주의라는 역사적 시대에 그 형태가 만들어진 아시아론이다. 이 시기에 바다의 세계 예를 들어, 류큐는 오키나와현으로서 민족주의 내에 휩쓸려 들어갔지만 바다를 둘러싼 독자적인 민족·관습·대외관계를 유지해 왔다.

2차 세계대전 후 아시아와 아프리카 지역은 급격한 민족독립운동을 경험했고 80년대 말 냉전체제 붕괴 이후에는 새로운 아시아 연구과 아시아상이 모색되고 있다. 특히 70년대 아시아의 니스(NIES), 80년대의 동남아시아 경제의 급속한 전개, 80년대 이래 중국의 개혁·개방정책은 일국적 차원을 넘어서는 복합적인 지역관계를 출현시키고 있다. 특히 화교(華僑)·화인(華人)과 인교(印僑)의 네트워크, 베트남과 한국의 이민네트워크, 오키나와의 우치난추(ウチナンチュー: 오키나와인이 스스로를 부르는 말) 네트워크는 과거에 디아스포라(離散)로 불렸던 상황에서 크게 변화해 본국과 긴밀한 상호연계를 보여 주고 있다. 이는 아시아의 지역네트워크 내에서 국가의 역사성을 새롭게 규정해야 할 과제가 등장했다는 점을 의미한다.

또한 1997년에는 홍콩이 중국에 반환되어 일국이제도라는 역사적인 종주적 지역 통치를 상기시키는 관계가 새롭게 창출되었다. 이처럼 국가와 국가 간 상호 관계로 파악되어 왔던 아시아 연구의 방법은 이제 해양 중국과 일국이제도 지역의 등장, 국가를 넘어서는 네트워크가 활발해진 상황 등을 총제적으로 파악해야 한다는 과제를 요구받고 있다.

바다로부터 바라본 아시아론은 '바다'의 사상에 기초해 무엇보다 지금까지의 아시아를 둘러싼 여러 경계와 경계의식의 '탈구축'(脫構築)을 시도한다. 그리고 그 속에서 아시아의 장기간에 걸친 역사 변동을 시야에 넣음으로써 종주·주권·네크워크의 상호 작용과 해역·지역관계를 논의할 필요가 있을 것이다. 여기에서는 바다를 삽입한 지역론, 즉 바다와 육지와의 교류론이 구체적으로 논의되게 된다. 예를 들어, '항구'라는 바다로의 출구, 육지로의 출구라는 경계를 벗어나 그것을 뛰어넘는 것을 통해 바다와 육지 양자는 역사적인 순환 구조를 갖고 있었다는 것이 밝혀지게 될 것이다.

최종 탈고 : 2006년 5월

번역: 이현(서울대 정치학과 박사과정 수료)

참고문헌

礪波護·藤井讓治 編. 2002.『京大東洋學の百年』. 京都大學出版會.

王恩涌·王正毅 外 編著. 1998.『政治地理學』. 高等教育出版社.

楊念群·黃興濤·毛丹主 編. 2003.『新史學』上·下. 中國人民大學出版社.

孫歌. 2005.『竹內好という問い』. 岩波書店.

______. 2005.『竹內好的悖論』北京大學出版社.

______. 2002.『アジアを語ることのジレンマ: 知の共同空間をめぐって』. 岩波書店.

______. 2001.『亞洲意味著什麽: 文化間的'日本'』. 巨流圖書公司.

錢國紅. 2004.『日本と中國における'西洋'の發見: 19世紀日中知識人の世界像の形成』. 山川出版社.

芦谷信和·上田博·木村一信. 1992.『作家のアジア體驗: 近代日本文化の陰畵』. 世界思想社

古田博司. 2003.『東アジアイデオロギ-を超えて』. 新書館.

那珂通世校閱·桑原隲藏 編著. 1899.『中等東洋史』. 大日本圖書出版社.

中江兆民. 1965.『三醉人經綸問答』. 岩波書店.

金鳳珍. 2004.『東アジア'開明'知識人の思惟空間: 鄭觀応·福澤諭吉·兪吉濬の比較研究』. 九州大學出版會.

山室信一. 2001.『思想課題としてのアジア 基軸·連鎖·投企』. 岩波書店.

白永瑞. 2004.「在中國有亞洲嗎? 韓國人的視覺」.『東方文化』(廣州, 2000年 4期).

錢婉約. 2004.『內藤湖南研究』. 中華書局.

陳光興. 2005.「'亞洲'做爲方法」.『台湾社會研究季刊』(第57期, 2005年3月).

王屏.『近代日本的亞細亞主義』.

邱福海. 1998.『媽祖信仰探源』. 淑馨出版社.

李國强. 2003.『南中國海研究: 歷史与現狀』. 黑龍江教育出版社.

福澤諭吉. 1899.『西洋紀聞』.『福澤全集　卷一』. 時事新報社.

兪吉濬. 1891.『西洋見聞』(開國498年).

李漢燮·崔瓊玉·鄭英淑·姜星我 編著. 2000.『西遊見聞語彙索引』. 博而精出版社.

Stefan Tanaka. 1993. *Japan's Orient: Rendering Pasts into History*. California U.P.

편집후기

사회가 성숙함에 따라 정치·경제·기술 분야보다는 문화·사회 분야가 더 중요성을 갖게 된다. 고령화 사회에 대한 대응이라는 과제는 단적으로 그러한 변화를 보여 준다. 나아가 그 속에서 안정적·지속적인 발전을 실현하는 문제는 동아시아 지역에서 더욱 공통적인 과제로 부각되고 있다. 여기에는 개별 분야의 경쟁력 있고 전문적인 인재보다는 풍부한 인간성과 인격을 지닌, 조정·협조·안정 등의 방면에 뛰어난, 차세대를 담당할 수 있는 문화·사회 분야의 인재를 양성하는 것이 중요하다. 본 연구팀은 이러한 새로운 시대적 과제에 적극적으로 대응하기 위해 문화적 관점의 접근을 취하고자 했다.

다른 한편 문화라는 측면은 정치·경제와 분리된 독자적 영역이 아니라 오히려 그것과 밀접한 관련 속에 존재한다. 즉, 세계화시대에는 정치·경제가 곧 문화라는 형태를 취한다고 간주할 수 있다. 본 공동연구팀의 문제의식 배경에는 현재 문화가 갖는 이러한 상황이 존재한다.

이 책은 한일공동연구 문화 교류팀의 연구 성과이다. 이 공동연구는 한일 간 문화 교류라는 주제에서 나타나는 특징과 더불어 다음과 같은 특징을 갖는다.

첫째, 지역의 범위를 동아시아라는 넓은 시야에서 설정하는 것이다. 이 책에서는 한일 교류에 대한 논의의 장을 한일 양국에 국한하는 것이 아니라 동아시아라는 무대에서 찾고 있다. 동아시아라는 지역 개념은 역사적으로는 중국·한국·일본 나아가 베트남과 류큐를 포함하는 것으로 논의되어 왔지만, 최근에는 여기에 더해 동남아시아 및 북동아시아를 포함하는 더 광범

위한 지역으로 파악되는 경우가 많다. 즉 동아시아는 논의의 조건과 목적에 따라 각기 상이한 정치적 성격을 갖는 개념이라고 할 수 있다. 이 책의 각 논문에서 제시되는 '동아시아' 개념 또한 이러한 의미 공간 속에서 논의되고 있다.

둘째, 주제의 특징으로서 문화를 둘러싼 논의 및 접근의 다양성이다. 현재 '문화'라는 개념은 일반적으로 'culture'의 번역어로 사용되고 있다. 즉 문화는 인간의 자연에 대한 관계 중에서 인간이 자신의 이상을 실현하는 과정이자 교양·수양 등 개인과 사회의 관계의 특징을 표현하는 영역으로 간주되며 'civilization'의 번역어인 '문명'과 대비해 한 쌍으로 사용된다. 또 개화나 문명과 함께 근대·근대화의 의미로 사용되는 경우도 있다. 이에 반해 전통적으로 동아시아에서 사용된 문화개념은 '문치교화'(文治敎化)의 의미를 갖는 것으로 형벌이나 폭력을 사용하지 않고 인민을 교화하는 통치와 관련된 개념이다. 이 책의 논문 속에서 '문치교화'라는 동아시아의 전통적인 문화적 범주를 간취할 수 있는가의 여부는 흥미로운 과제로 잠재되어 있다.

이 책은 『동아시아와 한일교류』라는 제목으로 이상의 관점에 기초한 연구 성과를 제1부 '동아시아의 중첩되는 의미 지평', 제2부 '한일 문화 교류의 자타 인식', 제3부 '동아시아의 역사적 관점'의 세 부로 구성했다. 다만 수록된 논문의 관점과 범위는 각 부의 구분과 관계없이 다른 부의 주제에도 걸친 더 넓은 것이며, 각각의 논점을 새롭게 조합함으로써 더욱 많은 문제의식을 이끌어낼 수 있으리라 생각한다.

문화 교류팀으로 구성된 본 연구팀은 3년에 걸쳐 한일 공동으로 연구회 및 현지조사를 실시하고 검토를 거듭하면서 이 책을 출판하게 되었다. 공동조사·합동연구회는 서울, 아키타, 쓰시마 등에서 실시되었고, 이와 함께 각 연구자들의 독자적인 주제에 따른 조사 연구도 진행되었다. 공동연구팀의 한국 측 구성원은 최장집, 김성국, 원지연, 권혁태 교수이며, 일본 측 구성원은 하마시타 다케시, 시라이시 사야, 에나쓰 요시키, 후루타 가즈코, 이이지마 와타루 교수이다.

이번 공동연구는 한국과 일본 측의 모든 참여 연구자들이 여러 문제에 대해 다양한 시각에서 논의를 심화시킬 수 있었던 더 없이 좋은 기회였으며 앞으로도 이러한 공동연구가 한일 양쪽에서 꾸준히 축적될 것을 기대하고 싶다.

마지막으로 이번 공동연구회의 운영 전반과 관련해 권혁태 교수와 이이지마 와타루 교수에게 다시 한 번 감사드린다. 아울러 이 책의 편집을 맡아준 일한문화교류기금의 기카이 히로유키 씨, 게이오대학출판회의 요쓰노야 미도리 씨, 그리고 고려대학교 아세아문제연구소 출판부의 여러분께도 감사드린다.

문화 교류팀 대표

최장집(崔章集)

하마시타 다케시(濱下武志)

필자소개

집필순

최장집 | 崔章集, CHOI JANG-JIP

고려대학교 정치외교학과 교수
시카고대학 정치학 박사
전공: 비교정치, 민주주의, 정당
주요경력: 대통령자문정책기획위원회, 고려대학교 아세아문제연구소장
주요저작: 『민주화 이후의 민주주의』(개정판, 후마니타스, 2005); 『민주주의의 민주화』(후마니타스, 2005); 『어떤 민주주의인가?』(후마니타스, 2007) 등

시라이시 사야 | 白石さや, SHIRAISHI SAYA

도쿄(東京)대학 대학원 교육학연구과 교수
코넬대학교 철학(문화인류학·아시아연구) 박사
전공: 교육인류학, 아시아연구
주요경력: 코넬대학교 객원조교수, 교토분쿄(京都文教)대학 인간학부 교수
주요저작: *Young Heroes: The Indonesian Family in Politics*(Cornell University Southeast Asia Program Publications, 1997); "Japan's Soft Power: Doraemon Goes Overseas." *Network Power: Japan and Asia*(Cornell University Press, 1997); 『定本 想像の共同体: ナショナリズムの起源と流行』(공역, 書籍工房早山, 2007) 등

김성국 | 金成國, KIM SUNG-KUK

부산대학교 사회학과 교수
인디아나대학 사회학 박사
전공: 사회 이론, 시민/정보사회
주요경력: 한국사회학회 회장, 한국동아시아사회학회 회장
주요저작: 『한국의 소수자: 실태와 전망』(공저, 한울, 2004); 『21세기 한국사회의 구조적 변동』(공저, 민음사, 2005) 등

권혁태 | 權赫泰, KWON HEOK-TAE

성공회대학교 일본학과 부교수
히토쓰바시(一橋)대학 경제학 박사
전공: 경제사학, 역사학
주요경력: 야마구치(山口)대학 경제학부 조교수, 성공회대학교 일본학과 조교수
주요저작: 『동아시아 인권의 새로운 탐색』(공저, 삼인, 2002); 『아시아와 시민사회(2)』(공저, 아르케, 2005); 『반일과 동아시아』(공저, 소명출판, 2006) 등

원지연 | 元智姸, WON JI-YEON

전남대학교 국제학부 부교수
히토쓰바시(一橋)대학 사회학 박사
전공: 일본사회사
주요경력: 서울대학교 국제지역원 연구원, 여수대학교 국제학부 조교수
주요저작: 『일본의 이해』(태학사, 2002); 『우리안의 보편성: 학문주체화를 위한 모색』(공저, 한울, 2006) 등

에나쓰 요시키 | 江夏由樹, ENATSU YOSHIKI

히토쓰바시(一橋)대학 대학원 경제학연구과 교수
미시간대학교 역사학 박사
전공: 중국근대사
주요경력: 히토쓰바시대학 경제학부 전임강사 및 조교수
주요저작: *Banner Legacy: The Rise of the Fengtian Local Elite at the End of Qing*(Center for Chinese Studies, The University of Michigan, 2004); 「土地利權をめぐる中國·日本を官民關係」, 『アジア経濟』 38-1(1997) 등

후루타 가즈코 | 古田和子, FURUTA KAZUKO

게이오(慶應義塾)대학 경제학부 교수
프린스턴대학교 역사학 박사
전공: 근대동아시아경제사
주요경력: 도쿄(東京)대학 교양학부 조수, 도요에이와(東洋英和)여학원대학 조교수
주요저작: 『上海ネットワークと近代東アジア』(東京大學出版會, 2000); 『岩波講座 世界歷史23: アジアとヨーロッパ1900年代~20年代』(공저, 岩波書店, 1999); *Japan, China, and the Growth of the Asian International Economy, 1850-1949*(공저, Oxford University Press, 2005) 등

이이지마 와타루 | 飯島涉, IIJIMA WATARU

아오야마가쿠인(青山學院)대학 문학부 교수
도쿄(東京)대학 문학 박사
전공: 근대동아시아사회사
주요경력: 오사카(大阪)시립대학 조수, 요코하마(橫浜)국립대학 조교수 및 교수
주요저작: 『マラリアと帝國: 植民地醫學·帝國醫療と東アジアの廣域秩序』(東京大學出版會, 2005); 『ペストと近代中國: 衛生の'制度化'と社會變容』(硏文出版, 2000) 등

하마시타 다케시 | 濱下武志, HAMASHITA TAKESHI

류코쿠(龍谷)대학 국제문화학부 교수
도쿄(東京)대학 문학 수사
전공: 동아시아지역사, 중국근현대사, 화교사
주요경력: 히토쓰바시(一橋)대학 경제학부 강사 및 조교수, 도쿄대학 동양문화 연구소 조교수 및 교수, 교토(京都)대학 동남아시아연구센터 교수
주요저작: 『沖縄入門: アジアをつなぐ海域構想』(筑摩書房, 2000); 『海と資本主義』(공저, 東洋經濟新報社, 2003) 등